U0115611

中国蒙古族系列丛书之五

雄踞欧亚

——蒙古四大汗国

旺布日 著

内蒙古出版集团
内蒙古人民出版社

图书在版编目（CIP）数据

雄踞欧亚 : 蒙古四大汗国 / 班布日著. — 呼和浩特:
内蒙古人民出版社, 2015.9
　　（中国蒙古族系列丛书）
　　ISBN 978-7-204-13627-8

　　Ⅰ. ①雄… Ⅱ. ①班… Ⅲ. ①蒙古族－民族历史－中国
Ⅳ. ①K281.2

　　中国版本图书馆CIP数据核字 (2015) 第237957号

雄踞欧亚——蒙古四大汗国

作　　者	班布日
责任编辑	王世喜
责任校对	李向东
装帧设计	那日苏
责任印刷	王丽燕
出版发行	内蒙古人民出版社
地　　址	呼和浩特市新城区中山东路8号波士名人国际B座5层
印　　刷	内蒙古爱信达教育印务有限责任公司
开　　本	720×1000　1/16
印　　张	19.5
字　　数	340千
版　　次	2015年10月第一版
印　　次	2015年10月第1次印刷
印　　数	1—5000册
书　　号	ISBN978-7-204-13627-8/ K·695
定　　价	50.00元

如出现印装质量问题，请与我社联系。
联系电话：（0471）3946120　3946173
网址：http://www.nmgrmcbs.com

《中国蒙古族系列丛书》编委会

主　任：阿迪雅

主　编：孛儿只斤·苏和

副主编：闫美青

编　委：孛儿只斤·苏和　　　闫美青　　　孛儿只斤·苏日娜

　　　　杨显文　　胡丽娟　　王建华　　班布日

　　　　徐　军　　侯海燕　　娜仁高娃　张福军

　　　　珊　丹　　刘　静　　褚振莉　　漠　楠

　　　　仁钦东日布

编委会

赵如意 摄

前　言

　　蒙古族曾经是一个有过辉煌历史的民族。在蒙古圣主成吉思汗的统帅下，建立了横跨欧亚大陆的蒙古大帝国，使蒙古民族的历史载入人类历史史册。在中国，由于蒙古民族建立了中国历史上空前统一的大元王朝，结束了中国自唐朝以来364年的分裂局面，也使蒙古族成为了中华民族中的佼佼者和举足轻重的一员。从成吉思汗的蒙古帝国时期到近代长达700多年的漫长岁月里，蒙古民族叱咤风云、前仆后继，为中华民族做出了突出的贡献，这体现在中国的国家版图、政治体系、哲学、宗教、科技、战争、商业、文化等诸方面。

　　蒙古民族在历史的进程中走过了一条独特的道路。蒙元帝国时期是她最辉煌灿烂的时期。

　　到了明朝，蒙古族退居漠北，史称"北元"。初期大汗的统治衰落，使蒙古族内部进入纷争之中，并形成各部落割据状态。达延汗再度统一蒙古，成为"蒙古中兴英主"，他把蒙古各部分封给诸子，形成了成吉思汗黄金家族一统天下的统治局面。但是随着时间的延续、黄金家族亲缘关系的逐渐远离、游牧地域的扩展和游离，使蒙古各部落的关系渐行渐远，形成了事实上的部落割据状态。但不管怎么样，蒙古北元政权对漠北的统治一直维持到1636年清王朝建立时为止。这期间形成了蒙古左右翼六万户、科尔沁及阿鲁蒙古、兀良哈三卫、四卫拉特等蒙古诸部，以及滞留在中国内地隐居下来的蒙古族。蒙古族近现代各部落和群体就在这个时期基本形成了雏形。

　　在这以后，蒙古民族对中国的影响不再是以整体民族出现，而是体现在蒙古各部落之中。这是由于达延汗以后的北元蒙古大汗对蒙古族整体的统治权随着各部落的崛起和割据而逐渐趋于弱化。一些崛起的部落纷纷进入了各自的历史角色，这些蒙古部落的政治和军事活动的结果，从不同的程度和角度上对中国的政治历史产生了重大影响。这个时期的蒙古族历史更突出了部落的独立性。

　　我们举例来说明这种影响。在明朝，其实际疆域不含明长城以北、以西的蒙古高原和西域（现新疆）地区，对青藏地区也影响甚微。而蒙古族各部落正是这一地区的实际统治者和控制者，蒙古族作为中国元朝的统治民族和曾经担任过中国皇帝的民族，他们对这一地区的控制实际上起到了防止这一部分国土从中国分裂出去的危险。察哈尔部是北元大汗的直属部落，达延汗的蒙古中兴使蒙古族对这一地区的控制得到了加强。土默特部的阿勒坦汗缓和了明蒙矛盾，并引进了农业、手工业经济，使蒙古地区与明王朝和睦相处了几十年。到了清朝，科尔沁及其漠南蒙古诸部作为清朝统治者的同盟军，为清朝巩固北部边疆和开疆扩土做出了重大贡献。西部卫拉特蒙古所起的作用更不容忽视。准噶尔部在西域建立了疆域广大的准噶尔汗国，和硕特部在青藏高原建立了和硕特汗国，他们归附了清朝，使这一地区继元朝以后重新纳入了中国的版图。土尔扈特部在欧洲伏尔加河建立土尔扈特汗国，后因不堪忍受沙俄的统治毅然东归故土，这一举动起到了巩固国家和增强民族凝聚力的作用。

再比如，蒙古族接受藏传佛教以后，利用其威势巩固了藏传佛教——黄教在青藏高原的统治地位。1578年，土默特部首领阿拉坦汗赠封青海藏传佛教格鲁派领袖索南嘉措为"达赖喇嘛"称号。1645年，和硕特部首领固实汗加封西藏扎什伦布寺寺主罗桑却吉坚赞为"班禅博克多"的称号。从此确立了藏传佛教"达赖"、"班禅"佛教体制。事隔多年以后的1653年（清顺治十年），这一封号才得到了清朝政府的承认。

现在中国蒙古族聚居地区的很多地名都来源于蒙古族的部落名称。但是由于历史的变迁，很多人不十分清楚这些地名的历史沿革，这些地名本身就隐含着一部蒙古部落的历史。蒙古族的民俗文化博大精深，世人皆知，她除了继承蒙古族的主体文化以外，各部落还独具特色。这是由于蒙古族各部落的历史、居住地域广阔，以及与周边不同民族接触和影响所造成的，因此蒙古各部落的民俗文化也各具特点。

综上所述，这些蒙古族鲜为人知、尘封多年的历史文化，在不同的蒙古族部落里也不尽相同。要真正了解蒙古族的历史文化，必须从蒙古族各部落和群体的角度来加以研究，才能清晰地勾画出来龙去脉而展现其历史的本来面目。

孛儿只斤·苏和先生经过多年对蒙古族历史文化的倾心研究，把他的研究成果以《中国蒙古民族系列丛书》的形式展现在读者面前。该书系统介绍了中国境内蒙古部落和群体。相信这部系列丛书与读者见面以后，能够起到在广大读者中普及蒙古民族历史文化的作用，为落实中央关于推动社会主义文化大发展、大繁荣，以及为我们内蒙古自治区文化大区建设做出贡献。

内蒙古民族事务委员会主任

于二0一一年十月

目 录

赵如意 摄

中国蒙古族系列丛书〇之五

赵如意 摄

苏和 摄

赵如意 摄

太祖皇帝 即成吉思宇諱帖木真

成吉思汗（1162～1227）

第一章 "客人"设立的金帐——金帐汗国

公元1840年，俄国考古学家捷列申科，在俄罗斯的伏尔加格勒，也就是日后著名的斯大林格勒附近，组织进行了一场考古发掘。

发掘的对象是座古城废墟。占地面积巨大的废墟让考古队先后历时四年才算清理完毕。发掘的成果让人欣喜，且不说规模宏大的宫殿、学校、清真寺等遗存，也不说大量的兵器、铠甲、书卷的出土，仅发现的古人的日用品和食物便堆积如山：玻璃器皿、陶器、皮革、麻布、丝织物、铁锅、铜杯、烛台、面包块、黑麦、胡桃、榛子、扁桃、葡萄干、无花果、

伏尔加河

今天的伏尔加格勒

胡椒、大豆……

　　面对这样的硕果，作为资深考古学家，捷列申科做出了让人心悸的论断："在古城的废墟中发现了这么多物品，说明这里必定发生过一次灾难，在灾难中居民们抛弃了自己的住所、财产，离开了这个城市。"①

　　也就是说，这座城市沦为废墟，并非一步步衰败，而是在一次巨大的灾难中毁于一旦。这场灾难来得十分突然，以至于居民们连带走自己的财产都来不及。

　　从废墟中种种痕迹来推断，这场灾难不是地震、洪水之类的自然灾害，而是一场激烈的、以摧毁这座城市为目的的战争。

　　这座城市，名叫别儿哥萨莱。

　　萨莱系波斯语，意为"宫殿"，而别儿哥是人名，是曾经的金帐汗国的可汗。而金帐汗国便是蒙古四大汗国之一，是一个曾经横亘欧亚大陆近三百年，军力强盛、贸易发达，深刻影响了俄罗斯和东欧、西亚、中亚各国历史的强大国家。

　　别儿哥萨莱便是这个国家的首都。

　　那么，这个曾经辉煌的国家是如何走过自己的历史，它的首都是如何从繁荣富庶成为了一片废墟的？

　　这一切，都要从十三世纪说起，从一场婚礼后的惨变开始说起。

一、被称为"客人"的嫡长子

　　十二世纪末十三世纪初的蒙古高原，诸部混战，天下大乱。人们为

①[苏联]格列科夫、雅库博夫斯基著，余大钧译：《金帐汗国兴衰史》，商务印书馆1985年版，118页。

了不同的目的，或是为了部民财富，或是为了仇恨，或是为了建立霸业而你争我夺。《蒙古秘史》中，用诗一样的语言，描绘了那个残酷的时代："有星的天空旋转，诸部落混战，没有人进入自己的卧室，都去互相抢劫。有草皮的大地翻转，诸部落纷战，没有人睡进自己的被窝，都去互相攻杀！"①

在这大争之世，不知有多少英雄勇士在混战的漩涡中陨落。公元1169年，又一个名闻遐迩的草原英雄倒下了，蒙古乞颜部的首领也速该被仇敌塔塔尔人毒死，留下了两个妻子和六个未成年孩子。乱世之中，孤儿寡母无力率领部众，再加上仇家作祟，他们很快便被部众抛弃，沦为了赤贫的流浪者。

所幸，这个家族的女家长诃额仑夫人是一个坚强的女性，她"沿着斡难河上下奔走，采集杜梨、野果，日夜辛劳"，将孩子们抚养长大，并教育他们成为了勇敢、坚强的草原英雄。

其中，孩子们中的长子铁木真，便是日后开创了大蒙古国的成吉思汗。

成吉思汗（1162~1227）

①余大钧译注：《蒙古秘史》第242节，内蒙古大学出版社2014年版，464~465页。

一些原先离开他们的部众也回到了他们的身边，虽然在群雄逐鹿的草原上，他们还只是微不足道的小势力，但总算不再是形影相吊，孤独无依了。

既然成年了，也有了自己的部众，铁木真作为首领，就要迎娶妻子了。当年，他父亲也速该为他定下了一门娃娃亲，要娶弘吉剌部贵族德薛禅的女儿孛儿帖为妻，那时铁木真九岁，孛儿帖十岁。而现在，铁木真已经是十七岁的少年，孛儿帖也是十八岁的大姑娘了。

德薛禅不是一个嫌贫爱富的人，当铁木真前来迎娶之时，他热情地招待了女婿，将女儿嫁给了铁木真，还陪嫁了很多珍贵的嫁妆。其中，一件黑貂皮袍子尤其珍贵，成为日后铁木真获得盟友从而复兴祖业的基础。

一个是高大魁梧的伟丈夫，一个是美丽贤淑的俏佳人，这段婚姻可谓佳偶天成，十分美满。铁木真和孛儿帖也一起度过了甜蜜的一年。

然而就在一年后，一场灾难突然降临，而也就在这场灾难中，铁木真的长子，日后金帐汗国的始祖术赤降临人间。而他的血统，也因为这场灾难而成为千古之谜。

1.新婚之后的灾难

公元1179年，还陶醉在新婚甜蜜中的铁木真，遭遇了他人生的第一个耻辱，他的营地遭到了一伙强敌的进攻。

进攻他的，是草原上的强部蔑儿乞部。蔑儿乞部被称为"三姓蔑儿乞"，部众数万，兵强马壮。这一次，三姓蔑儿乞的三位首领，脱黑脱阿、答亦儿兀孙、合阿台全部出动，数千精骑直扑铁木真的营地。

敌人来袭时，正是清晨，人们还在熟睡。幸亏诃额仑夫人的老仆人豁阿黑臣感受到了大地的震动，知道有人前来袭击，于是叫醒了大家。可铁木真手下的战士实在太少，无法抵挡，只好全家逃亡。

蔑儿乞人这次袭击，并不是要铲除铁木真兄弟，而是要报二十年前部中贵族妻子被抢的仇恨。那一年，铁木真的父亲也速该遇到了蔑儿乞贵族赤列都迎亲的队伍，看到新娘貌美，便将新娘抢为自己的妻子。那位新娘便是铁木真的母亲诃额仑夫人。

你的父亲抢走我们的新娘，我们这回也要抢走你的新娘，这是草原上以眼还眼以牙还牙的复仇传统。当铁木真还是少年的时候，他的家族曾遭遇过仇敌泰赤兀部的袭击，而泰赤兀部的目标就是要杀死铁木真。这一回，铁木真以为蔑儿乞人也是冲着自

己和兄弟们这些男人来的，因此将所有的马匹分给了兄弟和伴当们，凭借着马力，他们迅速逃出了蔑儿乞人的包围。而孛儿帖在豁阿黑臣的保护下乘坐牛车，落在了后面。

这正好遂了蔑儿乞人的愿，孛儿帖被俘。蔑儿乞人认为："为报抢夺诃额仑的仇，如今已夺取了他的女人，咱们这个仇已经报了"[1]。于是收兵回营。

孛儿帖被抢走后，被配给赤列都的弟弟赤勒格儿为妻。在无日不在战乱的草

诃额仑夫人与孛儿帖夫人

原上，女人们完全无法把握自己的命运，孛儿帖纵然千般不甘，也只能屈从。

而铁木真遭遇这奇耻大辱，无论为了丈夫的责任还是家族族长的威望，他都必须予以反击，否则将无法立于天地之间。他带着自己的弟弟哈撒儿和别里古台，先后造访了自己的

义父克烈部的脱斡邻勒汗和自己的义兄弟札答阑部的札木合。

脱斡邻勒汗便是日后的王汗，他和札木合将来都会成为铁木真的大敌，但此时作为义父和义兄弟，都表现出了极重的情谊。脱斡邻勒汗爽快地答应了铁木真，和自己的弟弟出兵两万相助。而札木合不但出兵一万，

---

① 余大钧译注：《蒙古秘史》第242节，内蒙古大学出版社2014年2月版，第138页。

还做出了让人感动的表白："得知铁木真安答的家被洗劫一空，我的心都疼了！得知他心爱的妻子被夺走了，我的肝都疼了！……我祭了远处能见的大纛，我敲起黑牤牛皮的响声鼕鼕的战鼓，我骑上乌雅快马，穿上坚韧的铠甲，拿起钢枪，搭上用山桃皮裹的利箭，上马去与篾儿乞人厮杀。"①

三方联军以札木合为统帅，在斡难河（今蒙古国鄂嫩河）源头汇合后，避开容易被篾儿乞部发现的西北方向的不兀拉河草原，绕道东北，迅速扑向勤勒豁河（今南西伯利亚希洛克河），这里是篾儿乞部的背后，当他们到达时，篾儿乞部还懵然不知。联军"结筏而渡"，对篾儿乞部发起突袭。

篾儿乞人认为铁木真实力弱小，不敢前来，即使来也容易对付。哪料到铁木真竟然聚合了三万大军，且从自己的背后攻了上来。这个原本强横的部落顿时溃不成军，三位首领中，合阿台被俘，脱黑脱阿、答亦儿兀孙只率少量亲军突围，逃到今贝加尔湖以东的巴儿忽真地区。

黑夜之中，铁木真在混乱的人群中寻找着自己的妻子，终于，因为"那夜月光明亮"，他被也在寻找自己丈夫的孛儿帖发现，夫妻二人劫后重逢，"互相拥抱起来"②。

这次胜利，铁木真夺回了自己的妻子，严惩了自己的敌人，不但获得了大量的部众财产，还收获了威望。就在此战后不久，越来越多的部众投到他麾下，原先背弃他的众多贵族也相率而来，他终于成为足以自立的一方豪强。

然而，就在他和妻子重逢的时候，孛儿帖已经怀有身孕，并且在回师后不久，便诞下了一个男婴。

这是铁木真的第一个孩子，初为人父，自然欢喜不尽。但同时，一个疑团也笼罩在这个初临世间的孩子头上——他是铁木真的孩子吗？

2.术赤血统疑案

铁木真出身蒙古乞颜部，以"孛儿只斤"为氏。在传说中，其祖先孛端察儿是"感光而生"，也就是天神降世留下的子嗣。那位天神是"金色"的，因此其子孙便以"金色神人后裔"自居，称为"黄金家族"。这个家族被认为高贵神圣，理应拥有天下，治理万民。铁木真之所以能够在成年后迅速招徕流散的部众，能够得到克烈部、札答阑部的帮助，除了他自己能力超群外，其家族的影响力也是不可忽视的。

---

①余大钧译注：《蒙古秘史》第242节，内蒙古大学出版社2014年2月版，145~147页。

②余大钧译注：《蒙古秘史》第242节，内蒙古大学出版社2014年2月版，153页。

蒙古圣母阿阑豁阿夫人

而作为家族的族长，并成为一个部落的首领之后，铁木真的子嗣就不仅是其个人的问题，还关系到日后位置的传承和财产的分配。而他的这第一个儿子，却是曾被抢走的妻子在回归后生下的。那他的生父究竟是谁？他是否有着高贵的黄金家族的血统呢？

很多人认为，这个孩子不是铁木真的亲生子。理由很简单，铁木真给他的名字，他叫做术赤，意为"客人"。

有谁会把自己的长子称为"客人"呢？这不正说明铁木真心知肚明，这个孩子并非自己亲生，而是妻子被迫委身于敌人之时怀上的吗？可也有人说，这个"客人"，并非是外人的意思，而是因为在夺回妻子的同时出生，属于"不速之客"，因此为名。

后世史家，以伊朗的拉施特和中国的洪钧为首，都认为术赤是铁木真的亲生儿子。拉施特在自己编写的《史集》中明确记载："在成吉思汗创业的初期，在时代的篇幅上还未出现他统治世界的痕迹时，他的妻子，上述孛儿帖旭真，已经怀下了术赤汗。就在这时，篾儿乞惕部落利用一个机会，洗劫了成吉思汗的住处，[掳]走了他的已经怀孕的妻子。"[1]而洪钧

---

① [波斯]拉施特著，余大钧、周建奇译：《史集》第2卷，商务印书馆，2014年版，第115页。

在《元史译文证补校注》之中考证此案后也写道："案：汪罕，蔑儿乞皆与太祖所居不甚遥远，计被掠至归，不过数月之期。如两书所云，则龙种更无疑义。"①

可是，无论拉施特还是洪钧，都离术赤出生的时代太久远了，他们著书的依据只是文字史料和口耳相传的传说，可信性已经大打折扣。很多人更相信第一手资料，也就是蒙古人的"圣经"——编撰于成吉思汗时代，成书于蒙哥汗时代的《蒙古秘史》。

在这本书中，记载了术赤被弟弟察合台责难血统的详细细节。

3.父亲的信任与兄弟的责难

《蒙古秘史》中，一直没有提到术赤出身的问题。但记载到一次选择储君的会议时，却几乎坐实了术赤非黄金家族血统的问题。

那是在公元1219年，此时的铁木真已经统一草原诸部，成为了成吉思汗，建立了"大蒙古国"。他西攻西夏，南讨金朝，灭亡西辽，已经将蒙古打造成幅员辽阔军威鼎盛的大帝国。他的四个嫡子，术赤、察合台、窝阔台和拖雷也都早已成为独当一面的优秀将领，成为他南征北战的得力助手。

可是，当他派遣商队与中亚强国花剌子模通商时，商队遭到了抢劫和屠杀，而派使者交涉，使者又遭到了

术赤

①[清]洪钧：《元史译文证补校注》，河北人民出版社，1990年版，第128页。

杀害和侮辱。虽然此时成吉思汗已经五十七岁，但仍然决定为尊严而战，起倾国之兵西征花剌子模。

就在出征的前夜，成吉思汗的侧妃也遂提醒他，应该立下自己的继承人，以免在征途中有什么不测而影响到汗国的稳定。于是，成吉思汗召集诸子和重臣，召开了一次会议，选择继承人。

会议开始后，成吉思汗首先让术赤发言："儿子们之中，术赤你是长子，你怎么说？你说吧。"

术赤还未开言，次子察合台便站了出来质疑道："父汗让术赤说话，莫不是要传位给他？我们怎能让这篾儿乞惕野种管治？"这样的出言不逊，让术赤无法容忍，他立即揪住察合台的衣领道："我从未听到父汗有什么对我另眼相看的话，你怎么能把我当作外人？你有什么本领胜过我，你只不过脾气暴躁而已。我同你比赛远射，如果我败于你，我就割断拇指扔掉！我同你比赛摔跤，如果我败于你，我就倒在地上永远不起来！"

场面一下子混乱起来，重臣们纷纷上前要拉开两位皇子。而此时的成吉思汗，却"默默无言地坐着"。

被任命辅佐察合台的重臣阔阔搠思站出来语重心长地劝道："察合台，你为什么这么急躁？你父汗在他的儿子之中，指望着你啊！……那时，你母亲不是（与篾儿乞惕人）有意相思而做出的，而是不幸的遭遇所造成的；并非偷偷摸摸干的，是战争环境造成的；并非相爱而做出的，而是在战争中造成的无可奈何的事。察合台，你怎么可以胡言乱语，使你贤明的母后寒心？你们都是从她腹中所生下的孩子，你们是一母同胞兄弟。你不可以责怪热爱你的母亲，使她伤心；你不可以抱怨你的生身之母，指责她所悔恨的事！"[1]

在老臣的劝解下，术赤与察合台终于不再相斗，并在成吉思汗面前悔罪，表示都不再争夺汗位，而要一同辅佐三弟窝阔台。于是，窝阔台便被指定为汗位继承人。

这段记载，似乎委婉却明确地告诉后人，术赤确实不是成吉思汗的亲生儿子。如果察合台所说是无中生有，一向强调兄弟和睦团结的成吉思汗不会"沉默不语"。而老臣阔阔搠思的话没有从正面驳斥察合台说话没有根据，只是劝解察合台不要让母亲心里难过。并提到术赤的出生是孛儿帖夫人"战争环境造成的无可奈何的事"。甚至，术赤所说的"从未听到父汗有什么对我另眼相看的话"，也证明连他自己都明白自己的出身，否则他应该说"父汗从未说过我不是他的儿

---

①余大钧译注：《蒙古秘史》第242节，内蒙古大学出版社2014年2月版，464~465页。

术赤臣服林木中百姓

子"，而不仅仅说没有"另眼相看"。

不过，虽然《蒙古秘史》中有这样的记载，却也无法彻底否认术赤的血统。因为同样是在《蒙古秘史》中，成吉思汗不止一次当众宣布术赤是自己的长子，就在上述记载下一节，便有成吉思汗对察合台的训斥："怎么可以这样说术赤？术赤不是朕的长子吗？以后不可以说这种话！"[1]。而成吉思汗对这位长子，也一直是爱护信任，委以重任的。

在大蒙古国成立后，成吉思汗封赏诸子，分封给术赤的部众，有九千户之多，是诸子中最多的。相较起来，察合台分得八千户，窝阔台五千户，拖雷五千户，都无法和术赤相比[2]。而1207年，术赤奉成吉思汗之命，率领右翼军征伐叶塞尼河流域广大森林中的"林木中百姓"。通过威慑和利诱，他先后使得斡亦剌惕、秃麻惕、合卜合纳思、乞儿吉思等森林部落降服。在这次征伐归来以后，成吉思汗将这些林木中百姓封赐给他，使他的实力更为壮大。

尤其是在成吉思汗西征之后，册封给术赤的封地广阔而富庶——囊括

①余大钧译注：《蒙古秘史》第242节，内蒙古大学出版社2014年2月版，467页。
②余大钧译注：《蒙古秘史》第242节，内蒙古大学出版社2014年2月版，433页。

额尔齐斯河以西，咸海、里海以北的钦察、花剌子模和康岭等古国的领土。

如果不是亲生儿子，成吉思汗如何能够对术赤这样厚待呢？至于成吉思汗在立储会议上的表现，也完全可以解释为他本属意于窝阔台做自己的继承人，借着察合台闹事，逼迫术赤和察合台推举窝阔台。毕竟术赤是长子，按照即位顺序，是应该在窝阔台之前的。

也许，术赤确实是成吉思汗的亲生子；也许，术赤不是。但成吉思汗出于对妻子的愧疚，出于"孩子是无辜"的考虑，将术赤视为己出；也许，术赤血统的悬疑是一个永远也解不开的谜。

其实，一个在历史上留下浓墨重彩的人，又何必特别看重自己的血统呢？

4.无法摆脱的宿命

无论术赤是不是成吉思汗的儿子，他都为父亲和家族立下了汗马功劳。在蒙古帝国的历史上，他也使自己成为其中一个闪亮而富有传奇色彩的名字，更由于金帐汗国长达三个世纪的存在，使他的子孙遍布欧亚。

但是，也正是因为他血统的悬疑，虽然没有使他沉沦，却使他的一生在辉煌背后，始终笼罩着难以磨灭的悲情色彩。

在成吉思汗的四个嫡子中，术赤的军事才能是最突出的。在成吉思汗统一草原各部的战争中，他一直都是充任主力，冲锋在前。在大蒙古国建立以后，他也立下了不亚于任何兄弟的功绩：

1207年，他降服了林木中百姓，几乎兵不血刃而拓地千里；

1211年，他随父伐金，并与察合台、窝阔台攻掠云内、东胜、武、朔等州；

1213年，他与察合台、窝阔台率领右军分道伐金，残破太行山东西两侧的诸州郡；

1218年春，他奉父命参加追剿蔑儿乞部与乃蛮部的残余势力。在这次追剿中，他与花剌子模国王摩诃末遭遇。在敌众己寡之下，他多次奋勇攻入其中军，险些俘虏了摩诃末。后见寡不敌众，他多点篝火以作疑兵，领军乘夜安全撤回；

从1219年开始的西征，术赤更独当一面，攻城略地，屡建大功。也正因为他的功劳，才得以受封大片土地，奠定了日后金帐汗国的基础。

而尤为难得的是，成吉思汗在征战之中，为了震慑敌军，也为了有效消灭敌人的有生力量，往往进行残酷的屠戮。他的儿子们也大多继承了他这种作战特点。而术赤却是一个例外，他生性朴质，处世仁义，不嗜杀戮，并且不乏爱才之心，将领多服其能。很多史料中都有术赤在战争中不滥杀，向成吉思汗求情赦免俘虏，攻下城市不许焚掠的记载①。

作战勇猛，很有韬略，得麾下将领爱戴，又处事宽仁。术赤不仅是成吉思汗合格的儿子，更是当时蒙古民族一等的英雄。可偏偏这么一位英雄，因为血统问题，无法和兄弟们和平相处。察合台、窝阔台便和他关系很差，总是"拌嘴、争吵、不和睦"，只有拖雷与他友善，"认为他是成吉思汗真正的儿子"②。

无法化解和兄弟之间的矛盾，使术赤失去了成为成吉思汗继承人的机会。因为他是不会得到察合台、窝阔台的拥戴，而窝阔台不但与察合台关系亲密，与拖雷的关系也不错，是最稳妥的继承人。

尤为遗憾的是，术赤与成吉思汗的父子之情，也在他生命的最后关头蒙上了灰尘。在他病重之时，成吉思汗甚至因为误报而以为他要谋反，打算出兵讨伐他。真不知在病榻上的术赤是否知道父亲曾经对自己的讨伐令，如果知道，弥留之际的他不知将有多么悲愤和绝望。

不过，无论术赤生前有多少不如意，但他所奠基的金帐汗国数百年的辉煌却足以抵消他身上的悲情。

在了解了术赤的身世之后，我们可以将金帐汗国的故事慢慢道来了。而金帐汗国的故事，则必须从成吉思汗发动的西征开始说起。

二、一个小人引发的战争——蒙古帝国的第一次西征

1219年，已近花甲之年的成吉思汗发动了举世震惊的西征。这次西征，标志着蒙古人走出了东亚，开启了世界范围的"蒙古帝国时代"，也彻底改变了世界的历史走向。

这次西征本不该发生，因为在成吉思汗当时的扩张计划中原本没有这场战争。从大蒙古国当时周边的局势看，发动西征也不是好时机。因为世仇金朝虽屡遭重创，但百足之虫死而不僵，仍有很大实力；而西夏虽然称臣，却也一直并不服气，总有反复。西征要带走大蒙古国的主力军团，对于并不稳固的后方来说，是比较冒险的。

但成吉思汗不能不出征，因为他和他的大蒙古国遭到了极大侮辱。

1.讹答剌城杀人事件

1218年，成吉思汗为了打通西方商路，准备派出一支庞大的商队前往西方的花剌子模帝国做贸易。

为了这次贸易，成吉思汗做了充足的准备，首先聘请了从中亚而来的

---

①如《蒙古秘史》、《史集》、《蒙兀儿史记》中均有这样的记载。
②[波斯]拉施特著，余大钧、周建奇译:《史集》第2卷，商务印书馆2014年版，第116页。

三名穆斯林商人为领队，并命自己的儿子和臣子每人从部属中选出三名穆斯林加入商队，一共四百五十人。而且成吉思汗给每人一个金巴里失或银巴里失作为本钱，在当时一个金八里失相当于二十两银子，一个银巴里失相当于二两银子。四百五十人分到的本钱加在一起，是一笔巨大的财富。

因为曾经和花剌子模帝国有过摩擦，为了商队入境方便，成吉思汗还特地给花剌子模帝国的苏丹写了一封信，信中写道："你邦的商人已到我处，今将他们遣归，情况你将获悉。我们也派一队商旅，随他们前往你邦，以购买你方的珍宝。从今后，因我等之间关系和情谊的发展，那仇怨的脓疮可以挤除，骚乱反侧的毒汁可以洗净"①。

这是一次完全和平的通商，当四百五十人的商队启程的时候，谁也不会想到，这将是一场跨度长达三十四年，流淌无数鲜血的战争的开

讹答剌城遗址

---

① [波斯]费志尼著，何高济译：《世界征服者史》（上册），内蒙古人民出版社1980年版，91页。

端。

商队经过长途跋涉，到达了讹答剌城（又称奥特拉尔，位于哈萨克斯坦奇姆肯特市阿雷思河和锡尔河交汇处）。这里是花剌子模帝国东部重镇，也是中亚名闻遐迩的大都市。公元870年，被伊斯兰哲学界称为"第二导师"的哲学家法拉比便出生在这里。

当蒙古商队到达的时候，这座城市依然繁荣，但已经没有了哲学家，统治这里的是一个贪财的人，名叫亦纳勒术。

这亦纳勒术是花剌子模帝国苏丹摩柯末母亲的族人，被册封为"哈只尔汗"，镇守讹答剌城。而蒙古商队中，有一位印度人和亦纳勒术很熟，于是主动找他攀谈。可能是因为太熟了，这位印度人对于亦纳勒术一点也不尊敬，不但直呼其名，还在他面前夸耀成吉思汗的强大。

亦纳勒术心胸狭窄，对印度人的不礼貌很恼火，再加上贪图商队的财货。便将他们全部拘押，并上报花剌子模的统治者摩诃末苏丹，说他们是间谍。摩诃末苏丹没有考虑，便下令将他们全部处死。

于是，这些无辜的商人便因为一个同伴的失言和亦纳勒术的贪财而枉送了性命，除了一人侥幸逃脱外，全部被杀害。

那位逃脱的商人受尽千辛万苦，终于回到蒙古，将这一惨案报告给了成吉思汗。

从建国开始，蒙古人一直在攻城略地，西辽、西夏、金朝等等国家都只有挨打的份，何尝受过这样的屈辱？但此时的成吉思汗眼光还是在如何消灭自己的世仇金朝，对于这个严重的事件，他主张息事宁人。派出三名使者前往花剌子模，与摩诃末苏丹交涉，希望他惩治罪犯。

然而，自诩强大的摩诃末苏丹并没有和解的意思，他处死了三个使者中的一个，并将另外两个使者烧掉胡须进行羞辱后放归，摆出一副"我是强国我怕谁"的架势。

这样一来，除了战争，成吉思汗已经别无选择。面对摩诃末的挑衅，无论是出于对尊严的维护还是为了统治的稳固，他都必须接受挑战。

2.成吉思汗的选择

花剌子模帝国的创始人名叫纳失的斤，是塞尔柱帝国的一个宫廷奴隶，因屡立战功，被封到花剌子模为总督，后自称"沙"，也就是国王。最初的花剌子模只是一座城市（后改称玉龙杰赤），领土只占有阿姆河下游里海与咸海之间的一小片地区。在相当长的时间里，花剌子模都是塞尔柱帝国的属国。

1092年，塞尔柱帝国四分五裂，

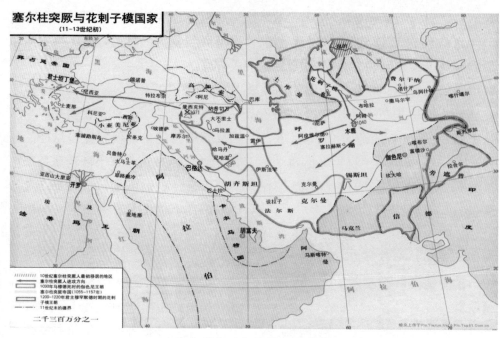

塞尔柱帝国与花剌子模帝国

成为一个个小王国。按其统治地区，分别被称为呼罗珊塞尔柱王朝、叙利亚塞尔柱王朝、统治波斯的克尔曼塞尔柱王朝和统治小亚细亚的塞尔柱王朝。

主人失势，花剌子模择木而栖，于1124年归顺当时正强大的西辽帝国，仍然是个小藩属。但从1192年开始，在纳失的斤孙子塔哈施的领导下，花剌子模迅速强大起来，摆脱西辽的控制，并在阿拔斯王朝哈利发的邀请下，攻入伊朗，灭亡了苟延残喘的波斯塞尔柱王朝，被哈利发册封为阿拔斯王朝东部的最高统治者。

1200年，塔哈施之子摩诃末即位，在短短的十几年内，东征西讨，使花剌子模臻于极盛，掌控着伊朗西部、呼罗珊、阿富汗和河中地等广大地区。1218年蒙古大将哲别消灭西辽之时，又抢先据有直至讹答剌为止的原属西辽的土地。

新兴的花剌子模帝国不但幅员辽阔，而且有精兵四十万[1]，确实有足够的理由自傲。

成吉思汗从来都是一个敢于和强者对决的人。当他建立大蒙古国的时候，人口不过百万，军队不过十万，却毫不犹豫地向着有着百万大军的金

[1]冯承钧译：《多桑蒙古史》上册，中华书局2004年版，第95页。

朝发动进攻。但要向花剌子模这样的强敌宣战，也不是一个容易下的决定，他需要深思熟虑。

成吉思汗登上了布尔罕山，脱下帽子，以脸朝地，向长生天祈祷了三天三夜，他不断地自语着："我非这场灾祸的挑起者，赐我力量去复仇吧！"直到第四天的太阳升起，他才结束了祈祷。或许他感受到了长生天

摩诃末苏丹

赐给的力量，或许他已经深思熟虑了战争的利弊，他做出了决定：以倾国之兵发动远征，讨伐花剌子模。

1219年春，成吉思汗集结蒙古大军二十万（一说十五万，尚有争论），对外号称六十万，兵分四路，经畏兀儿地向花剌子模挺进。

第一路军由次子察合台、三子窝阔台指挥，攻打讹答剌城；

第二路军由长子术赤指挥，顺锡尔河西北攻占昔格那黑（也称速黑纳黑，今哈萨克斯坦契伊利东南）、讹迹邗（今吉尔吉斯斯坦乌支根）、巴耳赤邗（今契伊利西北），毡的（今哈萨克斯坦克齐尔·奥尔达东南）；

第三路由阿剌黑、速亦客秃、塔孩指挥，沿锡尔河东南攻占伯纳克特（一作别纳客，今乌兹别克斯坦塔什干西

南）、忽毡（今塔吉克斯坦之列宁纳巴德）。

成吉思汗自己与四子拖雷率领主力，以速不台为先锋，渡过锡尔河，通过六百公里宽的基吉尔库姆沙漠，直取不花剌（今乌兹别克斯坦布哈拉）、撒马耳罕。

对于中亚和西亚的人们来说，一场浩劫就这样不期而至。

3.从老虎变老鼠的苏丹

以二十万的军队，长途奔袭数千里，去进攻一个有着四十万常备军的国家，而这个国家也是开疆扩土，屡战屡胜的军事强国。从军事角度上来看，即使能够胜利，也要付出极为艰辛的努力，承受巨大的牺牲。

然而，或许连成吉思汗都没有料到，这次征伐竟然极为顺利，那个表面强大的花剌子模帝国，不过是银样

镶枪头，中看不中用。

摩诃末战功卓著，但他所依靠的，主要是突厥钦察军事贵族，而他的母亲秃儿罕太后恰恰是突厥钦察人，于是贵族们便依靠太后的支持，抵制摩诃末的集权。王权和军权之间的斗争一直在持续，摩诃末很多时候不得不屈从于母族。而他在短时间把帝国扩充得极为庞大，新占领的地区还没有心服，需要更多的时间来整合和消化。

这些问题已经让花剌子模帝国不堪重负，而宗教冲突也暗流汹涌。花剌子模是伊斯兰国家，其主要宗教是伊斯兰逊尼派。可在摩诃末统治时期，伊斯兰教苏菲派在花剌子模兴起，两派斗争日趋激烈。摩诃末为了不让教权影响王权，曾处死伊斯兰教长，这又使得宗教和王权的关系趋于紧张。

严格来说，摩诃末所统治的花剌子模还是一个少儿帝国，远没有发育成熟。如果给他时间，也许一切都会走向完善，但因为他的傲慢，他不得不带着这么一个烂摊子去迎击东方来的虎狼之师。

在如何应对蒙古袭来的问题上，花剌子模各种矛盾一起爆发，贵族们争吵不休，有的提出应该在阿姆河集结全部军队迎击，有的提出应该诱敌深入，在河中各城市坚守，有的认为应该放弃河中，退守阿姆河渡口，还有人提出将军队集中在哥疾宁（今阿富汗加兹尼）。摩诃末在争吵声中犹豫不定，最后的结果，竟然是最为愚蠢的分兵防守——将四十万大军分散在各个城镇来消耗敌军。

对于远道奔袭的蒙古军来说，这种放弃迎头痛击的消极防御战略，简直就是把胜利拱手相让。

原本人数处于劣势的蒙古军，面对分散防御的花剌子模军，总是完全占据优势。四路大军无不进展顺利，将一个又一个城市攻破。

蒙古第一路军在察合台和窝阔台率领下首先围攻讹答剌城，守将亦纳勒术知道自己即使投降也不会得到宽恕，于是率军死守，蒙古军久攻不下，双方相持竟达六个月。这是蒙古军所遭遇的最顽强的抵抗，但最终孤立无援的讹答剌城还是陷落了。全城军民除了战死的，全被蒙古军驱赶成为了"哈沙尔"，也就是作战时做前锋消耗敌人火力的敢死队。

蒙古的第二路军是由术赤率领的，他用七天时间攻陷了昔格那黑城，因为这里的人杀死了他派遣的劝降使者，术赤没有再表现出仁慈，而是"把宽恕的大门关闭，仅仅替一个人报仇，几乎把他们所有的名字都从生命簿上一笔勾销"[1]。而在这之

---

① [波斯]费志尼著，何高济译：《世界征服者史》（上册），内蒙古人民出版社1980年版，102页。

后，巴耳赤邗、毡的等城，因为没有遭到大规模的抵抗，术赤只是抢掠了财物，而没有再发动屠城。

蒙古第三路军仅用三天便攻陷了伯纳克特城，在忽毡城虽然遇到了花刺子模著名的英雄帖木儿灭里，这是一个智勇双全，威望很高的大将。可英雄也无法守住孤城。帖木儿灭里在经过顽强的抵抗后，被迫撤退，忽毡城失守。

蒙古第四路军是成吉思汗的中军。一路之上用威慑手段先后降服咱儿讷黑城、讷儿城，最后兵临花刺子模的学术中心不花刺城下。城市的两万守军不战而逃，教长和学者们率百姓请降。成吉思汗本答应投降，并承诺保护城市。但有一支守军退守在内堡内，不时出兵袭击蒙古军。成吉思汗大怒，下令将全体居民驱赶到荒野上，将城市焚毁。这座"四方有博士和律师的灿烂光辉作装饰"，"周围有高深学识的珍宝做点缀"①的学术中心变为一片废墟。

1220年五月，蒙古四路大军会师撒马尔罕，这里是河中地区的首府，也是花刺子模的新都，土地肥沃，物产丰饶，"它的空气微近柔和，它的泉水受到北风的抚爱，它的土壤因为欢畅，犹如酒火之质"，被人们称为"人世间最美的天堂"②。

按照分兵据守的战略，苏丹摩诃末镇守在这

布哈拉古城

①[波斯]费志尼著，何高济译：《世界征服者史》（上册），内蒙古人民出版社1980年版，116页。
②[伊]费志尼著，何高济译：《世界征服者史》上册，内蒙古人民出版社1980年版，第135页。

撒马尔罕城列吉斯坦广场

里，在城中聚集了十一万军队，其中六万是他的主力突厥军团，另外五万是波斯人军团，也都是精锐之师。除了军队，城中还隐藏着蒙古人从未见过的秘密武器——二十头从印度送来的战象。

如果摩诃末能够率领这支大军凭城坚守，成吉思汗的西征即使不会止步于此，也会遭受严重的挫折。但是，一连串的失败已经磨掉了摩柯末的斗志，那个金戈铁马四处征战的苏丹已经消失了，代之而起的是一个放弃一切责任，只想着保住自己性命的懦夫。在蒙古军合围撒马尔罕的前夜，摩诃末逃出了自己的首都。

历史上，总有这样一些人物，在没有遇到巨大的挑战时，他们意气风发，无往不利，而一旦面对的压力增强，便沉沦下去，不敢接受挑战，从老虎迅速蜕变为老鼠。中国三国时期的袁绍，还有此时的摩诃末都是这样的人。

苏丹逃走，撒马尔罕中军民群龙无首，面对咄咄逼人的蒙古军，他们组织了一次突击，但被迅速消灭。无奈之下，只得投降。

从蒙古军到达撒马尔罕到这座城市陷落，仅五天时间。这座中亚名城遭到灭顶之灾。在疯狂的破坏之下，"城中常十余万户，国破以来，存者四分之一"①。非但如此，摩诃末赖以统治帝国的核心力量，众多对他忠心的贵族也遭到毁灭性的打击，撒马尔罕一战，战死和被杀的大贵族便有二十多人。

随着撒马尔罕的陷落，花剌子模帝国已在崩溃的边缘。

4.花剌子模帝国的灭亡

攻陷撒马尔罕后，成吉思汗为了避免摩柯末重新集结大军抵抗，不待休整，便立即发出了全线出击的命令。大将哲别、速不台领军追击摩柯末，术赤、察合台、窝阔台则领兵围攻花剌子模的旧都，也是其"龙兴之地"的玉龙杰赤。

哲别、速不台率三万大军紧追摩诃末，先后降服和攻陷志费因（今伊朗扎哈台）、祃拶答而（今伊朗马赞德兰）、徒思（今伊朗迈谢德以北）、哈不珊（今伊朗库强）、担寒（今伊朗达姆甘）、西模娘（今伊朗塞姆南）、剌夷（伊朗德黑兰以南）。摩诃末每到一处不超过一天，蒙古军便尾随而来，他根本组织不起任何有效的抵抗，只能闻警即逃。他的母亲、后妃以及很多王子公主都被俘虏，而他自己，最后只能乘船进入里海，在一个小岛上苟延残喘。

国破家亡的打击，加之一路奔逃的劳累和惊吓，摩诃末苏丹终于一病不起，临终前，这位曾经不可一世的中亚王者悲叹道："我征服过不少

古城乌尔根奇（玉龙杰赤）

①李志常著：《长春真人西游记》卷上，河北人民出版社2001年版，59页。

国家，现在竟没有一小块土地可作坟墓！"他将王位传给了自己的长子扎兰丁，这个儿子曾经不止一次劝谏他应该集中兵力迎击蒙古军，并劝阻他一次又一次的逃跑，但都被他训斥。直到生命的尽头，他看清这个英武的儿子才是自己应当信任的人，可惜一切都已经太晚了。

扎兰丁埋葬父亲后，迅速前往玉龙杰赤，希望率领这里的守军，以旧都为根据地挡住蒙古军的征服，然后再逐步收复旧土。而此时，那位著名的英雄帖木儿灭里也来到玉龙杰赤，整饬了军队和城防，并出兵收复了外围的养吉干城。扎兰丁的到来，使帖木儿灭里非常高兴，全城军民也欢欣鼓舞，以为抗敌有望。

可是，摩诃末时代留下的隐患在这时又爆发了出来。城中的突厥钦察贵族不服扎兰丁，打算将他谋杀。扎兰丁身边亲军很少，无法自卫，只得弃城而走。帖木儿灭里心灰意冷，也跟随扎兰丁出走。两位卓越统帅的离去，使得玉龙杰赤和撒马尔罕一样，陷入了群龙无首的混乱。

但即使如此，当蒙古军发动对玉龙杰赤的进攻时，"投掷器和箭矢，像雹子一样倾泻出去"，"军队团团向前移动，去拆毁外垒的根基，把大

地暴露在光天化日之下"。可玉龙杰赤的军民表现出了撒马尔罕所没有的顽强，他们节节抵抗，"用刀剑、弓矢、旌旗显示抗争之爪"[1]，给予蒙古军以重大杀伤。

整整七个月，玉龙杰赤虽然千疮百孔，却始终屹立。

其实，扎兰丁、帖木儿灭里走后，虽然玉龙杰赤人推举了一位皇亲忽马儿为"假苏丹"和统帅，但这位统帅面对蒙古军的进攻心胆俱裂、束手无策，早就放弃了指挥。蒙古军之所以如此长的时间没能攻陷城市，除了玉龙杰赤人抵抗的英勇，还在于术赤和察合台的不和。

对一座孤城久攻不下，成吉思汗非常生气，他训斥了术赤和察合台，命窝阔台指挥全军。号令统一后，蒙古军发动总攻，仅一天便攻入城市。玉龙杰赤守军拼死抵抗，一个街区一个街区的与蒙古军进行巷战，最后全部阵亡。为了报复，"蒙古人攻下城池，摧毁建筑物，屠杀居民，直至最后整个城池落入他们之手。接着，他们把十万的工匠艺人与其余的人分开来，儿童和妇孺夷为奴婢，驱掠而去，然后，把余下的人分给军队，让每名战士屠杀二十四人。"[2]非但如此，蒙古军还将阿姆河决堤，引水淹

①[伊]费志尼著，何高济译：《世界征服者史》上册，内蒙古人民出版社1980年版，第147页。
②[伊]费志尼著，何高济译：《世界征服者史》上册，内蒙古人民出版社1980年版，第147页。

没了城区，这座中亚著名的纺织中心和商贸中心几乎被彻底毁灭。

当玉龙杰赤的攻防战还在持续之时，扎兰丁则在各处招募军队，准备反攻。1221年，他在八鲁湾（今阿富汗喀布尔之北），正面迎击成吉思汗义弟失吉忽秃忽所率的三万蒙古军。失吉忽秃忽一向以聪慧著称，是大蒙古国的"大断事官"，但统兵能力不足，面对扎兰丁复仇之师的奋勇拼杀，全军溃败，加之"原中溪涧纷错，马多颠踬，敌骑较健，驰而追杀，死者大半"[1]。这是蒙古军西征以来遭遇的第一次野战，也是第一次惨痛的失败。

可惜，扎兰丁虽然在战场上赢得了胜利，但却在战利品分配上出现失误，他所召集的大军在胜利后竟然各奔东西，留在身边的仅有少量的"突厥兵和花剌子模兵而已"，无奈之下，他撤回哥疾宁。

而成吉思汗在得知失吉忽秃忽的失败后，立即亲率大军前往追击。扎兰丁无力抵抗，只得边打边退，最后身边的战士几乎全部战死，扎兰丁纵马跃入印度河，连人带马游过河去。成吉思汗被他的英勇所感动，下令不得放箭，并说："为父者需有若此之子！"[2]

日后，蒙古大军撤回蒙古草原，扎兰丁从印度返回，发动了颇具声势的复国之战，建立了"第二花剌子模帝国"。但这已经是数年以后的事情了，随着玉龙杰赤的毁灭和扎兰丁的出逃，那个从1192年开始强大，到1219年臻于极盛的花剌子模帝国，至此灭亡。

西征的主要目的已经达到，剩下的仅是歼灭残敌，巩固新占领区的统治而已。哲别、速不台的大军因为不知道摩诃末的死讯，加之迷失道路，竟然一直打入了俄罗斯境内。拖雷用三个月横扫了呼罗珊（意为"太阳升起的地方"，大部分在今伊朗境内，一部分在阿富汗赫拉特一带和土库曼斯坦境内的马雷一带）全境。

1225年，成吉思汗的大军开始东返，结束了蒙古的第一次西征。不过，作为长子的术赤，却从此留在了自己的封国，再未能回到故乡。

三、从术赤兀鲁思到金帐汗国

1224年，成吉思汗返回蒙古之前，在费纳客忒（今乌兹别克斯坦塔什干西南）河畔，召开了一次"忽里勒台"。对这次西征的有功之臣进行封赏，尤其是对四个儿子的封国进行了划分，其中，术赤所得到的是

---

[1][冯承钧译：《多桑蒙古史》上册，中华书局2004年版，第136页。
[2][伊]费志尼著，何高济译：《世界征服者史》上册，内蒙古人民出版社1980年版，第157页。

"也儿的石河和阿勒台山一带的一切地区和兀鲁思以及四周的冬、夏牧地"①，也就是囊括额尔齐斯河以西，咸海、里海以北的钦察、花刺子模和康岭等古国的领土。

四个儿子都有封国，但察合台、窝阔台和拖雷都随着成吉思汗回到了故乡，术赤却在自己的封国中度过了余生，这种奇怪的安排是为什么呢？

1.术赤短暂的可汗生涯

攻打花刺子模的旧都玉龙杰赤，是术赤在西征中参与的最后一场战斗，而这场战斗却成为他的耻辱。

因为和弟弟察合台不和，两个人的部队各行其是，号令不一，导致毫无配合，军心懈怠。玉龙杰赤长达七个月的攻城战毫无进展，而当成吉思汗命令窝阔台节制全军后，仅一天便将这座坚城攻破。这件事让成吉思汗非常生气，对术赤进行了严厉的训斥，导致他"无地自容，额上的汗擦也擦不尽"②。

在出征前议定继承人人选时，术赤受到察合台的侮辱，最后选定的继承人窝阔台又与自己不睦。本就心情郁闷，难以排解。西征当中，他独领一军，所攻占的城池最多，却并没得到父亲更多的赞赏。如今因为和察合台无法配合，却遭到如此的训

成吉思汗庙中的术赤塑像

---

①[波斯]拉施特著，余大钧、周建奇译：《史集》第2卷，商务印书馆2014年版，第142页。
②余大钧译注：《蒙古秘史》第260节，内蒙古大学出版社2014年2月版，第480页。

斥，更是志恒抑郁，意气消沉。

而在划分封地后，他所得的土地虽然广阔富庶，却是离故乡最远的，且和自己关系最好的弟弟拖雷的封地中间隔了察合台的封地，这明显是父亲为了避免他威胁窝阔台日后继承汗位而刻意安排的。非但如此，成吉思汗在大军东返之时，却下令让术赤配合哲别和速不台，向西去征服俄罗斯等地，术赤理所当然地认为，这是要远远的调开自己。

于是，术赤平生第一次违逆了父亲的旨意，"规避参加此事并前往自己的住处"。而成吉思汗也被儿子的忤逆激怒了，公开宣称："我要毫不留情地把他杀掉！"这是父子之间第一次发生冲突，虽然术赤最终服软，给父亲送去很多天鹅之类的野味，表示请罪。但裂痕却没有能够弥合，也就在此不久，可能是因为抑郁的心情，也可能是因为惧怕父亲的惩罚，术赤病倒了。

病倒的术赤也没能安心静养，成吉思汗多次派人让他到汗廷，他都因为病重无法成行。原本的嫌隙因此加大，成吉思汗开始怀疑起他的忠诚来。而正在此时，一个忙忽惕人从西方回到汗廷，成吉思汗问他术赤的病情，那人回答道："关于他的病情我不知道，但他曾在某座山上打猎。"

成吉思汗这下彻底对术赤失望，认为他有意不回汗廷是想造反，命令军队集结，准备讨伐术赤，并让察合台和窝阔台做先锋[1]。

其实，所谓的打猎，只是术赤麾下军队的行动，他那时早已病入膏肓，卧床不起了。当成吉思汗下令征讨他的时候，消息传到汗廷：术赤已经病逝。

面对长子的死亡信息，成吉思汗这才知道自己受到了欺骗，在莫大悲痛中，他下令追查那个忙忽惕人，但其人早已不知去向。

按照《世界征服者史》《史集》等史书的记载，术赤应在1225年去世，享年46岁。

1224年成吉思汗分封诸子领地，术赤的封国得以建立，这便是"术赤兀鲁思"，兀鲁思意为国土，也可认为是汗国的意思。术赤便是术赤汗国的第一任汗，而仅一年后术赤便去世，结束了他短暂的可汗生涯，也结束了他不平凡而又充满悲情的一生。

他的次子拔都继承了他的王位。正是这位拔都，日后将父亲的功业发扬光大，建立了金帐汗国。

2. "赛因汗"拔都

术赤有十四个儿子，长子斡儿达、次子拔都、三子别儿哥、四子别儿哥彻儿、五子昔班、六子唐兀惕、

① [波斯]拉施特著，余大钧、周建奇译：《史集》第2卷，商务印书馆2014年版，第144页。

赛音汗拔都

七子不哇勒、八子赤老浑、九子升豁儿、十子沉白、十一子马合谋、十二子兀都儿、十三子秃花帖木儿、十四子升古木。

按说，术赤死后，应该是长子斡儿达继承汗位。但是，次子拔都"势力很大，能力极高"，在术赤诸子中"享有极大的荣誉和尊敬"①。而斡儿达也不是一个心胸狭窄的人，自知能力不如二弟，于是支持拔都，"让拔

都登上了父亲之位"②。

事实证明，斡儿达的高风亮节是值得的，拔都确实是一个合格的统治者，因为术赤去世过早，对自己的兀鲁思根本谈不到治理，官制、赋税都没有确定，而拔都"不仅是征服性远征中的刚强领袖，而且他无疑的也是新建立的国家的大组织家"③。他重新组织了父亲留下的军队，由自己统领右翼，由长兄斡儿达统领左翼，其他

①[波斯]拉施特著，余大钧、周建奇译：《史集》第2卷，商务印书馆2014年版，第128页。
②[波斯]拉施特著，余大钧、周建奇译：《史集》第2卷，商务印书馆2014年版，第117页。
③[苏联]格列科夫、雅库博夫斯基著，余大钧译：《金帐汗国兴衰史》，商务印书馆1985年版，第57页。

兄弟们分别在两翼中统带不同数量的军队，从而保证了军权的稳固。

同时，他确定了税赋，"向农民每年征收粮食税，称为哈兰；向牧民每年征收百分之一的牲畜税，称为哈甫丘乌尔；即一百只羊每年交纳一只羊。城市的商人及工业者则纳税金"。而对于自己治下的大量伊斯兰教徒，拔都保障他们的宗教信仰，也不横征暴敛，"伊斯兰教地带没有由于他（个人）的意志、他的部属、军队而发生灾祸"。[1]

正是因为拔都的努力，使得术赤兀鲁思得以安定；他也因为为人公正，对部下宽大，而被誉为"赛音汗"。赛音是蒙古语，意思是"好"；赛音汗就是"好汗"。这个朴素的称呼，体现了他所受到的爱戴。

术赤家族在拔都的领导下强大而团结，这使得术赤在世时受到排挤和压抑的情形一去不返，成为最为被倚重的宗王。

1235年，蒙古第二任大汗窝阔台汗召集库里勒台，打算发动第二次西征，拔都当仁不让，成为这次西征的最高统帅。

3.拔都统帅的"长子西征"——荡平罗斯

公元1235年，窝阔台大汗在蒙古汗国首都和林召集诸王，决定派遣大军第

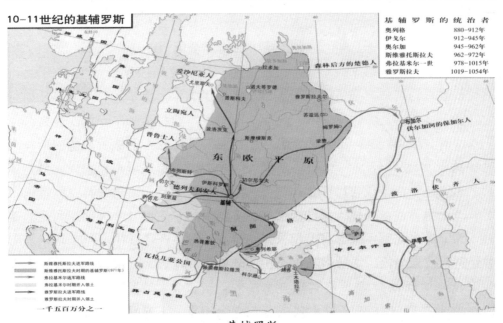

基辅罗斯

①[苏联]格列科夫、雅库博夫斯基著，余大钧译：《金帐汗国兴衰史》，商务印书馆1985年版，第51页。

二次西征。与第一次目标是中亚和西亚不同，这一次蒙古西征的目标则是欧洲。因为参与此次西征的各路大军都是由成吉思汗四个儿子家族中的长子带领，因此这次西征又被称为"长子西征"。

按照窝阔台汗的安排，拔都作为这次西征的统帅，麾下集结四个军团：

第一军团是术赤家族军团，由拔都亲自率领，他的长兄斡儿达、五弟昔班和六弟唐兀惕各领一军；

第二军团是察合台家族军团，由察合台的长孙不里为统帅，察合台的第六子拜答儿为副将；

第三军团是窝阔台家族军团，由窝阔台汗长子贵由为统帅，窝阔台汗第六子合丹为副将；

第四军团是拖雷家族军团，由拖雷长子蒙哥为统帅，拖雷第七子拔绰为副将。

同时，窝阔台汗还命成吉思汗时代的老将速不台为大军的总参谋长，这位速不台是成吉思汗"四獒"之一，勇猛善战，在成吉思汗西征之时，为了追击花剌子模苏丹摩柯末，曾经进入罗斯境内，大败罗斯诸公国联军，降服阿塞拜疆、格鲁吉亚等国，对于在欧洲作战有着丰富的经验。

四大军团集兵十五万，相约来年春天各自从自己的领地出发，在保加尔边境会师。第一个目标，便是征服罗斯诸公国。

这罗斯诸公国便是今天俄罗斯的前身，其实他们原本是一个统一的国家，名为"基辅罗斯"，建立于公元882年。

罗斯本是斯拉夫人的土地，但他们第一个统一国家的建立者，却是来自西欧的诺曼人。公元862年，诺曼王公留里克受邀解决东欧平原斯拉夫人的内乱，他率军进入诺夫哥罗德，成为诺夫哥罗德大公，建立了留里克王朝。879年，留里克死后，其族亲奥列格继承大公之位，于882年征服了基辅为中心的第聂伯河到伊尔门湖之间的土地，并将首都迁到基辅，建立了基辅罗斯公国。

基辅罗斯公国从奥列格开始，历经伊戈尔、奥尔加、斯维雅托斯拉夫一世、弗拉基米尔一世四任大公，不断对外扩张，征服了周围的斯拉夫人各公国，形成以东斯拉夫人为主体的国家。并且一度击败拜占庭帝国，重创保加尔王国（今天保加利亚的前身）和可萨汗国（中心位于伏尔加河畔的突厥汗国），成为东欧首屈一指的强国。今天俄罗斯之所以对乌克兰念念不忘，不愿其脱离俄罗斯掌控，除现实利益外，最大的原因便是乌克兰的首都基辅对于俄罗斯来说，就如

基辅的索菲亚教堂

中国的长安、洛阳一样，是其文明的发源地和重要载体。

　　然而到了十一世纪中期，由于各城邦贵族势力日趋强大，基辅罗斯公国的大公已经无法维持统一。到十二世纪三十年代，统一的基辅罗斯公国不复存在，分裂为一个个以城邦为中心的小公国，其中较为强大的有弗拉基米尔公国、梁赞公国、诺夫哥罗德公国、切尔尼戈夫公国、佩列亚斯拉夫公国等十三个公国。而弗拉基米尔公国取代基辅公国成为各公国名义上的共主。

　　多年来，各公国你争我夺，互相敌视，遇到外敌从来不会团结对敌，甚至以邻为壑。当年哲别和速不台以区区三万军队横扫罗斯，各公国本约好一起对敌，可在卡尔卡河畔双方交锋时，基辅大公姆斯基拉夫·罗曼诺维奇却按兵不动。结果罗斯联军被打得大败，总共有六位大公阵亡。在消灭联军后，哲别和速不台才转过身来，包围了作壁上观的基辅军，轻松地将基辅大公和他的军队消灭殆尽。

　　现在，拔都率领着蒙古十五万大军前来，他们是否会在危机面前团结起来呢？

　　答案是否定的。

　　1236年冬，集结完毕的蒙古军首先击破了罗斯诸公国的东部屏障保加尔，1237年夏，又击败罗斯诸公国的南部屏障钦察诸部落。顺利地打开了进入罗斯的大门。进门之后，首当其冲的便是梁赞公国。

面对蒙古大军压境，梁赞大公尤里·伊戈列维奇表现出了非凡的勇气，断然拒绝了劝降："如果我们都战死了，那么，一切都将归于你们！"但他也知道仅凭自己是无法取胜的，于是向弗拉基米尔公国和契尔尼戈夫公国求援，但这两个公国的大公都拒绝派出一兵一卒。1237年12月16日，蒙古大军围攻梁赞，经过六天激战，梁赞陷落，大公战死，居民死伤殆尽，梁赞城被大火烧成废墟。

紧接着遭到打击的是弗拉基米尔公国，当初它拒绝了梁赞的求援，而当自己面对敌人时，也是孤立无援的。1238年3月4日，弗拉基米尔大公尤里·弗谢沃洛多维奇率军在锡季河与蒙古军苦战，孤立无援之下全军溃散，大公战死，弗拉基米尔公国全境沦陷。而随着弗拉基米尔公国的灭亡，宣告着北罗斯被蒙古征服。

拔都继续挥军向诺夫哥罗德公国前进，但因为气候转暖，道路泥泞，被迫转道，进入钦察草原休整。之后再次进入罗斯，灭亡佩列亚斯拉夫公国，于1240年夏进抵基辅城下。

基辅是罗斯最美丽和宏伟的城市，拔都被其所吸引，不愿将其毁掉，派使者前往劝降。此时基辅大公米哈伊尔已经逃走，城中军民杀死了使者，从斯摩棱斯克公国请来一位贵族做执政，领导军民抗战。可是，加利西亚大公丹尼尔却想趁机控制基辅，派遣自己的将领德米特尔将那位贵族赶走，自任执政，这一内讧使得基辅军心浮动。

拔都见劝降无效，下令攻城，此时四大军团主力齐聚，蒙古大军四面攻城，用投石器击毁城墙，蜂拥而入。基辅军民在城中建起城寨，节节抵抗。最后退入教堂死守。直到教廷因为人多沉重而垮塌，军民死伤无数，这才停止了抵抗。德米特尔伤重被俘，拔都感念他的勇敢，将其赦免。但基辅遭此兵灾，毁城大半。

基辅陷落是在1240年12月6日，不过月余，1241年初，拔都便又率军挺进加里西亚，加里西亚大公丹尼尔弃城而逃，加里西亚也拜倒在蒙古铁蹄之下。至此，南罗斯宣告平定。

南北罗斯尽入彀中，拔都志得意满，将西征军集结在加里西亚境内休整补给，准备接着进入欧洲中部。

4．拔都统帅的"长子西征"——纵横中欧

进入中欧，拔都所要面临的敌人，是匈牙利王国和波兰王国。

匈牙利此时是阿尔帕德王朝统治时期，国王贝拉四世刚即位六年，正在实行打压大贵族，恢复王室权威，避免封建割据的政策。按说贝拉四世

也算匈牙利一位雄主，可运气不好，他的政策还未起到作用，和贵族们的矛盾正在激化，便遭到了蒙古军的打击。

波兰比之匈牙利还有不如，在彼雅斯特王朝前期，波兰本是中欧大国，但在十二世纪中叶陷入分裂，分为西里西亚、大波兰、马佐夫舍、桑多梅日和克拉科夫五个相对独立的公国。其中克拉科夫公国的大公有着波兰国王称号，但只是徒有其名。

拔都此时进入中欧，可谓正逢其时。他制定了一个三路并进的战略：第一路由拜答儿率领骑兵四万，作为右翼集团攻略波兰；第二路由合丹率领四万骑兵作为左翼集团，掩护主力南面的侧翼，并阻击可能从东南面援

助匈牙利之敌；拔都和速不台率领主力集团七万骑兵，直取匈牙利的首都佩斯。

1241年2月，拜答儿的右翼集团渡过维斯瓦河，向波兰发起进攻。3月，拜答儿在西多罗夫大败克拉科夫大公博列斯拉夫四世的军队，博列斯拉夫四世带家眷逃入捷克避难，拜答儿先后焚掠桑多梅日和克拉科夫，长驱直入进入西里西亚。

西里西亚公国的地域大部分在波兰，小部分在今天德国和捷克境内。此时的大公是亨利二世，在波兰各公国中是最为强大的。听闻蒙古军杀到，亨利二世征集了自己所有部队，并邀请条顿骑士团援助，共集结了波兰、日耳曼、条顿骑士团共三万军队

展现列格尼卡战役的版画

迎战。

1241年4月9日，亨利二世在格尼亚城迎战拜答儿。两军列阵于距城一程之地，奈思河所灌溉的平原中。

双方军力相当，但亨利二世拥有当时欧洲最强大的重装骑士条顿骑士团，因此信心满满。拜答儿没有用蒙古骑兵与之硬拼，而是在发动进攻后立即下令佯败后退。亨利二世不知是计，率军紧追，结果其装备最弱的日耳曼步兵逐渐落后。拜答儿发现敌军破绽后，立即凭借蒙古马的超强机动力，绕过亨利二世的前军，将日耳曼步兵包围歼

匈牙利国王贝拉四世

灭。亨利二世见后军有失，立即派遣麾下大波兰、克拉科夫等地的波兰军前往接应，但蒙古军挟歼灭日耳曼军之威，奋勇突进，将这支援兵也击溃了。

亨利二世无奈之下，只得将自己最精锐的西里西亚军团和条顿骑士团撒了出去，希望用重骑兵的冲击力打垮蒙古军。可蒙古军并不与之对冲，而是远远地用弓箭攒射，重骑兵们追不上装备轻巧的蒙古骑兵，纷纷倒毙在箭雨之下。亨利二世最后的赌注也输掉了，他在逃亡过程中被杀。

当拜答儿全歼亨利二世的大军之时，拔都、速不台率领的主力集团已

经突破加里西亚关隘口和特兰西瓦尼亚山隘，击败喀尔巴阡山的守军，越过蒙卡齐和翁古瓦尔之间的道路，杀进了匈牙利。

匈牙利王贝拉四世曾向神圣罗马帝国求援，但遭到拒绝，而北面的波兰被拜答儿攻陷，西南的摩拉维亚则被合丹占领，无处求援的他只得集中全部兵力十四万防守首都佩斯。

拔都首先在距离佩斯城半天路程的地方列阵，此时他只有七万军队，是匈牙利军的一半，因此不能强攻，而是派出一支骑兵部队去引诱对方。贝拉四世判断出这是诱兵之计，下令不得出击。可大主教乌古兰认为蒙古

中国蒙古族系列丛书○之五

雄踞欧亚——蒙古四大汗国

骑兵数量很少，不应该胆怯，于是违反号令出击。拔都的骑兵佯败后退，诱使乌古兰的重装骑兵进入一片沼泽地。装备笨重的重装骑兵陷进沼泽之中完全失去了机动，被蒙古军的箭雨全部歼灭，只有乌古兰主教仅率三名亲信逃走。

1241年4月，拔都为一举歼灭匈牙利军主力，主动率部后撤到撒岳河（今匈牙利东部蒂萨河）东结营。贝拉四世率军出击，在河西列阵。

蒙古军扎营之处，是三面环水的隐蔽之地，而匈牙利军则在地形开阔之处，对于蒙古军的动向，匈牙利军难以掌握，而匈牙利军的一举一动尽在拔都视线之内。开战伊始，贝拉四世认为蒙古军要度过撒岳河，必须经过河上大桥，只要守住大桥便可掌握战场主动权，因此派出一千精锐把守大桥。岂料，蒙古老将速不台早已率军在下游结筏潜渡，绕到匈牙利军背后。而拔都则用投石器猛攻大桥，两军前后夹击，匈牙利军顿时陷入混乱，被迫后撤。而拔都挥军紧追，在撒岳河与提索河汇合处，将匈牙利军包围，双方展开决战。已经锐气尽失的匈牙利军无力抵挡蒙古军的攻势，贝拉四世逃离战场，乌古兰大主教战死，匈牙利军全

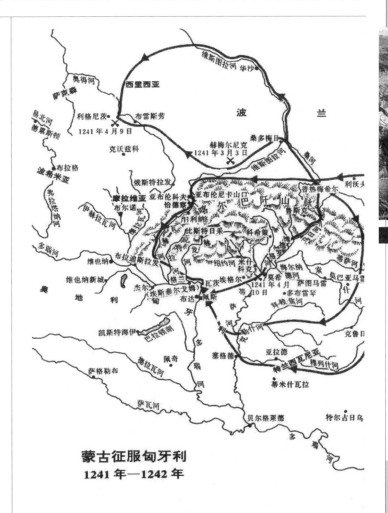

蒙古征服匈牙利

军覆没，佩斯城也随之陷落。

当拔都攻破佩斯的时候，拜答儿所部已经扫荡波兰全境，进入波希米亚王国边境。攻克奥帕瓦、奥洛摩茨、布尔诺等城市，并跨过匈牙利边界，攻下了匈牙利的北部城市特伦琴、布拉迪斯拉发、尼特拉、克马纳。而合丹所部从特兰西瓦尼亚越过山路攻入了鲁丹城，其后攻占了匈牙利大城瓦尔丁。

1241年6月，三路大军汇合于撒岳河畔，拔都犒赏将士后，继续遣军出击，一面追击逃走的贝拉四世，一面攻打尚未攻克的城市。到1242年3月，拔都西征军已经占领了整个匈牙利。

下一步，便是要进入西欧了。一直对东欧、中欧的战火幸灾乐祸的西欧各国此时还在内斗不休。神圣罗马帝国皇帝弗里德里希二世要求所有基督教诸侯为共同防御而采取联合行动，罗马教皇格里戈利九世也开始号召各国组织十字军，来一起对抗蒙古军。可是，皇帝与教皇的争权斗争不断激化，其他各国也是矛盾重重，虽然举行过"组织起来对抗蒙古人的谈判"，但"却没有采取什么实际行动"[1]。

如果此时拔都挥军西进，西欧各国的命运不会比罗斯、波兰和匈牙利美妙。

但是，1242年4月，拔都的大军却突然东归，就如他们到来时一样，迅速而出人意料。

并不是拔都和他的军队疲惫了、思乡了，而是因为他们的帝国出了大事——窝阔台大汗驾崩。作为大汗的子侄，也作为帝国重要的贵族，拔都、拜答儿、合丹等人必须回到蒙古参加"忽里勒台"，选举窝阔台大汗的继承人。

历时七年的长子西征，宣告结束。西欧各国躲过了战火，波兰和匈牙利则得以在废墟中重建家园。波兰因为这次入侵，使得很多大贵族认识到分裂的危害，普舍美斯尔二世、瓦迪斯瓦夫·沃凯太克等英杰前赴后继，终于于1320年结束了175年的分裂，为日后波兰黄金时代的亚盖隆王朝奠定了基础。那位侥幸逃过蒙古军追杀的贝拉四世也在战后返回了匈牙利，领导了卓有成效的重建工作，恢复了匈牙利的经济和防御体系，被后世誉为"故乡重建者"。

而罗斯各城邦却没有这样的好运，他们要重新获得独立的等待二百四十年，在这漫长的两个半世纪中，他们都必须向拔都及其子孙的金帐汗国卑躬屈膝。

---

①余大钧、蔡志纯译：《普兰·迦儿宾行记 鲁布鲁克东方行记》，内蒙古大学出版社2009年版，第108页。

5.术赤兀鲁思成为"金帐汗国"

长子西征结束后，参战的蒙古四大家族都获得了丰厚的战利品。而最为得益的是术赤家族，拔都将父亲留下的领地扩展了近一倍。

为了更好地管理和控制西部的疆域，拔都将统治中心向西迁移，在伏尔加河下游，今天俄罗斯的谢里特连诺耶修建了一座城市作为自己的都城。这座城市名为"萨莱"，也就是宫殿。因为日后还有一座名为"萨莱"的城市兴起，后人称这座城市为"拔都萨莱"。从这时起，人们所熟悉的"金

BATU HAN
ALTINORDU
DEVLETİ
1227 _ 1502

欧洲人眼中的拔都汗

帐汗国"才算正式建立。

不过，金帐汗国的国名其实是不准确的，拔都继承父亲的遗产并使之发扬光大，他绝没有必要另立国号，改朝换代。在他和以后汗国统治者心中，"术赤汗国"是国家永远的名字，而"金帐汗国"，不过是被其统治了二百四十年的俄罗斯对于自己宗主的称呼。

这个名称的由来有多种说法。

有的说，这是来源于成吉思汗西征返回时，曾在钦察草原搭起大金帐，因此金帐被看作是蒙古统治者的象征。

有的说，是因为在金朝强盛时，皇帝被边远民族称为"金汗"，这个名称也就传到了俄罗斯，成为强有力统治者的称谓。

而最有合理性的传说则是，罗斯诸城邦的大公们按时向可汗缴纳贡税和述职的时候，都是在草原上金顶大帐中拜谒可汗。久而久之，金顶大帐给他们的印象刻骨铭心，"金帐汗"便成了拔都以后所有可汗的通称，"术赤汗国"也在俄罗斯编年史中成了"金帐汗国"并一直流传到现在。

而金帐汗国的疆土也在拔都时代确定，其后虽有小的变动，但在金帐汗国崩溃之前，疆域是基本稳固的。

北方，是罗斯诸城邦，南部辖有克里米亚半岛及沿海诸城市，另有高加索、北花剌子模和玉龙杰赤城，西部领有西起德涅斯特河流域的草原，东部直到西西伯利亚及锡尔河下游。

其地横跨欧亚，控制着亚洲到欧洲的商路，这使得金帐汗国不但是让人胆寒的军事强国，还成为了无比富庶的商贸大国。

四、在波折中壮大

从拔都开始，到札尼别汗的一百一十四年，是金帐汗国的强盛和繁荣时期。虽然也有残酷的宫廷斗争和小规模内战，对外战争也并非一帆风顺，但汗国一直维持着稳定。无论对蒙古其他汗国来说，还是对欧亚其他国家而言，金帐汗国一直都是不可轻视的存在。

贵由汗

1.拔都的辉煌与去世

因为西征的巨大胜利，使得拔都在大蒙古国中的声望和地位都达到最高峰，对于大蒙古国的政治也具有最重要的发言权。甚至，正是他的作为，影响了大蒙古国第三任大汗的即位，也决定了第四任大汗的人选。

西征的停止，是因为窝阔台大汗的去世，诸贵族要回蒙古参加"忽里勒台"。但是，作为第三代宗王中最尊长的拔都，却始终没有参加大会。他给出的解释，是自己"身体不好和腿病"，但人们都知道，真实的原因是"由于某种原因生他们的气"[①]。

他在生什么气呢？原来，拔都认为这次选举的人选，将是窝阔台大汗的长子贵由。而拔都与贵由是有矛盾的。当初西征之时，拔都是最高统帅，但贵由依仗是大汗之子，表现得飞扬跋扈、桀骜不驯，以至与拔都的关系极端恶化，势同水火。拔都知道，"库里勒台"上最具资格成为新任大汗的便是贵由，他自然不想去为这个自己不喜欢的堂兄捧场。

而拔都并不知道，自己的缺席却反而促成了贵由的即位。原来，窝阔台大汗最喜欢的儿子，是自己的第三子阔出，但阔出年寿不永，先于父

亲去世了。悲痛之余的窝阔台大汗爱屋及乌，将阔出的儿子失列门养在身边，准备立为继承人。可是，窝阔台大汗的皇后脱列哥那却最喜欢长子贵由，而窝阔台大汗的去世是因饮酒过度而导致的暴死，生前没来得及公布失列门为继承人，脱列哥那便打算将贵由推上汗位。

因为拔都的缺席，原本应该立即举行的"库里勒台"推迟了三年。这三年当中，脱列哥那便以太后的名义摄政，排挤掉了窝阔台时代的重臣镇海、牙剌洼赤和耶律楚材，"用巧妙和狡猾的手腕，她控制了一切朝政，并且施给各种小恩小惠，请客送礼，赢得了她的族人的欢心，顺从她和愉快地听着她的吩咐和指令，而且接受她的统治"[②]，最终否定了窝阔台的遗愿，将贵由扶上了大汗宝座。

拔都自然不知道自己的任性所造成的后果，但他很快就感受到了这个后果所带来的威胁——1248年，贵由大汗率大军西进，准备讨伐拔都。

贵由大汗对这次讨伐做了最严密的保密工作，对外宣称："天气转暖了，叶密立的空气合乎我的天性，那里的水也对我的病有利"。然后率领大军浩浩荡荡向西进发。贵由大汗患有

①[波斯]拉施特著，余大钧、周建奇译：《史集》第2卷，商务印书馆2014年版，第220页。
②[波斯]费志尼著，何高济译：《世界征服者史》（上册），内蒙古人民出版社1980年版，282—283页。

拘挛病，他这套说辞没有破绽，连拔都都被蒙在了鼓里。

但这种计谋却没有瞒过拖雷的遗孀唆鲁禾帖尼。拖雷死后，因为其家族雄厚的实力一直为窝阔台大汗所压制，唆鲁禾帖尼作为其遗孀，只能在隐忍中积蓄力量。而拖雷的长子蒙哥与拔都关系极好，两家早已成为隐秘的盟友。唆鲁禾帖尼知道贵由大汗"仓促出行并非别无用意"，于是立即派出一个密使通告拔都："请做好准备，贵由汗已率领大军向你们那边推进！"①

拔都这才知道贵由大汗来者不善，立即整备军队，在边境上准备迎击。

然而，就在大蒙古国内部一场空前的血战迫在眉睫之际，贵由大汗却在中途突然死去，在位不到两年。

关于贵由的死因，无论中国的《元史》还是波斯的《史集》、《世界征服者史》都语焉不详。倒是出使蒙古的西方教士鲁布鲁克记录了一则传闻："关于贵由本人之死的确切情况，我一无所知。教士安德烈对我说，贵由是吃了一副药剂而死去的，他怀疑这副药是拔都命令人准备的。但我听到了另一种说法，那就是，贵由曾经召拔都谒见，拔都举行盛大的仪式出发了。但他和他手下人都很害怕，于是他派他的一个名叫昔班的兄弟先去。昔班到达了贵由处，在参加宴饮时与贵由发生了争吵，他们彼此把对方杀死了。"②

也许传教士所记录的是道听途说，并不符合事实，因为昔班并没有和贵由一起死去。但当时紧张的局势，拔都与贵由关系的恶劣，还有贵由过于凑巧的死亡，都使人们不得不怀疑，拔都派出杀手暗杀了贵由。

贵由大汗已死，脱列哥那太后又早于他而死，贵由的皇后海迷失虽然宣布摄政掌控了朝政，但却非常无能，"大部分时间单独与珊蛮们在一起，沉溺于他们的胡言乱语中而不认真治理国家"③，贵由的两个儿子忽察和脑忽则各自为政和母亲对抗，窝阔台家族一片混乱。

而拖雷家族的大家长唆鲁禾帖尼却在此时"恩赐她的族人和亲属，犒赏军队和百姓，获得了各方面的拥戴，因此使所有人听从她的旨意，并在每人的心灵中种下了感情和恩义"④，准备为自己的儿子蒙哥争取大汗汗位了。

① [波斯]拉施特著，余大钧、周建奇译：《史集》第2卷，商务印书馆2014年版，第227页。
② 余大钧、蔡志纯译：《普兰·迦儿宾行记 鲁布鲁克东方行记》，内蒙古大学出版社2009年版，223页。
③ [波斯]拉施特著，余大钧、周建奇译：《史集》第2卷，商务印书馆2014年版，第227-228页。
④ [波斯]费志尼著，何高济译：《世界征服者史》（下册），内蒙古人民出版社1980年版，657页。

当然，仅靠拖雷家族的力量，还不足以抢夺窝阔台家族的继承权。唆鲁禾帖尼向拔都伸出了求援之手。而本就属意于蒙哥的拔都自然要全力以赴，他非常积极地参加了"库里勒台"，不但带了自己的继承人撒里塔，自己的兄弟斡儿达、昔班、别儿哥以及"整个术赤家族"，还带了三万大军。

在"库里勒台"上，拔都开宗明义："宗王们之中，只有蒙哥合罕耳闻目睹过成吉思汗的扎撒和诏敕，只有立他为合罕，才有利于兀鲁思、军队和我们这些宗王们！"同时，他还拉拢了察合台的孙子哈剌旭烈一起提出应该立蒙哥为汗。这么一来，成吉思汗四子家族中，有三个站在蒙哥一边，窝阔台家族虽然声称："帝位应当是我们的，你怎么能把它给别人呢？"但拔都断然回绝："既然对此已有成言，就无论如何也不能取消他了"。①

于是，蒙哥顺利即位，成为大蒙古国第四任大汗。

与自己亲密的蒙哥成为大汗，拔都在大蒙古国内部再无忧患。而且，蒙哥为了感谢他的支持，给予了他最大的自治权，刻意形成了术赤家族和拖雷家族东西呼应的政治格局。拔都"与所有宗王比起来，是除了他所必须服从的皇帝外，最强大的一个。"②

拔都终于安心地回到自己封国，进行一系列的建设了。

首先，拔都对自己的兄弟们进行了册封，将十三个兄弟全部赐予大小不等的封地，而在西征中立功最大的长兄斡儿达和五弟昔班的封地最大。斡尔达被赐封咸海东北直至额尔齐斯河的地区，建立了白帐汗国；昔班的封地则在咸海以北，建立了蓝帐汗国。而无论白帐汗国、蓝帐汗国还是其他兄弟的封国，都是效忠于拔都的金帐汗国而并非大蒙古国，拔都的分封不但不会削弱自己，反而是增强了术赤家族的团结。

对于罗斯诸城邦，拔都设置一整套管理方式，为了让罗斯王公们永远无法团结，他制定了一个"以夷制夷"的政策——册封"弗拉基米尔及全罗斯大公"。也就是由金帐汗来选定一个城邦的大公来做名义上的"全罗斯的统治者"，而要有机会当选，对金帐汗无条件完全服从，所做的事是否完全符合金帐汗利益是唯一的标准。同时，拔都还派驻罗斯各地两种

①[波斯]拉施特著，余大钧、周建奇译：《史集》第2卷，商务印书馆2014年版，第244-246页。
②[苏联]格列科夫、雅库博夫斯基著，余大钧译：《金帐汗国兴衰史》，商务印书馆1985年版，58页。

官职，一为"达鲁花赤"，一为"巴思哈"。达鲁花赤是负责"登记人口，征收贡税，并将贡税送交宫廷"的官员，而巴思哈则是"控制被征服居民"的军事长官[1]。

有了这三层枷锁，罗斯诸城邦只能成为金帐汗国予取予求的藩属，再也无力有任何反抗了。

在摆布政治秩序之余，拔都大力维护驿站和商路，保障与蒙古本土之间联系的畅通，这既是为了和大汗联系方便，也是在"力图把侵占的所有地区过去的贸易活动恢复过来"。后来历任金帐汗都秉承了拔都的政策，最终让金帐汗国成为了商贸大国。

拔都晚年的生活是快乐而尊荣的，在当时人们的眼中，"他施舍无度，他恩泽无穷。各国的国王、四海的诸侯，及其他所有的人都去朝见他……四方的商人运给他各类货物，他一股脑收下，支给好几倍的价钱"[2]。

1255年，在这样的幸福中，拔都走完了自己的人生之路，享年47岁。生前他已经定自己的长子撒里答为继承人，而大蒙古国的大汗蒙哥是他的亲密兄弟，是不会有任何异议的。

但拔都顾得了生前，算不到死后。他认为万无一失的汗位继承却引发了两场诡谲的宫廷政变。

2.两位王子的即位与离奇死亡

拔都的去世，让蒙哥大汗失去了亲密的兄弟，也失去了政治上最强有力的盟友，他在悲痛之余，首先要考虑的便是维持金帐汗国的稳定及其日后对自己的忠诚。而拔都的长子，也是他指定继承人的撒里答一直在汗廷供职，于是蒙哥大汗举行了隆重的册封仪式，立撒里答为金帐汗国之汗，并命他马上启程回国即位。

撒里答是拔都的长子，关于他的记载非常少，连年龄都没有留下，按照拔都的岁数推算，他此时最多二十多岁，而拔都英雄一世，也不太可能指定一个不成器的儿子做自己的继承人。所以，撒里答应该是一个年轻有为的青年。

在西方的传言中，认为撒里答是一位基督徒。因为他身边有很多有天主教、东正教和聂斯托利教教士，而他对于经过他领地的基督徒也都表示出仁慈和友好。不过，这一说法其实也是有问题的，蒙古从成吉思汗开始，便确定了宗教信仰自由，所有宗教一律平等的政策，而他的子孙们也都遵循不移。撒里答也许对基督徒

---

[1][苏联]格列科夫、雅库博夫斯基著，余大钧译：《金帐汗国兴衰史》，商务印书馆1985年版，106-107页。
[2][波斯]费志尼著，何高济译：《世界征服者史》（上册），内蒙古人民出版社1980年版，314页。

很友好，但也仅仅是因为基督徒常带给他礼物而已。曾经面见过他的法国传教士鲁布鲁克便曾留下这样的记录："至于说撒里答，我不知道他是否信仰基督。我只知道，他不想被称作基督徒，而且据我看来不如说他嘲笑基督徒。因为他恰好住在基督教徒们所行经的路途上……当他们前往他父亲的宫廷时，全都行经他的地区，带来礼物给他，因此他很看重

蒙哥汗

基督徒"①。

撒里答之所以如此的面目模糊，是因为他在历史前台出现的时间太短了。在得到蒙哥大汗的册封后，撒里答离开蒙古本土向自己的封国进发。然而，在途中，年轻的撒里答突然去世。

活蹦乱跳的侄子竟然这么快便追随他的父亲去了，这让蒙哥大汗大为惊诧，他连忙派出使臣，安慰撒里答的妻子兄弟，并再次册封拔都的第四子兀刺黑赤为金帐汗，"并用各种恩典嘉奖所有的人"②。

①余大钧、蔡志纯译：《普兰•迦儿宾行记 鲁布鲁克东方行记》，内蒙古大学出版社2009年版，第193页。
②[波斯]拉施特著，余大钧、周建奇译：《史集》第2卷，商务印书馆2014年版，第148页。

蒙哥大汗也许认为，兀剌黑赤是拔都最小的儿子，年纪最轻，身体也应该最好，总不会再步撒里答的后尘。

然而，事与愿违，就在撒里答去世不久，继位不过一年的兀剌黑赤也突然死亡。

拔都留下的汗位似乎与他的儿子们相克，这连续的死亡事件让他的次子秃罕和三子额不干都不敢再染指汗位了。于是，拔都的三弟别儿哥继承了金帐汗国的汗位。

虽然蒙哥大汗对自己两个侄子的突然死亡充满了疑窦和愤怒，但因为别儿哥"照旧与拖雷汗家族保持着真诚的友谊，遵循着忠诚、善意和团结之道而行"①，蒙哥大汗也就只能顺水推舟，承认了别儿哥的即位。

关于撒里答、兀剌黑赤的死与别儿哥的继位，《史集》《世界征服者史》中是一笔带过，好像这是正常的权力交接。不过，这么凑巧的事情连续发生两次，实在是很让人怀疑。

伊斯兰史家术札尼在他的《卫教者表》中记载了这样的一个故事：当撒里答经过别儿哥住处时，却变换路线不见别儿哥。别儿哥派人问他为何这样？撒里答回答道："你是伊斯兰教徒，而我信奉基督教；见到伊斯兰教徒的面是不幸的。"别儿哥得知后，独自在他的帐幕里，锁上门，把绳子绕在自己的脖子上，大哭了三昼夜并祈祷道："主啊，如果穆罕默德教和伊斯兰教法是真的，让我向撒里答讨回公正吧！"这以后第四天时，撒里答便死了。

虽然撒里答可能不是一个基督徒，但别儿哥确实是货真价实的伊斯兰教徒，伊斯兰史家将撒里答的死归结为对叔父不敬而遭到天谴，自然是为了宣扬自己宗教的伟大。但人们也不难看出，在这个荒诞故事的背后那些隐藏的黑暗。

撒里答为什么绕过别儿哥的住处不见他，真是仅是因为宗教信仰的不同？别儿哥遭到侄子的侮辱，真的只会向自己的神诅咒侄子而不是采取行动？如果撒里答是因为遭到天谴而死，那么兀剌黑赤又是因为什么英年早逝？

要知道，别儿哥掌握着三万精锐部队，而这些部队的军人都是穆斯林。他们在有能力帮助与自己有相同信仰的别儿哥登上汗位的时候，他们会袖手旁观吗？

也许，当撒里答兴冲冲回归即位之时，已经有杀手在等着他。也许，当兀剌黑赤仓促登上哥哥留下的宝座时，他的背后也出现了杀手的黑影。

①[波斯]拉施特著，余大钧、周建奇译：《史集》第2卷，商务印书馆2014年版，第149页。

两个王子便这样消逝在历史之中，而金帐汗国在别儿哥的带领下，义无反顾地走上了伊斯兰化之路。

3.汗国的伊斯兰化——别儿哥汗的统治

英雄人物的作为往往会改变历史走向，不过英雄也是人，也是在其所处的环境中生活和努力的人，他们也不可能超越自己的环境。金帐汗国走向伊斯兰化，别儿哥汗是倡导者和发起人，但他并非仅因为自己的信仰而这么做，而是有着深刻的原因。

在金帐汗国，有好几个地区在蒙古人来到之前就已信奉伊斯兰教，如花剌子模、不里阿耳及不儿塔里的部分地区。即使钦察草原上的突厥部族也有很多信仰伊斯兰教。远道而来的蒙古人，陷入当地民族的汪洋大海中，是不可能不被影响的，别儿哥直属的部队都成为了穆斯林便是明证。

别儿哥汗是金帐汗国诸汗中第一个接受伊斯兰教的，他非常虔诚，身边常聚着许多穆斯林神学家、法学家和注释学家。他本人也拥有许多宗教书籍，并经常听一些关于伊斯兰教法和道德的辩论。他的军队随身携带祈祷用的跪毯，祈祷时间一到，他们就专注于祈祷，而且每一个人都滴酒不

建立伊儿汗国的旭烈兀和他的妻子

沾。

不过，此时的金帐汗国还是大蒙古国的一部分，还需要坚持成吉思汗留下的所有宗教一律平等的扎撒（法律），别儿哥汗还不敢过于推行伊斯兰教，伊斯兰化政策仅局限于在接近宫廷的那些人中间推行。他修建了几所清真寺和学校，还下令处罚撒马尔罕的基督教徒，破坏了他们的教堂。但除此之外，便没有更多的措施了。

尤其是面见使者时，别儿哥汗的装束还是典型的蒙古人，而不是一位穆斯林——"稀疏的胡须，黄脸，脸庞甚大，头发分披于二耳后，一耳坠宝石金耳环，身穿丝绸长袍，头戴尖帽和在绿色的不里阿革上镶有宝石的金带，足穿粗纹红皮靴"①。

虽然不能在推进伊斯兰化上大张旗鼓，但在其他国内建设上别儿哥汗却干得有声有色：

首先，他对罗斯诸城邦进行了人口普查，以利于征税。虽然拔都时代普查过一次，但仅限于部分地区，这一次是真正全面大普查。这次普查是金帐汗国统治罗斯时期最全面也是最细致的，从此再没有这样的普查，都以这次得出的数据来征税。虽然这次普查后所规定的税额引起了罗斯人的不满，导致了起义，但终究为金帐国日后稳定而有计划地从罗斯征税奠定了基础。

第二，别儿哥在伏尔加河支流阿赫图巴河，也就是后来苏联的斯大林格勒近郊也修建了一座名叫"萨莱"的城市作为自己的都城。为了区别拔都修建的萨莱，这座城市被称为"别儿哥萨莱"。这座城市日后逐渐取代了拔都萨莱的地位，成为金帐汗国的中心。

而正当别儿哥汗为国内建设劳心劳力之时，因为大蒙古国第三次，也是最后一次的西征，却凭空给他也给金帐汗国缔造了数十年难解的仇敌。

这个仇敌，名叫旭烈兀，蒙哥大汗的弟弟，也是伊儿汗国的开国汗王。

拖雷家族和术赤家族一向交好，没有拔都的支持，蒙哥大汗都不可能即位，旭烈兀为何能成为别儿哥的仇敌呢？

原来，在1253年，蒙哥大汗派自己的四弟旭烈兀率军西征，目标直指西亚的亦思马因宗教国、阿拉伯阿拔斯王朝和埃及。按照蒙古传统，各家族都要出兵参与出征。那时拔都还在位，派出了白帐汗斡儿答之子忽里，蓝帐汗昔班之子八剌海、秃歹儿斡兀立率军参战。

---

① [苏联]格列科夫、雅库博夫斯基著，余大钧译：《金帐汗国兴衰史》，商务印书馆1985年版，60页。

别儿哥作为伊斯兰教徒，虽然不能反对大汗对伊斯兰国家的征服，但也想履行一下穆斯林的责任。他暗中给旭烈兀送信，希望他在灭亡阿拔斯王朝时，一定不要杀害哈里发。

哈里发的意思是"代理人"或"继承者"，是伊斯兰教先知穆罕默德的继承者，而阿拔斯王朝的哈里发更是正统的"教皇"。虽然阿拔斯王朝早已衰败，但哈里发在伊斯兰教徒心中仍是神圣不可侵犯的。对于别儿哥的要求，旭烈兀不以为意，满口答应。

岂料，当旭烈兀一路斩将夺城，攻克阿拔斯王朝的首都巴格达之后，因为愤恨第三十七代哈里发谟斯塔辛的顽抗，竟然将哈里发家族全部斩杀。对于这种背信的行为，别儿哥愤恨不已。但此时蒙哥大汗还在，他只能将对旭烈兀的不满埋在心底。

1259年，蒙哥大汗在攻打南宋钓鱼城时去世，他的二弟忽必烈和幼弟阿里不哥为争夺大汗汗位大打出手，大蒙古国各地一片混乱，旭烈兀趁机"自帝一方"，建立了伊儿汗国。而别儿哥汗也摆脱了束缚，将金帐汗国变成了独立国家。

这里有必要讲解一下大蒙古国的政治体制。

从成吉思汗开始，历任大汗之所以能够在广袤的帝国上有效实行统治，并不仅仅是因为分封兄弟子侄为屏藩的分封制度，这种制度虽然可以在短时间内形成对距离中央较远的地区的有效控制，但时间一长，分出去的地，泼出去的水，封国们的独立倾向就会越来越严重。

因此，分封和集权并行一直是蒙古帝国的既定国策。成吉思汗各子都有自己的汗国，但各汗国的封地仍由大汗委以长官统管，诸子在其封地上只享有一定数量的赋入。其行政权、军事权很大程度还属于中央直辖。而没有分封给儿子们的土地和城市，则有达鲁花赤管理，直接向汗廷负责。到窝阔台汗时代，更是确定了行省制度，各行省的官员全部由汗廷委派，且不许世袭。

例如，蒙哥汗时代，别失八里等行省的行政长官是马思忽惕；阿姆河等处行省的行政长官是阿儿浑；伊朗等地最高军事长官是绰儿马罕，他死后拜住接任，最高行政官是成帖木儿。这些官员都是直接受大汗汗廷委任，当汗廷有财政、军事等方面的命令时，他们要无条件服从。同时，这些穿插于各封国之间的行省，也是对封国的有效监视和制约。

然而，随着蒙哥汗之死，忽必烈和阿里不哥只顾着互相攻伐，当初的一切行政关系全都乱了套。金帐、察合台、窝阔台的汗王们迅速吞并朝廷直辖的行省土地，当地官员要么被驱逐，要么服从于新主人，各汗国汗王一跃而成为自己封地的真正"国家首脑"。

1264年，忽必烈和阿里不哥的争位之战落下帷幕，阿里不哥承认失败向忽必烈投降。忽必烈成为了大蒙古国的第五任大汗，但是此时各个汗国的独立已经不可逆转，没人愿意甘心臣服于忽必烈了。

别儿哥汗既然不再受制于大汗汗廷，他自然要为金帐汗国争取更多利益。而既然旭烈兀有负于他，便首先向旭烈兀发难。他向旭烈兀提出条件，要求将商业繁盛，人口众多，还有着木甘草原的阿塞拜疆分给自己。

别儿哥汗的要求并非没有理由，按照蒙古的传统，一起打下来的土地人人有份，你旭烈兀又没有获得大汗的册封，怎么可以独自占有那么多土地呢？

可此时大蒙古国中心混乱，法统荡然，旭烈兀如何会对这位堂兄俯首帖耳？于是断然拒绝。

别儿哥汗大怒，1264年，他派遣侄孙那海率军三万攻入伊儿汗国国境，旭烈兀也不客气，率军迎击，两军在打耳班交战。

这那海是金帐汗国第四代中的佼佼者，可在堂叔祖旭烈兀面前还是嫩了点，两军一交战，便被旭烈兀打得大败。可旭烈兀的运气实在差，在企图从冰上重渡捷列克河时，因为没有事先检查河面的冰层是否够结实，大军走到一半，冰层便爆裂开来，很多骑兵被淹死。而那海也不失时机地收拢部队折回突袭旭烈兀驻军，原本就已经乱成一团的旭烈兀军顿时全面崩溃，士兵被杀和落水溺毙的不计其数，旭烈兀好不容易率残部逃出。

这次战争非常惨烈，双方士兵的尸体遍布荒原，河流为之变赤，连别儿哥看到惨况后都暗自祈祷："让安拉谴责这个用蒙古人的剑残杀蒙古人的旭烈兀吧。"[①]

不过旭烈兀毕竟是卓越的战术家，经过惨败并未乱了方寸，而是迅速派遣部队巩固防线，守要地，扼要冲，防备金帐汗国军乘胜攻占自己的地盘。别儿哥想控制阿塞拜疆，但却无法攻破旭烈兀设立的一个个要塞，最终也是无功而返。

两个堂兄弟谁也不能仅凭自己吃掉对方。于是，金帐汗国与埃及的马木鲁克王朝结盟，共同对付伊尔汗国，而伊儿汗国也与拜占庭帝国结盟对付金帐汗国。

与此同时，中亚的察合台汗国、

---

①[苏联]格列科夫、雅库博夫斯基著，余大钧译：《金帐汗国兴衰史》，商务印书馆1985年版，62页。

窝阔台汗国也与金帐汗国联盟和元帝国对立。

这是一场由蒙古家务事引起的"世界大战"，几个大国你来我往，斗的不亦乐乎。

不过，别儿哥汗本人虽是打响这"世界大战"第一枪的人，但他很快就退出了，在捷列克河之战后两年，1266年，他在率军进攻伊儿汗国回军途中病逝，拔都次子秃罕的次子忙哥帖木儿继承了汗位，金帐汗国的汗统又回到了拔都一系。

4.在"世界大战"中的忙哥帖木儿汗

忙哥帖木儿汗继承叔祖的位置后，继续和旭烈兀家族较劲，多次挥兵攻入伊儿汗国。但是，虽然此时旭烈兀已经去世，但继承他汗位的阿八哈也是一位骁勇善战的可汗，双方多次交锋，忙哥帖木儿汗始终未能前进一步。最后，两国不得不罢兵休战，于1267年左右签订盟约。

然而，此时那场"世界大战"正在如火如荼，局部的和平是无济于事的。1268年，忙哥帖木儿汗接到了窝阔台汗国之汗海都（窝阔台第五子合失之子）的求援信.这一年，海都与察合台汗国之汗八剌（察合台次子木秃坚之孙）战于锡尔河畔，八剌用计设伏，一举把海都所部打得大败。无奈之下，海都只得向金帐汗国求援。

察哈台汗国、窝阔台汗国原本和金帐汗国是盟友，相约一起和忽必烈作对。可是忽必烈将一直在自己身边的八剌派回察合台汗国，废黜了原本的察合台汗木八剌沙，察合台汗国从此倒向忽必烈。

在别儿哥汗时期，察合台汗国之汗阿鲁忽（拜答儿之子）便曾趁别儿哥与旭烈兀交战之时袭击金帐汗国中亚的领土，将刚刚恢复繁荣的讹答剌城洗劫一空。两家早有宿怨，只是因为一起反对忽必烈而暂时隐忍，如今正好清算老账。忙哥帖木儿立即派自己的四叔祖，术赤的第四子别儿哥彻儿领兵五万前去支援。

八剌万没有想到金帐军来得如此之快，当他再与金帐、窝阔台联军交战时，已经没有什么计策可以使用，只能硬拼，结果一败涂地。

大败之下，察合台汗国兵马地盘损失无数，如果这时候金帐、窝阔台联军继续推进，察合台汗国很可能亡国。生死存亡之际，八剌竟然决定破罐子破摔，命令对撒马尔罕、不花剌等大城市进行彻底的破坏——避免这些富庶之地落入海都、忙哥帖木儿之手。

这是典型的无赖做法，但无赖的优势就在于，一旦耍起这一套，便会使敌人有所顾忌，从而达成意想不到的效果。八剌的决定一经传出，不但

撒马尔罕等城市的贵族、长老们连忙拿着大量的黄金前来请愿，而且让忙哥帖木儿和海都都不得不停下进兵的脚步。

忙哥帖木儿和海都的目的，说白了就是"抢钱、抢粮、抢地盘"，如果八剌真的来个"三光"，自己费了半天劲拿回来的不过是一片焦土，有什么意思呢？大家都是为了钱财地盘，没必要非得弄得玉石俱焚，还是谈一谈吧。

于是，海都在与金帐军统帅别儿哥彻儿商量后，派自己的弟弟钦察（窝阔台第六子合丹之子）向八剌表达"和平团结"之意，约他和谈。八剌正处在困境，靠着耍无赖才勉强躲避攻击，见有生存之机，自然满口答应。

三方都有和谈的意向，事情好办得多了。随着钦察在之间穿针引线。1269年春，八剌、海都还有代表金帐汗的别儿哥彻儿在窝阔台汗国的塔剌思河流域的塔剌思、肯切克草原举行会盟，召开了没有拖雷系宗王尤其是没有"大汗"忽必烈参加的库里台大会。金帐、窝阔台、察合台三汗国签订盟约，瓜分阿姆河以北地区，并立誓维护蒙古传统，反对背弃了的传统的忽必烈以及伊儿汗阿八哈。这便是世界史上著名的"塔剌思联盟"。

很多史家认为，塔剌思联盟的

成立，标志着蒙古帝国决定性的分裂。其实，这不过是帝国分裂后各个国家进行的一次重新分派组合，"决定性"是说不上的。即使没有这一联盟，帝国分裂的状况也没有可能挽回。

除了宣示和平团结，三方还划分了势力范围，阿姆河以北的河中地区，八剌得三分之二，忙哥帖木儿和海都一起分得三分之一。看起来八剌比较得便宜，而实际上此时的察合台汗国的领土已经比阿鲁忽时代缩水了近一半，而金帐汗国则拿回了部分当初被阿鲁忽夺走的土地，最有好处的便是海都，由他所重建的窝阔台汗国占据的原察合台汗国土地在会议上得到承认，还分得了富庶的河中地区的一部分，实力大为增强，而且经过这次会议，窝阔台汗国成为中亚地区的霸主。

"塔剌思联盟"成立后，金帐汗国的东线便平安无事，南线又与伊儿汗国签订了合约，那么忙哥帖木儿汗是不是就可以刀枪入库马放南山了呢？

当然不行，作为术赤、拔都的后人，忙哥帖木儿汗还希望能有更大的功业来证明自己。1271年，他将目标锁定在了拜占庭帝国身上。

拜占庭帝国此时是佩利奥洛格斯王朝初期。开国皇帝米哈伊尔八世当初和伊儿汗国结盟，是为了钳制埃及的马木留克王朝，根本没有想到会遭到金帐汗国的打击。虽然米哈伊尔八世"聪明绝顶，能力超群，工于心计，足智多谋"[1]，十年前从拉丁人手中收复君士坦丁堡，也算一位雄主。但新兴的王朝军制还不完善，财政还很紧张，城防也有待修缮，实在没有力量迎击金帐汗国的大军。

拜占庭皇帝米哈伊尔八世

于是，米哈伊尔八世遣使求和，将自己的私生女献了出去，以乞求和平。

金帐汗国大军在皇帝的求和之下停止了前进，领军大将娶了米哈伊尔八世的私生女，并将大量金银财物收归自己囊中。

这位大将名叫那海，就是曾在捷列克河之战中击败旭烈兀的人，他是术赤第七子不哇勒长子塔塔儿之子，继承了父祖的万户人马。而捷列克河之战的胜利以及这次征讨拜占庭帝国的胜利，使他成为金帐汗国最为显赫的宗王，掌管了顿河到第聂伯河之间的广大土地。忙哥帖木儿汗对自己这位兄弟也是无可奈何，只得听任他在西部为所欲为。

1282年，忙哥帖木儿汗病逝，那海趁势而起，并最终成为掌控金帐汗国的权臣。

①陈志强著：《拜占庭帝国史》，商务印书馆2003年版，320页。

5.权臣那海的时代

忙哥帖木儿汗去世后，将汗位传给了自己的三弟脱脱蒙哥。忙哥帖木儿是秃罕的次子，他死后如果按照父子相承，汗位应该传给自己的儿子，如果是长者即位，那应该将汗位让给秃罕的长子塔儿不，可汗位却落在了脱脱蒙哥头上，这就引起了很多人的不满。

脱脱蒙哥在位五年后，一场宫廷政变终于爆发了。忙哥帖木儿汗的儿子阿勒灰、脱黑里勒，还有塔儿不的儿子秃剌不花、宽彻突然发难，借口脱脱蒙哥患了疯病，将他废黜，拥立秃剌不花为汗。

这场政变并没有流太多的血，如果就此结束未尝不是好事。然而，不正当得来的东西总是怕别人觊觎。秃剌不花当上可汗后，一直在寻找可能威胁自己的人。很快，他找到了一个人，他便是忙哥帖木儿的三子脱脱。

脱脱这个人"有英武之气"，确实很让人不放心。于是，秃剌不花汗与其他拥立自己的宗王们打算将脱脱杀掉，脱脱得到消息后，连忙出逃，并向拥有最大军权的那海求助："堂兄弟们要谋害我的性命，你是长者，我要向长者请求保护……只要我活

着，我就将服从长者，并且不违背他的善意。"①

这等于是告诉那海：只要你救我的命，帮我夺汗位，以后金帐汗国的事全都你说了算。

那海此人"具有巨大组织能力，性格坚强，手段毒辣、阴险"②，本就不是甘居人下之辈，忙哥帖木儿时代便已经拥兵自重。如今见到这么一个好机会，自然不会袖手旁观。他立即点齐自己的兵马开向首都。一路之上，凡是遇到各地的万户、千户官，那海便宣称："我有赛音汗的一道命令，如果有人在他的兀鲁思中胡作非为，扰乱兀鲁思，就让我调查此事，并且使他们和睦。"

赛音汗就是指拔都，那海说拥有拔都的遗命，这纯粹是胡说。拔都时代，那海还远没能独当一面，他的辈分又小，拔都怎么会给他留下遗命？但这种宣传却起到了效果，所过之处不但没有遭到抵抗，各地万户、千户的军队反而还归顺了他。

那海的大军便这样浩浩荡荡开到了首都拔都萨莱，秃剌不花等人见状连忙准备抵抗。可这时那海却演了一出戏，他暗中将鲜血喝下，然后当着人面不断地咳血，装出一副自己不久

---

①[波斯]拉施特著，余大钧、周建奇译：《史集》第3卷，商务印书馆2014年版，第152页。
②[苏联]格列科夫、雅库博夫斯基著，余大钧译：《金帐汗国兴衰史》，商务印书馆1985年版，68页。

于人世、只希望调解宗王之间纷争的样子。

秃剌不花等人被其蒙蔽，都赶到他的营帐中看望，那海一边咯血一边道："我曾为我们的父辈效劳，并在过去和不久以前主持过公道，因此你们务必听取我的不偏袒的话，使我能够把你们的争执变为真正的和睦。和睦对你们有好处，举行库里勒台吧，让我使你们和好。"①

秃剌不花及其他宗王信以为真，放松了警惕，都开始准备召开库里勒台的事宜。哪里想到其实那海早就通知了脱脱，让他"带着你所能聚集的军队到我这里来！"脱脱得信后，立即率数千骑兵日夜兼程，赶到了那海的军营。秃剌不花等人在毫无防备之下被全部抓获，脱脱当机立断，将他们全部处死。

杀掉秃剌不花一党后，在那海的辅助下，脱脱登临汗位，成为金帐汗国第八任可汗，这是在1291年。

对于那海，脱脱自然极尽回报之能事，他不但将执政权分享给他，使他成为"拥有无限权力的主宰者"，而且还把克里木半岛上富庶的商业城市的管辖权也赐给了他。那海既有权又有钱，势力完全凌驾于可汗之上，

"以致国外将他当成汗，向他派遣使节，将送给国王的礼物送给他，并国宾似的接待他的使者"②。

这样过去了七年，那海已经习惯了自己高高在上，越来越不把脱脱汗放在眼里。而脱脱汗一直在积蓄力量准备夺回汗权。

1298年，双方最终因为一场家庭纠纷彻底撕破了脸。

这一年，脱脱汗的岳父撒勒只带和那海联姻，为自己的儿子迎娶那海的女儿。这本是亲上加亲的喜事，岂料，那海的女儿是伊斯兰教徒，而撒勒只带的儿子却是基督教徒，小两口因为信仰的事经常吵架，而撒勒只带作为公公，也没有向着儿媳妇，总是和儿子一起训斥她。

那海的女儿一向养尊处优，哪里受得了这样的气，于是便向父亲告状。那海极其愤怒，要求脱脱汗将撒勒只带交给自己处置。脱脱汗虽然一向屈从那海，但是也无法屈辱的把自己的岳父交出去，于是断然拒绝。

一向温顺的可汗竟然有了脾气，那海很恼火，派自己的三个儿子将脱脱汗的几千户百姓掳走，并对脱脱汗提出，只要把撒勒只带交给自己，才能换回这些百姓。

①[波斯]拉施特著，余大钧、周建奇译：《史集》第3卷，商务印书馆2014年版，第153页。
②[苏联]格列科夫、雅库博夫斯基著，余大钧译：《金帐汗国兴衰史》，商务印书馆1985年版，68页。

脱脱汗见状，知道已经无法和平解决争端了。于是他召集三十万大军开向那海的领地，而那海也集结了三十万左右的军队迎击，双方于1298年8月在顿河河畔相遇。

那海再次展现了自己的计谋，派出使者对脱脱汗说："我想举行一次忽里勒台，与你们和解。"脱脱汗因此放松了警惕。那海趁着其松懈之时快速推进，发起了袭击。脱脱汗的大军被击溃，他仓皇逃回了拔都萨莱。

如果那海趁着此时进军萨莱，脱脱汗可能就会死于非命了。可这时那海的后方却出了问题：他的一个孙子到克里米亚地区收税，当途经卡法城（今乌克兰费奥多西亚）时，也向城里的商人们索要金钱。卡法是1261年意大利热那亚商人建立的商业殖民地，一直是独立管理，并未臣服于金帐汗国。现在被要求贡献金钱自然不服，于是热亚那商人们给这位征税者摆了一席鸿门宴，将他灌醉后杀死。

孙子遇害让那海悲愤不已，他立即调转马头进入克里米亚半岛，攻陷了卡法，对这座城市大肆烧杀。而大军开进克里米亚，其他很多商业城市也遭到牵连，原本富庶之地一片战火。虽然热亚那商人损失惨重，但克里米亚是那海的赋税主要来源地，其地残破，对那海的实力是重大的打

卡法的热那亚要塞

击。

而克里米亚事件对那海的打击还不止于此，因为此战，他失去了乘胜追击脱脱汗的机会，让后者有了喘息之机，脱脱迅速又征集起了一支大军。而那海在扫荡克里米亚后，为了尽快弥合战争创伤，将大量俘虏释放，并减免赎金。这让很多跟随他的将领没有得到更多的战利品，对他深为不满，暗中向脱脱汗输诚，表示"如果君主原谅我们，我们就把那海捉住送来"。虽然他们的图谋被那海的儿子识破，但经过双方一场混战，这些将领们都逃到脱脱汗那里去了。

那海的阵营出现了裂痕，战争的天平开始倒向脱脱汗一边。

脱脱汗自然不能错过这个机会，1300年，他发动了对那海的全面攻击，数十万大军兵临第聂伯河。那海自知此时实力不及脱脱汗，再次使出诈降的手段，希望脱脱汗看在自己"是个衰老的人"且"为你的父辈效劳消磨了一生"的份上，对自己"宽恩赎罪"，但暗中派儿子绕道偷袭脱脱汗①。

脱脱汗多次领教过那海的计谋，哪能再次上当，他严整兵马岿然不动，与那海所部进行了正面对决。

内部矛盾重重的那海军很快溃败，那海在逃亡途中被脱脱汗麾下一个罗斯士兵抓住。那海向他表明了身份，并要他把自己送到脱脱汗面前，可这个罗斯士兵仍将他杀死了。一代枭雄终于陨落，他的儿子有的投降，有的流亡后被杀。脱脱汗终于成为了金帐汗国唯一的统治者。

内战平息了，但金帐汗国因为此也消耗了大量的人力、物力、财力，国内一片萧条。大战之后，汗国又爆发了旱灾以及马瘟和羊瘟，百姓们卖儿鬻女，苦不堪言。同时，因为那海对热那亚商人的进攻，金帐汗国与热那亚的关系一直处于敌对，双方常有冲突，热那亚商人经常掳掠金帐汗国的人口卖为奴隶，而他们卓越的航海技术让缺乏海军的金帐汗国束手无策。

自从打败那海之后的十二年执政期内，脱脱汗一直在殚精竭虑地重建国家，他整修道路，赈济灾民，重兴衰败的城市，尤其是恢复商贸，保护过往商队，让"那些国家的货物和珍奇物品在中断了一个时期后，如今又能畅销各处了"。在他的努力下，国家的经济恢复到了战前水平。

除了和热亚那之间的冲突之外，脱脱汗力避再与其他国家发生战争，他继续和埃及马木留克王朝通使交好。还在1304年10月，派使臣在阿塞拜疆的木甘草原会见了伊儿汗国的使臣，接受了伊儿汗国、察合台汗国、

---

①[波斯]拉施特著，余大钧、周建奇译：《史集》第3卷，商务印书馆2014年版，第156-157页。

窝阔台汗国与元帝国的合约，相约各国盟友好不再起争端。这标志着绵延四十年的"世界大战"结束。由大蒙古国分出的各个汗国恢复了和平，成吉思汗四个儿子的家族也在名义上恢复了统一。

1312年，脱脱汗病逝，将汗位传给了儿子亦勒巴思迷失。

6.鼎盛——月即别汗统治下的金帐汗国

前人栽树，后人乘凉。脱脱汗用一生的努力统一了汗国，重振了经济，整肃了军队，聚集了财富。将一个稳定而强大的国家交给了自己的儿子，他一定希望自己的儿子可以做一个太平可汗。

然而，此时的金帐汗国已今非昔比，虽然别儿哥汗在位时并没有大力推行伊斯兰教，继任的可汗们也都不是伊斯兰教徒，他们都坚持宗教自由的政策。而经过一代可汗的推崇，加之主体居民又都是伊斯兰教徒，宗教宽容，伊斯兰教发展迅速，在金帐汗国内成为最大的宗教，大部分贵族也已经皈依。

在这样的环境下，脱脱汗的儿子亦勒巴思迷失就显得孤立而软弱了，因为他是一位佛教徒。脱脱汗虽然也是佛教徒，但他统治前半期有那海的支持，后半期又有着消灭那海的威

俄罗斯画家华斯理·维勒沙坚的名作《特维尔的米高站在乌兹别克汗前》

势，而亦勒巴思迷失却没有这一切。

于是，信仰伊斯兰教的宗王们开始蠢蠢欲动，其中，一个名叫月即别的宗王更是最为积极。

月即别是忙哥帖木儿汗第十子秃黑里勒察之子，他的名字还有一种译法是"乌兹别克"。他是一个虔诚的伊斯兰教徒，最大希望是将金帐汗国变为纯粹的伊斯兰教国家。当亦勒巴思迷失在众多伊斯兰宗王的包围下不知所措的时候，他却迅速聚集起了力量，尤其是获得了花剌子模总督忽秃鲁帖木儿的支持。

有民意基础，又有军队的支持，月即别轻松地发动政变，杀死亦勒巴思迷失，成为金帐汗国第九任可汗。

成为了可汗，月即别终于可以一展平生抱负，对金帐汗国进行了全面伊斯兰化改革。首先他正式宣布伊斯兰教为国教，要求所有的贵族必须皈依，而不愿意皈依的人，月即别汗采取雷霆手段，"攻击他们，将他们击溃后，屠戮、俘虏、歼灭了他们"。他是在1312年政变上台，仅用了一年时间，他便"甩掉了许多敌人和对手，用最狡猾的手段杀死了他们之中最危险的敌人"，到1313年时，他便已经可以宣称："在他国家的异教徒

已经为数不多了"①。

当然，月即别汗的大开杀戒，是全然为了推广伊斯兰教，还是为了消灭政治上的反对者，只有他自己知道。也许两者兼而有之。

巩固了政权之后，他在别儿哥萨莱大兴土木，修建了大量的清真寺、伊斯兰学校和符合伊斯兰仪规的宫殿，并正式将首都从拔都萨莱迁到这里。从此，别儿哥萨莱便成为金帐汗国的首都，更成为全国的宗教中心。

月即别汗改变了自己的尊号，自称为"苏丹·摩诃末·月即别汗"或"月即别苏丹"，这已经是标准的伊斯兰君主的称号了。在他发行的货币上，正面铸有"盖亚斯·乌德·丁·月即别汗""摩诃末·月即别汗""公正的月即别汗"等字样，而背面则铸有箴言："信仰的救助者""高贵的大汗"。

在扫平了国内的反对者，推广了伊斯兰教之后，月即别汗在脱脱汗的基础上继续推行商贸兴国的方针。他不惜人力物力维修道路，设置驿站，并派重兵保护，保证来往的使节和商队"止则有馆舍，顿则有供帐，饥渴则有饮食"②。一个商队从欧洲到元朝的首都大都仅需要二百七十天或者

①[苏联]格列科夫、雅库博夫斯基著，余大钧译：《金帐汗国兴衰史》，商务印书馆1985年版，68页。
②[明]宋濂等撰：《元史》卷101《兵志四·站赤》，中华书局2008年版，第2583页。

二百七十五天，这其中要包括货物在旱路水路来回装卸的时间。其中经金帐汗国之路最为便捷，"沿异道，随邮差而行，五六阅月即可抵此（指中国）"①。一路上，"平安无事，毫无惊险风波"，而且"不需为马匹携带饲料，也不需为跟随商队同行的人们携带粮食。此外，商队不带向导，因为草原与农业地区有着人烟稠密的畜牧业和农业居民点，只需付出若干报酬即可获得一切必需物资"②。

而对于在克里米亚半岛的热亚那人，月即别汗也改变了脱脱汗时代的敌对，不再与之发生冲突，默许了他

黄金时期的威尼斯共和国

们的商业殖民地卡法的自治，这就使得金帐汗国拥有了稳固的对西欧的贸易出口。而同时，他也接见了威尼斯共和国的使臣尼科洛·朱斯蒂尼安，同意他们在亚速海（亚速海是黑海东北角的一个很小且水很浅的海域，形状仿佛黑海的微型复制品）边的塔纳建立了一个商业殖民地。凭借着威尼斯人卓越的商业才能，更是依靠了金帐汗国长时间的繁荣与稳定，这个小殖民地迅速发展为威尼斯的东方贸易重镇，"我们（指威尼斯）的商人赚得了巨大的财富和利润，因为这里是所有货物的源泉"，威尼斯这个意大利

①张星烺编注：《中西交通史料汇编》(第一册)，中华书局1977年版，第221页。
②[苏联]格列科夫、雅库博夫斯基著，余大钧译：《金帐汗国兴衰史》，商务印书馆1985年版，221页。

城邦中的后起之秀，正是通过在金帐汗国的贸易："来自东方的异国产品提高了威尼斯的声誉，将他塑造成一个可以买到任何商品的世界市场。"①

虽然西方史家认为月即别汗允许威尼斯人建立商业殖民地是因为他对欧洲贸易的不重视，但这个说法是无法自圆其说的：不重视为何要允许他们留下？就像日后的清朝乾隆皇帝，不重视西方贸易，所以不许通商，更不开放口岸。月即别汗的做法，除了为了从威尼斯人手中获取商业利益之外，最重要的便是借助威尼斯制衡热那亚人。果然，在月即别汗在位期间，这两个欧洲商业强国都只能老老实实埋头赚钱，并为了取得更大的商业特权而向金帐汗国贡献更多的礼物与贡赋。

不过，月即别汗不会想到，在自己死后，这两个国家还是出现了问题，乃至于引起一场战争，而这场战争比拔都西征更大地影响了欧洲的历史。

对于以后的事，月即别汗不会有所预料，但在生前，他完成了一位合格君主所完成的一切，金帐汗国在他的治理下达到了鼎盛，其繁荣与富庶让远来的客商和旅行家叹为观止。

汗国的首都别尔哥萨莱城因为是东西方贸易的枢纽而成为"是最美丽的城市之一"，在摩洛哥大旅行家伊本·白图泰的记录中，城市"极其广阔，位于平原上，居民熙熙攘攘，市场建筑美观，街道宽广"。伊本·白图泰曾经测量过城市的大小，当他骑马时，早上从城市的一端出发，到另一端时已经是下午。而在步行时，"一去一返竟用了半天"②。

伊本·白图泰

①[英]罗杰·克劳利著，陆大鹏、张骋译：《财富之城》，社会科学文献出版社2015年版，203页。
②马金鹏译：《伊本·白图泰游记》，宁夏人民出版社2000年版，287页。

城中的繁华让伊本·白图泰眼花缭乱："全城房屋栉比，没有一块空地，也没有一座花园。全城有十三座举行礼拜的清真寺……城中居住着不同的民族：蒙古人（他们是国家真正的居民和统治者，其中一些是伊斯兰教徒）；信奉伊斯兰教的阿速人；钦察人、撒尔克斯人、俄罗斯人与拜占庭人（他们是基督徒）。每个民族占有一定的地区，有自己的市场。从两个伊拉克、埃及、叙利亚等地来的商人与外方人住在'特别的'地区……。"[1]

除了别儿哥萨莱，汗国最大的贸易城市还有花剌子模地区的玉龙杰赤城（今天乌兹别克斯坦的乌尔根奇），这座城市在成吉思汗西征时曾遭到毁灭性破坏，但如今已经重新成为大都市，是金帐汗国"最广阔、最雄伟、最美丽、最庞大的城市。市场建筑雅致，街道宽敞，房舍鳞次，真是美不胜收。该城人口之多宛如潮涌"，以至于外来的旅客想在白天进入城市都非常困难[2]。

这两座城市只是金帐汗国大都市的代表。在随着伊本·白图泰的旅行，更多的繁荣城市出现在人们面前：

哈只·台尔汗（又名阿斯特拉罕，今伏尔加河下游阿斯特拉罕附近），原为一小村庄，因为月即别汗的免税政策，已发展为一大城市，"市场宽大，建筑美观"[3]；爱杂格（又译为阿咱黑，今黑海沿岸），"位于海滨，房舍美丽，热那亚等地的商人多来此贸易"[4]；克里木城（今克里米亚半岛克里木旧城），是"境内的一大美丽城市"；马扎儿城（今高加索地区苦马河畔），是汗国"最美丽的城市之一，位于大河之滨，有花园，多水果"[5]……

这些城市皆是当时草原丝绸之路欧洲地区的重要据点和接力站。畅通无阻的商路如同河床，中国出产的丝绸、陶瓷，印度出产的香料、珠宝，西亚出产的铠甲、弯刀，中亚地区的水果还有金帐汗国最得意的出口品毛皮、彩陶像河水一样朝不同的方向流动，而在流经金帐汗国时，便要溢出难以计数的财富。

相对城市，广大草原上的畜牧业也极其发达，"这儿马匹很多，价格低廉，最好的马也只值当地的五六十

① [苏联]格列科夫、雅库博夫斯基著，余大均译：《金帐汗国兴衰史》，商务印书馆1985年版，第116页。
②马金鹏译：《伊本·白图泰游记》，宁夏人民出版社1986年版，第289~291页。
③马金鹏译：《伊本·白图泰游记》，宁夏人民出版社2000年版，277页。
④马金鹏译：《伊本·白图泰游记》，宁夏人民出版社2000年版，263页。
⑤马金鹏译：《伊本·白图泰游记》，宁夏人民出版社2000年版，265页。

中国蒙古族系列丛书○之五

雄踞欧亚——蒙古四大汗国

个迪尔汗，折合我们的一个第纳尔左右"[1]。马匹是战略物资，而牛羊则是食物，因为丰富的肉食资源，金帐汗国在商路沿途驿站所提供的食物"尤以肉品为最多也"[2]。

即使处于藩属地位的罗斯诸城邦，虽然要忍受金帐汗国的盘剥，但因为长期的和平，也早已从战争的阴霾中振兴起来——"它们都有许多繁荣和居民众多的城镇。那儿的山上绿树成荫，土地也很肥沃，农业繁荣，牧业兴旺。众多的河流又带来了充足的水量，作物种类很多"[3]。

可想而知，面对这样的国势，月即别汗是无比自豪和陶醉的。他相信，除了住在汗八里（元大都）的元朝皇帝，世上没有哪位君主拥有如自己这般广袤的国土，美丽的城市和难以计数的财富。而在自己周边，察合台汗国已经陷入汗室内部的争斗而无法自拔，东欧各国以拜占庭帝国为首面对自己连大气都不敢喘，除了一点瑕疵，自己的功业便是完美无缺的。

这瑕疵便是伊儿汗国。从别儿哥汗时代起，两国便有仇怨，互相攻伐，后来虽然签订盟约但仍然摩擦不断。而摩擦的原因是阿塞拜疆，那是金帐历代可汗都认为属于自己的土地，可伊儿汗国却始终占据着。

月即别汗一直希望能够亲自夺回阿塞拜疆，但是，伊儿汗国在合赞汗、完者都汗两任贤君期间国力鼎盛，月即别汗知道自己若是出兵只会陷入苦战。他一直隐忍着，直到完者都汗去世，才感到机会来了。1334年，他率兵发动了南征。但是，虽然完者都汗已死，但他的儿子不赛因汗也是一位善于统兵的可汗，月即别汗没能讨到便宜。

不过，虽然南征未能胜利，但伊儿汗国的不赛因汗却在这次战争后不久便病逝了。他是最后一个能够维持伊儿汗国统一的可汗，他死后，贵族们为了汗位互相争斗起来。月即别汗大受鼓舞，1341年，他再次亲自统兵南下，准备一举夺回阿塞拜疆，如果有可能他还想一鼓作气征服整个伊儿汗国。

但是，可能因为他享受到的东西已经太多，上天不打算把开疆扩土的荣誉也赐给他了。就在他率兵南下的途中，这位在位时间最长的金帐汗撒手人寰。

虽然出师未捷身先死，但月即别汗不会感到遗憾，他深信，自己所指

①马金鹏译：《伊本·白图泰游记》，宁夏人民出版社2000年版，264页。
②张星烺编注：《中西交通史料汇编》（第一册），中华书局1977年版，第314页。
③乌马里撰：《眼历诸国记》，103页。李卡宁翻译自劳斯·列赫编译《蒙古人的世界帝国：乌马里〈眼历诸国记〉中对蒙古国家的记载》，威斯巴登1968年版，载《民族史译文集》1987年第1期。

认的继承人，长子札尼别一定可以继承自己的遗志，征服伊儿汗国，让汗国的强盛再上一个台阶。

7.高潮后的落幕——札尼别汗的扩张与死亡

月即别汗去世后，他的长子札尼别在别儿哥萨莱继承了汗位。他可算是金帐汗国立国以来最有福气的可汗，没有外患，国力鼎盛，除了考虑如何完成父亲的遗愿去征服伊儿汗国之外，他几乎什么都不用操心。

和父亲一样，札尼别是一个"虔诚的穆斯林和神圣教律的严格遵守者"[1]。上台伊始，他便将月即别汗的伊斯兰化政策引向深入，他兴建伊斯兰教经学堂、清真寺，聘请神学家，奖励神学学术及培养文明的风俗习惯。他自称"至高的苏丹，哲拉·乌德·丁·马合木""札尼别汗"或称"公正的苏丹，哲拉·乌德·丁·马合木"。在他的时代，金帐汗国的伊斯兰化正式完成，"现在伊斯兰教已在鞑靼人中间得到了传播，宗教之光照耀着这个国家"。

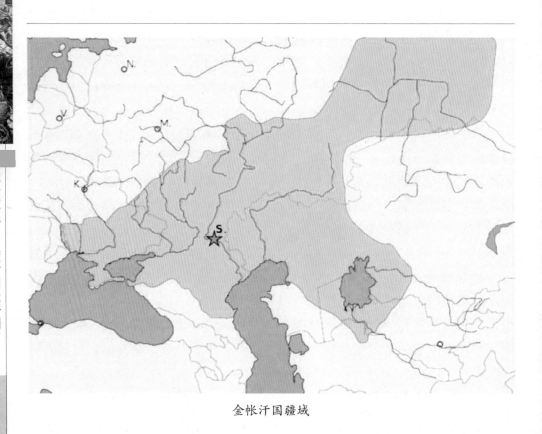

金帐汗国疆域

①阿布尔伽齐：《统治钦察草原的术赤汗后裔》，《蒙古学资料与情报》，1992年3期。

按照计划，札尼别汗应该很快调集大军南下才是，但是，克里米亚随即发生了动乱。使他南下的脚步迟滞了十年之久。

当月即别汗去世的消息传到克里米亚之时，一直在其保护下安稳做生意的威尼斯商人感到了危机，他们不知道新任可汗会对自己采取什么政策。他们迅速召开了会议，打算派遣使者向新可汗致意。然而，"一位商人毫无纪律性的莽撞，威尼斯政府堪称典范的外交政策马上瓦解了"。

1343年9月，一支威尼斯船队驶入了顿河，这本是司空见惯的事情，然而，一位名叫安德廖洛•奇夫兰诺的商人和一位当地的名叫哈只•奥马尔的金帐汗国贵族发生了冲突。哈只•奥马尔把这位商人打了一顿。金帐汗国贵族确实有些盛气凌人，而威尼斯商人则更是火爆，竟然在夜间袭击了哈只•奥马尔，将他和他的许多亲人杀害了。

威尼斯商队被这鲁莽的举动震惊了，无奈之下，他们送还了受害者的尸体，并准备了巨额的赔偿金，希望能够得到金帐汗国的原谅。如果到此为止，也许不会有后面的事情发生了。毕竟几十年来金帐汗国和威尼斯的关系很不错，这只是一场个人之间的纠纷，惩办凶手，缴纳赔偿，也就可以息事宁人了。可惜，威尼斯商人却做了另一件愚蠢的事：他们向热那亚商人求助，希望他们如果事态恶化的话和自己共同进退。

热那亚和威尼斯是世仇，两国为了争夺地中海的贸易权打过不少仗，在黑海之所以能相对和平，只是因为金帐汗国的威慑。现在威尼斯得罪了金帐汗国，热那亚人正是乐见其成，他们反而洗劫了金帐汗国的城镇，然后迅速撤走。这样的暴行彻底激怒了札尼别汗，自己的子民遭到袭击，虽然不是威尼斯人干的，但他和他的臣民本就对同属一个种族的热那亚人和威尼斯人分不清楚，于是将威尼斯人当成了凶手。札尼别汗率兵攻陷了威尼斯人的商业殖民地塔纳，洗劫了商品，把商人们抓起来做了人质。

惩罚了威尼斯人，札尼别汗本来可以罢手了。但这次骚乱却引起了他和他很多贵族的旧恨。热那亚人在脱脱汗时代曾与金帐汗国为敌，后来虽然老实了一些，但他们总是偷税漏税，进贡的贡品也经常缺斤短两，而且不守规矩向其他国家的商人私自收税。既然惩罚了威尼斯人，那干脆连热那亚人也一起收拾了算了。

可惜，札尼别汗这回却打错了主意。威尼斯的殖民地塔纳是在金帐汗国的允许下建立的，根本说不上有什么城防，因此攻打起来很容易。可热那亚人的殖民地卡法却是自己建造的，城高壕深，易守难攻。札尼别汗

表现黑死病的油画《死神之凯旋》

的大军从1334年冬天围困卡法，一直到1335年2月仍没能将之攻陷，反而被一支热那亚本土前来的舰队解了围。

札尼别汗留下了一万五千具士兵的尸体被迫撤退，这场战争成为他极大的耻辱。此后，南征伊儿汗国的事情被抛在脑后，札尼别汗开始全力对付卡法，不达目的誓不罢休。

从1346年初开始，札尼别汗对卡法发动了几乎不间断的进攻，而热那亚和威尼斯人结成同盟，死守卡法，

双方的攻防战持续了一年的时间。

在十四世纪中叶，黑海已经成为欧洲的货栈。塔纳的毁灭和卡法的围城战使得商业贸易几乎陷入停滞，各地物价飞涨，"拜占庭缺少小麦、盐和鱼；威尼斯也缺乏小麦，而且奢侈品价格疯涨；在全欧洲，丝绸和香料价格翻倍增长"[1]。为了应对这危机，罗马教皇不得不放松了与埃及和叙利亚贸易的禁令，这使得香料贸易从黑海转向了地中海。

①[英]罗杰·克劳利著，陆大鹏、张骋译：《财富之城》，社会科学文献出版社2015年版，206-207页。

札尼别汗无法攻克卡法，热那亚人也不愿放弃卡法，这样的胶着看似将永无止息。然而到1346年底，事情出现了转机，但这转机却是另一场巨大灾难的开始：

围城的金帐汗国军突然发生了瘟疫，刚开始只是个别士兵犯病，但转眼间便蔓延全军，每天都有数千士兵死亡。随军的医师对此束手无策，甚至很多医师也随之病亡。很快，尸体多得已经来不及掩埋了，现在已经不是能不能持续战争的问题，而是整支军队会不会因此全军覆没的问题了。

无奈之下，札尼别汗下令撤军，但在撤退前，为了处理尸体，更是为了泄愤，他命令用投石机将大量患病而死的尸体投掷到卡法城中。

这下轮到守城人倒霉了，他们把尸体扔进海中，但也无法避免空气和水源被污染。很快，城中也爆发了瘟疫，人们成群地死去。

虽然札尼别汗最终没能攻陷卡法，没能亲手惩罚热那亚人，但他最后的举动却将更可怕的惩罚加诸在热那亚人以及全体欧洲人身上。可怕的瘟疫随着热那亚人的船队回到了欧洲。由于船上的人患有奇怪疾病，当局禁止船上的人上岸，但船上的老鼠却沿绳索爬上岸，瘟疫遂迅速蔓延整个意大利半岛和马赛。

之后，瘟疫向西进入伊比利亚半岛；向西北经波尔多进入法兰西北部平原区；向东北经奥地利传入神圣罗马帝国境内。1349年，瘟疫由法国诺曼底渡过海峡传入大不列颠，1350年侵入斯堪的纳维亚……几乎整个西欧都受到瘟疫的袭击。到1351年瘟疫平息后，"已有大约二千五百万欧洲人死亡，约占总人口的1/3"[1]。

这瘟疫便是人类历史上最著名的"黑死病"，带给了人类前所未有的末日体验。不过，这场大瘟疫成为欧洲文明的转折点，在此之后，欧洲从神权的桎梏中挣脱出来，开始了"文艺复兴"的征程。

而札尼别汗和他的大军虽然也被这场黑死病搞得元气大伤，但草原上干燥的气候并没有使黑死病大规模发作。痛定思痛的札尼别汗不得不放弃了对卡法的战争，他一面休养生息豢养军力，一面开始关注南方的伊儿汗国。

伊儿汗国在不赛因汗死后，内讧愈演愈烈，最后在1340年陷入彻底的分裂，各地总督自立为王，互相攻伐。而金帐汗国一直垂涎而从没有到手的阿塞拜疆此时正处于"埃米尔"阿什列甫的统治之下，已经成为傀儡的伊儿汗也在他的掌控之中。

①[美]皮特·布鲁克史密斯著，马永波译：《未来的灾难》，海南出版社1999年版，第29页。

1355年，阿塞拜疆著名的伊斯兰教法学家、神学家穆由丁因为被阿什列甫迫害逃到了金帐汗国。在受到札尼别汗的厚待后，他向可汗进言：阿塞拜疆的人民被暴政所苦，如果金帐汗能够出兵阿塞拜疆，必定会获得胜利①。

有这样国际环境和民意基础，不出兵就是违背天意了。札尼别汗于是誓师出征。

与卡法之战不同，这一次札尼别汗的进军极为顺利。以往极为难缠的伊儿汗国国防军不复存在，阿什列甫的抵抗如秋风扫落叶一般被击溃，金帐汗国的军队长驱直入。

不但垂涎多年的阿塞拜疆卷席而定，连伊儿汗国的首都帖必利斯城（今天伊朗大布里士）也被攻陷。这次远征让金帐汗国收获的不仅是领土，从阿塞拜疆缴获的珠宝就用了四百峰骆驼来运送。

兴奋不已的札尼别汗想尽办法表达自己的喜悦，除了大肆犒赏有功将领，对贫民发放"仁慈金"，举行盛大的凯旋祈祷，还将被自己俘杀的阿什列甫的首级悬挂在帖必利斯城的大清真寺门上，以此来宣示自己对阿塞拜疆以及伊儿汗国的征服。

札尼别汗完成了所有先祖未竟的事业，将汗国的领土大为扩展，汗国的强盛在他这里上了一个新的台阶。

但历史学家们都把月即别汗时代称为汗国的鼎盛时代，扎尼别汗却没有享受到这个荣誉。

这并没有什么不公平，他的丰功伟绩，就如歌剧在结束前所来的一次大的高潮。辉煌，却意味着落幕。

1357年，因为感到身体不适，扎尼别汗命自己的儿子别儿迪别为阿塞拜疆总督，自己启程准备返回首都。但是，在路上他的病势愈发加重，眼看不久于人世。札尼别汗身边的一位万户官脱鲁伯和别儿迪别的关系很好，他怕可汗半途病死，其他王子会抢夺汗位，便送信给别儿迪别，让他赶到军中，以便在可汗死后立即即位。

别儿迪别一直渴望成为可汗，接到信后，他在没有得到父亲的允许下便擅离职守，赶到了军中。得知儿子赶来的札尼别汗惊怒交加，他知道这是有人串通王子来夺取汗位，为了应变，他下令召将军们议事。

脱鲁伯明白，如果札尼别汗知道是自己给别儿迪别通风报信，自己必死无疑，为了自保，也是为了让别儿迪别能顺利即位，他带人闯入宫帐，将札尼别汗勒死在地毯上。

在父亲的尸体前，别儿迪别继承了汗位，回到首都后，又立即处死了

①阿布尔伽齐：《统治钦察草原的术赤汗后裔》，《蒙古学资料与情报》，1992年3期。

自己的十二个兄弟。站在亲人们的血泊中，别儿迪别以为"君主的权位他就可以一人独享了"[1]。

可惜，阴谋和杀戮可以获得汗位，要得到长久则需要更多的东西，比如权谋、威望和雄心。

而这些，别儿迪别一样都不具备，这注定他只能成为自己野心的牺牲品。而一同牺牲掉的，还有金帐汗国持续百年的繁盛。

五、"骆驼的脖子被砍断了"——金帐汗国的衰落

今天的乌兹别克斯坦共和国的乌兹别克人，是金帐汗国后裔进入中亚后与诸多其他民族结合所形成的民族。为了彰显自己祖先的荣耀，他们以金帐汗国最强盛期可汗月即别（又名乌兹别克）的名字为自己的族名。在他们之中，长久流传着一句谚语——"别儿迪别汗之后，骆驼的脖子被砍断了"。

这句谚语的意思是，那个曾经强大的金帐汗国从别儿迪别汗开始走向了衰亡，也从别儿迪别汗之后，由拔都传承下来的汗统不复存在。

1.混乱不堪的汗位争夺战

别儿迪别汗杀死了父亲和十二个兄弟，他原以为已经将威胁自己权力的人全都铲除干净了。但是，这样暴虐的行为怎么可能让人心服呢？

虽然跟随札尼别汗南征的军队在万户脱鲁伯的胁迫下跟随了别儿迪别汗，但当他们回到首都之后，马上就发现，自己的反对者之多远远超过自己的预测。

金帐汗国的行政系统分为三大块，其一是以首都别儿哥萨莱为中心的中央官署，掌控着可汗的直属部队，其二是花剌子模、不里阿尔、克里米亚等城市地区的总督，其三是在草原上的游牧集团的那颜。当一位强大的可汗在位时，中央官署有着绝对的权威，无论是城市总督还是草原那颜都要对汗廷俯首帖耳。但是，当中央出现问题的时候，这些原本有着一定自主性的总督和那颜便会依据自己的利益行动，拥立或者废黜可汗。

月即别汗和札尼别汗在位的四十五年之中，可汗的权威如日中天，金帐汗国是巩固而团结的。但别儿迪别汗的篡位，让中央官署发生了彻底的动摇，不但忠于札尼别汗的将军们不会对他信服，他屠杀兄弟的行为更严重动摇了汗室的实力。

别儿迪别汗在位的两年中，汗国一直处于动荡之中，而他自己根本无力恢复秩序。1359年，别儿迪别汗被自己的兄弟忽里纳所杀。而忽里纳也不过在位两年，便又被自己的兄弟纳兀鲁思所杀。比起两个哥哥，纳兀鲁

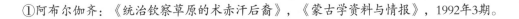

[1]阿布尔伽齐：《统治钦察草原的术赤汗后裔》，《蒙古学资料与情报》，1992年3期。

思更为凄惨，才坐了不到一年可汗，便被自己的部下出卖，死在了白帐汗国宗王乞迪尔手中。

白帐汗国是拔都的长兄斡儿达的封国，是金帐汗国最大的藩属国。从斡儿达开始，白帐汗国便一直远离金帐汗国的各种纷争。这虽然让他们没能染指更多的权利，却也使得白帐汗国的实力从未受过损害。如今，金帐汗国已经乱得不成样子，其可汗沉台终于不再袖手旁观，他派自己的弟弟乞迪儿率军来到别儿哥萨莱，准备夺取金帐汗国的汗位。

乞迪儿与纳兀鲁思的部下们展开了秘密谈判，这些将军们被他所收买，将纳兀鲁思一家及忠于他的贵族全部绑送乞迪儿的军营，乞迪儿将他们全部处死，并宣布自己为金帐汗国可汗。

然而，此时金帐汗国可汗的宝座就如被诅咒了一般，凡是欲图占有它的人都会陷入骨肉相残的漩涡当中。乞迪儿宣布称汗不久，便和自己的儿子帖木儿·火者发生冲突，最后被帖木儿·火者所杀。而帖木儿·火者只在位了五个星期，便被乞迪儿另一个儿子木鲁所杀。

当木鲁在别儿哥萨莱称汗之时，他所面对的有两个重要的敌人，一个是金帐汗国宗王乞里迪别，另一个是别儿迪别汗的女婿——马买。

乞里迪别并不算强大的对手，很快便被木鲁击败，但马买却是个枭雄，木鲁最终败于其手。

作为别儿迪别

马买

汗的女婿，马买不具有自立为汗的血统，但他依靠着强大实力，逐步控制了金帐汗国的西部疆土，并先后拥立奥都剌汗、马麻·锁鲁檀汗、马哈麻·不剌汗三位拔都后裔为傀儡可汗，用他们的名字铸造钱币，以彰显正统性[1]。

但是，此时的金帐汗国已经今非昔比，花剌子模、不里阿耳这些富庶地区都被各自的总督所把持，他们赋税自享，拥兵自重。马买虽然强横，也无力将他们扫平，而白帐汗国的强大实力也不是他所能轻易击败的。

从1360年开始，金帐汗国在不断的战乱之中度过了二十年的时光，这二十年中，先后有二十位可汗如走马灯一般你方唱罢我登场。马买和白帐汗国成为最主要敌对的两大阵营，他们都在宣称自己代表金帐汗国的正统，表示要为维护国家而战。

但金帐汗国却在他们的"维护"中迅速衰落。

此消彼长，在金帐汗国自废武功的二十年中，那个曾经无限恭顺的罗斯诸城邦却在莫斯科公国一代代大公的努力下日益强盛。最终，他们要拿起武器，宣示自己的独立和自由了。

2.莫斯科公国的崛起

在金帐汗国时代，后来在亚洲和欧洲都不可一世的俄罗斯人是非常可怜的。

不要说普通的俄罗斯人，即使是各公国的大公们，在金帐汗的眼中都是毫无权利而只有义务的奴仆。在拔都时代，所有的俄罗斯城邦中都设有金帐汗国的"达鲁花赤"和"巴思哈"。大公们的行政、财政、军政无不受到监督官的制约。这种监督官除了监视大公之外，最大的任务就是对各城邦横征暴敛，搜刮贡税。大公若要想平安无事，唯一能做的，就是帮助这些贪婪的监督官们搜刮自己的人民。

到了十四世纪上半叶，"达鲁花赤"和"巴思哈"被取消，俄罗斯所要交纳的贡税都由王公们自己来负责征收，但数量与日俱增。很多平民和贵族起而反抗，王公们为了维护自己的地位，不得不更加依靠金帐汗。

而为了获得金帐汗册封的"弗拉基米尔及全罗斯大公"的称号，各城邦的大公们明争暗斗，不仅战乱不断且还用尽了各种手段在金帐汗面前诋毁自己的竞争者。很多公国的大公都是在竞争者的诋毁下被金帐汗处死的。

金帐汗国能够统治俄罗斯二百余年，册封大公制度至关重要，这是一把悬在俄罗斯所有贵族头上的"达摩克勒斯之剑"。

---

①[苏]格列科夫，雅库博夫斯基著，余大钧译：《金帐汗国兴衰史》，商务印书馆1985年版，第231~235页。

亚历山大·涅夫斯基

但再锋利的宝剑也有两刃，持剑的手如果只想到会伤害敌人，那么离自己被伤害也就不远了。对于庸懦者来说，"全罗斯大公"的名号只是获得更多土地和属民的黄金宝座。但对于有着雄心壮志，不甘心永作奴仆的英雄来说却是得以壮大力量，获得号召力，以备赢得独立的资本。

莫斯科公国的历任大公们，便是充分利用这个称号一步步领导俄罗斯人最终摆脱了金帐汗国的英雄。

莫斯科最初不过是一个小集市，到蒙古西征的时候，也只是一个小得不能再小的城寨，是弗拉基米尔公国可有可无的商品集散地，小到蒙古大军都懒得去攻打它。

随着基辅、梁赞等古老的城市因蒙古入侵的破坏而衰落下去后，避免了战争摧残的莫斯科逐渐引起了人们的注意。1263年，诺夫哥罗德王公兼弗拉基米尔大公亚历山大·涅夫斯基将莫斯科作为自己最小的儿子丹尼尔·亚历山德罗维奇的领地。

亚历山大·涅夫斯基在俄国历史上是一个极为传奇的人物，可以说是俄罗斯民族的救世主。

1240年，瑞典人入侵俄罗斯，亚历山大率领诺夫哥罗德军在涅瓦河畔、现在的圣彼得堡附近将其击溃。

1242年，亚历山大又在距爱沙尼亚边境附近的楚德湖冰面上决定性地击败了前来入侵的立窝尼亚骑士团，史称"冰上之战"。

要知道，这个时候正是蒙古军从东面狂飙般横扫俄罗斯的时代，如果在西面也没能抵挡住侵略，俄罗斯绝对是要彻底灭亡的。后来的历史学家们评论说，这一战挽救了俄罗斯民族，绝不是溢美。

挡住西方的进攻之后，亚历山大没回过头来与蒙古军决一死战，他知道这么做除了让俄罗斯民族灭亡之外没有其他结果。对西方敌人横戈立马的他面对东方的敌人低下了头，向金帐汗国称臣，被封为"基辅大公"，后又被封为"弗拉基米尔大公"，也就是"全罗斯的大公"。

没有亚历山大一硬一软的两次决策，俄罗斯这个名字注定要在世界上被抹去。他后来被东正教会封为"圣徒"。俄国有多位沙皇以"亚历山大"作为自己的名字，到苏联时代，斯大林还以"亚历山大"为名设立了勋章。

他的幼子丹尼尔便是第一代莫斯科大公，丹尼尔在位时，对金帐汗国甚为恭顺，而在俄罗斯诸公国的争斗中左右逢源，极力扩大莫斯科公国的领地。到他去世时，莫斯科公国已经成为可以与特维尔、梁赞等公国并驾齐驱的大国了。

丹尼尔去世后，其子伊凡·达尼洛维奇继位，是为伊凡一世。

在对待金帐汗国的态度上，伊凡一世比父亲更为恭顺，除了用大量的金银贿赂金帐汗之外，还主动帮助金帐汗镇压反抗。1327年，出兵镇压了特维尔抗拒金帐汗征税的起义。

一系列的"表忠心"，终于让他如愿以偿地在1328年从月即别汗手中获得了"全罗斯大公"的册封，并掌握了从俄罗斯各地收缴贡税的权利

从此，莫斯科公国的大公几乎垄断了"全罗斯大公"之位，这个家族开始逐步地建立自己在全俄罗斯的真正统治。他们最后的目的，就是要铰断金帐汗国控制俄罗斯的锁链。

伊凡一世去世后，继任者谢苗一世继续吞并其他小公国，扩大自己的领地，并利用金帐汗国的力量击退了立陶宛大公奥列格德的侵略。

谢苗一世去世后，弟弟伊凡二世在位很短便死去，其子德米特里继位。此时的莫斯科公国对于金帐汗国来

伊凡一世

说已经有了尾大不掉之患。

为了遏制莫斯科公国，金帐汗册封特维尔大公为"全罗斯大公"，可这时候，谁是"全罗斯最高统治者"靠的不是可汗的敕令，而是军事实力。德米特里率军包围了特维尔，强迫其承认是莫斯科的藩属，并且与之签订了共同反抗金帐汗国的协议，提出："当鞑靼（指金帐汗）来进攻你我或我们时，咱们一起去抗击他；当我们向他们出兵时，你也同我们一起去攻打他们。"①

那个谨小慎微、以奴仆自居的莫斯科终于向金帐汗国说"不"了。

即使金帐汗国已经分裂和衰弱，可对于藩臣如此的无视宗主也不能姑息。身为实际执政者，马买决定用武力使莫斯科重新臣服。

1378年，马买派遣大将别吉奇率军进攻莫斯科，德米特里率军迎战，在沃查河大败金帐汗国军。

如果不能重新获得胜利，不要说对于俄罗斯的宗主地位要丧失，连自己掌握的政权都会不稳，马买开始动用一切可以调动的力量组织远征军。

1380年，马买组织了蒙古骑兵以及波雅尔人、布尔塔斯人、阿速人的军队，俄罗斯公国中不服莫斯科的梁赞公国也出兵相助，共计二十万众。同时，与立陶宛公国签订协约，东西两路夹击莫斯科。

俄罗斯历史上著名的库里科沃之战，即将爆发。

3.库里科沃之战

面对马买的大军，莫斯科大公德米特里也调集了自己所能控制的所有公国的军队，共十五万人迎击。

双方在顿河边的库里科沃平原展开阵势。

德米特里深知，上次战胜的，不过是金帐汗一支偏师，而这回却是要面对人数多于自己的金帐汗主力部队，硬拼是难以取胜的。

为了以防万一，德米特里事先安排塞尔普霍夫公国和为莫斯科公国效劳的立陶宛将军博勃罗克率领精锐部队埋伏在一片密林里。

1380年9月8日，随着号角和战鼓的轰鸣，战斗开始了。

为了鼓舞士气，德米特里高喊着"弟兄们，与其苟且偷生，不如光荣地死！"②亲自率领前锋投入战斗，俄罗斯联军被大公的身先士卒所激励，奋勇向前。

而马买，则稳坐在中军帐中，听到哨骑报告德米特里竟然自任前锋，

---

① [苏]格列科夫，雅库博夫斯基著，余大钧译：《金帐汗国兴衰史》，商务印书馆1985年版，第201页。
② [苏]格列科夫，雅库博夫斯基著，余大钧译：《金帐汗国兴衰史》，商务印书馆1985年版，第247页。

表现库里科沃之战的油画

立即命令主力骑兵军团全线出击，力求将其生擒。

在蒙古骑兵的猛烈攻势下，俄罗斯联军的前锋很快溃败，德米特里也被包围，幸亏有贴身卫士的舍命保护，才勉强从重围中冲出，率军后撤。

金帐汗国军全军追击，俄罗斯军的阵势被冲乱，后撤眼看要演变成溃逃。

马买和几个金帐王公登上高岗，得意地看着"刹那间人血横流的情景"，将罗斯这个逃脱牢笼的老虎重新套上锁链的时刻似乎马上就要到来了。

但他没有想到德米特里还有后招。

正当他的军队只顾着追击敌军的时候，在埋伏点等待多时的俄罗斯伏兵突然杀出，越过后撤的罗斯军对蒙古军进行迎头痛击，正在后撤的部队也回身再战。

原本以为胜券在握的蒙古军被这意想不到的反攻打懵了，一下子败退下来，再也没有机会重组阵形。马买见状连忙从高岗上下来试图挡住溃退的军队，但一切都已无济于事。

从哲别、速不台击败罗斯联军的1223年到库里科沃之战，近一百六十年，俄罗斯人终于用自己的力量击败了蒙古人，用劣势的兵力获得了完胜。对于俄罗斯人来说，"蒙古人不可战胜"的神话被打破了。

因为这场胜利，德米特里成为俄罗斯人永远的英雄，被称为"德米特里·顿斯科伊"，也就是"顿河的德米特里"。受尊重的程度直追他的祖先、指挥冰上之战的亚历山大。

德米特里·顿斯科伊

马买率领残部退回本土，被曾经的奴仆打得如此之惨让他无论如何也咽不下这口气，他使出浑身解数重新召集部队，准备再一次对莫斯科用兵。

可是，等他再次踏上俄罗斯的土地，他背后的敌人便汹汹而来。那个敌人不仅是白帐汗国的可汗，而且攻陷了汗国的首都别儿哥萨莱，宣布自己是金帐汗。

4.马买败亡

二十年来，白帐汗国一直与马买争夺金帐汗国的统治权，他们互有胜负。这一次的挑战虽然是在自己惨败之后，但马买并不以为意。

他率领集结好的原准备对付德米特里的军队调转了马头，向东去迎战对手。

双方在阿里吉河（今乌克兰共和国日丹诺夫市北）摆开了阵势。而当马买看到对方的军容的时候，他不仅对自己的掉以轻心感到了后悔——对方不仅有着白帐汗国的主力军团，还有着金帐汗国草原那颜、不里阿耳总督的军队，军威极其强盛。

但现在后悔已经来不及了，马买

必须发起进攻，而且必须获得胜利，否则，自己将失去一切。

可惜，已经丧失了太多主力的马买，面对以逸待劳的敌军，要取得胜利实在是太难了。在经过激烈而死伤惨重的交锋后，马买的军队全线溃败。

连续两次决定性失败后，马买已经穷途末路，他再没有军队，也失去了必要的威信。他的部下们暗中商议："我们住在马买的国里没有好处，到处受到敌对者咒骂与杀戮，我们待在马买的国家有什么好处呢？①"他们纷纷叛离马买，投奔到他的敌人阵营。

马买再也不想什么东山再起了，他收拾了自己的金银财宝，带着家人和少量的亲兵逃到了克里米亚。在那里，他和卡法的热那亚商人谈了条件，让自己在卡法安身。

但是，热那亚人仍然是背信弃义的。所谓的协议对他们来说不过是废纸，马买在卡法刚安顿下来，热那亚人便翻了脸，将他和他的家人全部杀害，吞掉了他的巨额财富。

打败马买的人，名叫脱脱迷失，是白帐汗国一位宗王之子。打败马买，让他实至名归的成为了金帐汗国的可汗。

这是一个有着雄心壮志的人，从即位的第一天起，他就立誓用自己一生的努力来重现汗国往日的辉煌。

但，历史会给他这个机会吗？

六、复兴之梦

1368年，当金帐汗国的内讧如火如荼的时候，兀鲁斯汗成为白帐汗国的统治者。这是一个脾气暴躁且甚为骁勇的可汗，刚一上台便召开"库里勒台"，向所有贵族宣布：自己要干涉金帐汗国事务，出兵别儿哥萨莱。

作为金帐汗国的屏藩，兀鲁斯汗的做法是明显的"僭越"，虽然金帐汗国已经衰落，但愿意维持它尊严的人仍是大有人在。兀鲁斯汗的弟弟，宗王秃亦火者斡黑兰站出来反对，并表示，如果兀鲁斯汗执意要这么做的话，自己绝不会跟随。

兀鲁斯汗被当面顶撞不禁大怒，不顾秃亦火者斡黑兰在汗国中德高望重，将其处死。

这位秃亦火者斡黑兰，便是脱脱迷失的父亲。

家庭的惨变让年轻的脱脱迷失顿时陷入四面楚歌之中，兀鲁斯汗绝不可能放过他这个逆臣之子，为了安全，脱脱迷失逃亡到了中亚河中地区。

在这里，他遇到了自己一生的恩

①[苏]格列科夫，雅库博夫斯基著，余大钧译：《金帐汗国兴衰史》，商务印书馆1985年版，273页。

人与仇敌，跛子帖木儿。

1.脱脱迷失的奋斗

1346年，成吉思汗次子察合台建立的察合台汗国分裂成为东西两部分。西察合台汗国虽然还是察合台的后裔为汗，但已经沦为傀儡，真正的统治者是巴鲁剌思部贵族。

1370年，巴鲁剌思部贵族跛子帖木儿成为了西察合台汗国实际统治者。虽然他还保留着察哈台家族的汗位，但也自号"苏丹"。从这一年起，西察合台汗国其实已经灭亡，后世史家将帖木儿的政权命名为"帖木儿帝国"。

随着跛子帖木儿的一系列征战，帖木儿帝国逐渐成为一个强大的国家，正预备进一步对外扩张。而正准备夺取金帐汗国汗位的白帐汗国与帖木儿帝国领地毗邻，身边有个强大的敌人绝不是好事，脱脱迷失的到来，对帖木儿来说，是命运给自己最好的礼物。

跛子帖木儿

帖木儿亲自接见了脱脱迷失，极尽笼络，赐给他大量珍贵的宝物，并慷慨地给予他一支军队以及全部给养，同时，还把讹答剌和撒兀兰两地赐给脱脱迷失作为封地——条件只有一个，率军回到白帐汗国，打垮兀鲁斯汗。

原本一无所有的脱脱迷失做梦般地获得了一切，他所能报答帖木儿的，便是立即率军回到自己的家乡为父亲复仇。

1374年，脱脱迷失攻入白帐汗国。

此时，兀鲁斯汗

正在伏尔加河征战，攻取金帐汗国首都。在白帐汗国坐镇的，是他的长子忽都鲁·不花，脱脱迷失仅用一次战斗便将其斩于阵前。可是，主帅的战死没有击垮白帐汗国军的斗志，反而使他们怀着愤怒拼死力战，脱脱迷失先胜后败，孤身一人逃回了帖木儿帝国。

帖木儿没有因为这次失败丧失对脱脱迷失的信心，再一次赐给他更多物资，并帮他组织了比上次更为强大的军队，让他再接再厉。

脱脱迷失为了不负所望，第二次率军进攻白帐汗国，这一次，他的对手是兀鲁斯汗的次子脱脱乞。这是一个比他大哥厉害得多的对手，脱脱迷失连一次胜利都没有取得便被彻底击溃，自己也身受重伤，勉强游过锡尔河躲在灌木丛中才逃出生天，但帖木儿给他的部队又全部损失掉了。

帖木儿显示了一个大帝国统治者的胸襟，仍然没有抛弃屡屡失败的脱脱迷失。当兀鲁斯汗以战争来胁迫铁木尔交出脱脱迷失时，帖木儿断然拒绝，并亲率大军与之对峙。但在双方发生大规模的战斗之前的1377年春，兀鲁斯汗便病死军中。

曾经打败脱脱迷失的脱脱乞继承了父亲的汗位，可在同一年也随之死去。帖木尔·灭里夺得了汗位，他不是兀鲁斯汗之子，白帐汗国内部的团结开始动摇。

帖木儿见有机可乘，便又给了脱脱迷失一支军队反攻白帐汗国。不得不说，脱脱迷失的统兵才能实在乏善可陈，这次乘虚而入仍然没有取得胜利，败在了帖木尔·灭里手下。

接二连三的失败，一般人早就对脱脱迷失失望透顶了，但帖木儿仍然看重这个年轻人。他知道，脱脱迷失并非无能，只是时运不济，自己给他的军队虽然强大，但不是他自己带出来的，指挥起来自然不会得心应手——谁没有过走背运的时候呢？自己创业的时候，不也总是失败，以至于在战败中伤了腿获得了"跛子"的绰号么？

帖木儿继续充满希望的支持脱脱迷失。

所谓事不过三，承受了三次失败的脱脱迷失终于等来了自己的好运。帖木尔·灭里在获得胜利后不思进取，整日嬉戏，饮酒取乐，在汗国内大失人心。一些将军和贵族开始倾向让脱脱迷失回国即位。

帖木儿不失时机地再次给了脱脱迷失军队，这一次，脱脱迷失获得了胜利，横扫白帐汗国，占领了首都昔格纳黑城，处死帖木尔·灭里，在众多贵族的拥戴下，成为了白帐汗国可汗。

拥有了根据地和可靠的部队，脱

脱迷失一扫多年的闷气，开始建立功业。1378年，占领别儿哥萨莱，宣布自己为金帐汗；1381年，他在阿里吉河全歼马买的军队，将分裂二十年的金帐汗国重新统一。

在成为名副其实的金帐汗后，脱脱迷失汗向莫斯科公国发出敕令，告知自己的即位，并要求重申藩臣之礼。

莫斯科公国的德米特里大公在打败马买之后，原本以为就此摆脱金帐汗国的控制，万没想到凭空出来了脱脱迷失，用如此之短的时间便统一了国家。库里科沃之战虽然自己获胜，但损失也很惨重，"整个俄罗斯国土被将军们及其侍从和军队搞得民穷财尽，整个俄罗斯国家怀着巨大的恐惧"①。这个时候，如果拒绝脱脱迷失汗，后果无疑极为严重。无奈之下，德米特里只得派亲信携带礼物到别儿哥萨莱表示臣服，向脱脱迷失汗致敬。

德米特里想用这种方式获得暂时的平安，他也许认为脱脱迷失汗忘记了自己团结所有罗斯公国就是要从金帐汗国独立。他在库里科沃平原打败的马买虽然也是脱脱迷失汗的敌人，可那场胜利却是所有蒙古人的耻辱，他以为脱脱迷失汗并不在乎。

他错了，脱脱迷失汗非但没有忘记，而且极为在乎。

2.莫斯科攻防战

成为金帐汗之后，脱脱迷失汗几乎恢复了金帐汗国全盛期所有的领土，伏尔加河流域、不里阿耳、克里米亚、北高加索，连立陶宛大公也宣誓臣服。但是，有两块领土还没能恢复，其一是花剌子模地区，这里已经被帖木儿帝国占据，其二便是罗斯诸城邦。

跛子帖木儿是脱脱迷失汗的恩人，他暂时还不能与之翻脸。那么，统一汗国的下一步，便是重新征服罗斯诸城邦。

1382年，脱脱迷失汗下令处死所有在境内经商的俄罗斯商人，以避免他们通风报信。之后，迅速集结部队，在俄罗斯人毫无防备的情况下，攻向莫斯科。

德米特里大公再想团结各个公国已经办不到了，面对大军压境，各公国"各有各的打算，不愿互相帮助"，德米特里无奈之下只得离开莫斯科到科斯特罗马去征集军队。

整个俄罗斯和莫斯科公国顿时群龙无首。

脱脱迷失汗的大军兵临城下，莫斯科人不愿就此屈服，在一个名叫奥

①[苏]格列科夫、雅库博夫斯基著，余大均译：《金帐汗国兴衰史》，商务印书馆1985年版，第274页。

俄罗斯画家笔下的脱脱迷失攻打莫斯科

斯帖的贵族带领下拼死防守。脱脱迷失汗督率军队用尽各种办法攻城：云梯、撞城车、攻城塔……，但莫斯科人死战不退，并使用了一种简陋的大炮"丘菲亚克"，蒙古军伤亡惨重。

几个月过去了，莫斯科岿然不动。

武力不能解决的问题只能付诸阴谋，脱脱迷失汗于是向城内的守军宣布：如果投降，将获得赦免，保存他们的生命财产，并得到赏赐。

殊死决战的敌人在没有筋疲力尽的时候突然开出这么诱人的条件，明眼人都会看出决不可靠，但本应该成为英雄的奥斯帖却轻信了，于是开城投降。

开城的结果可想而知：奥斯帖被杀，脱脱迷失汗纵兵大掠，莫斯科被大火烧成废墟。

脱脱迷失汗将莫斯科公国折腾得满目疮痍之后，率军返回了自己的首都。当德米特里从科斯特罗马返回时，国家变得面目全非，自己和几代大公积累的力量丧失殆尽。隐忍一百四十多年后获得的胜利仅两年便付诸东流。他无法再做任何的反击，唯一能做的，便是寄希望于未来。

俄国史家在评价这次惨剧时，认为莫斯科的潜力还没有丧失，恢复俄罗斯的统一只是时间问题。而那时的德米特里恐怕想不到这些，各公国离心离德，莫斯科被削弱更加剧了这个趋势，那么多的城镇被摧毁，那么多的人民被屠杀，那么多的财富被掠夺，而金帐汗国在脱脱迷失汗治下兵强马壮，除非有什么意外，再次获得独立怕是又要等上百年的时光了。

可就如德米特里没想到金帐汗国会如此之快的重新崛起一样，它再次衰落的速度也快的让人始料不及。

毁灭脱脱迷失汗强国之路的，是他的恩人，让他获得一切的帖木儿帝国开国大帝——跛子帖木儿。

3.与恩人争霸

在情理上，帖木儿和脱脱迷失不应该反目，帖木儿是脱脱迷失的盟友，更是恩人，从某种角度来说，还是他的老师。

但作为两个帝王而言，情理微不足道，利益永远是第一位的。他们之间所要发生的一切争斗，从两个人走在一起的时候便已经无可避免。

帖木儿支持脱脱迷失，最重要的目的是希望金帐汗国永远的处于混乱和衰落之中，避免成为自己称霸的障碍。但脱脱迷失超额完成了自己的任务，让金帐汗国再次振兴起来，帖木

金帐汗国骑兵

儿决不能坐视。

而脱脱迷失在摧毁莫斯科之后，已经将金帐汗国大部分领土和藩属掌握在手中，但曾经汗国最主要的财富基地花剌子模却被帖木儿占据，收回故土是他必然的选择。何况，帖木儿还占领了历代金帐汗看重的阿塞拜疆。

此时，元帝国已经灭亡，察合台汗国经过分裂堕落而成一个二流国

家，伊儿汗国也分裂成为多个小国。有能力继承蒙古帝国的，只有帖木儿帝国和金帐汗国了。

谁能成为第二个成吉思汗，候选人也只有帖木儿和脱脱迷失两人。

战争就这样开始了。

1388年，脱脱迷失汗率先出手，率军攻入河中地区，击败了帖木儿的长子乌马尔·沙黑，但在铁木尔亲自率军反攻后，退回了本土。

帖木儿奉行来而不往非礼也的信条，在1391年亲率二十万大军进攻，找脱脱迷失汗算账。

深知帖木儿用兵如神的脱脱迷失汗极力避免过早与其主力决战，希望用持久战的方式拖垮帖木儿军。他先是派使者求和，希望获得缓冲时间，但帖木尔不为所动。于是脱脱迷失汗带着数十万大军开始在自己广袤的国土上绕圈子，等待帖木儿军的疲惫和疏忽。

可帖木儿识破了他的计谋，派长子乌马尔·沙黑率两万先锋孤军深入，故意陷入脱脱迷失汗的大军之中，尽一切力量拖住敌军。

乌马尔·沙黑洗雪前耻，出色地完成了父亲交给自己的任务，率领部队在浑度儿查河流域（今天俄罗斯古比雪夫州）死死缠住脱脱迷失，在帖木儿率主力赶到之前，没有让他撤走。

脱脱迷失汗的弱点在这里暴露无遗，数十万大军竟然被如此少的部队缠住难以脱身。当他面前出现了帖木儿帝国一望无际的旌旗时，一切都晚了。主力转移已经失去了时机，此时撤退无疑自蹈死地，无奈之下，只能孤注一掷，与帖木儿决一死战。

这一天的浑度儿查河注定要载入史册，帖木儿帝国军与金帐汗国军近五十万人马展开会战。

帖木儿将自己的部队编为七个军团，互为首尾，不分主次的向敌军轮番进攻。这种军团编制远比脱脱迷失汗所坚持的蒙古传统"万户"编制要有效的多。

虽然脱脱迷失汗的百战精锐也给予铁木尔军重大伤亡，但最终没能挡住攻势。阵形的一角被攻破，随之导致所有部队溃散。脱脱迷失汗的主力几乎丧失殆尽，自己仅和为数不多的随从逃离了战场。

这一仗，帖木儿军大发横财。仅缴获的战马每个步兵就分到十到二十匹，骑兵分到一百匹，至于其他牲畜和辎重更是不计其数。除此之外，几乎每个将领都抓到了大批俘虏，只一个将军擒获的奴隶就达五千人。

金帐汗国元气大伤，所幸帖木儿军也损失很大，不能继续追击，撤回国内休整。

帖木儿深知，对于金帐汗国的打击绝不可能毕其功于一役，必须再接

帖木儿帝国军队

再厉。浑度儿查河之战后不到四年，帖木儿便重组军旅进行了第二次远征，再次向脱脱迷失汗挑战。

如果说上一次是作为成吉思汗后继者的初赛，这一回便是决定最终结果的复赛。而对于脱脱迷失汗来说，这也是一场关系到汗国命运的决战，是自己的中兴之路能否继续走下去的关键。1395年4月15日，脱脱迷失汗纠集了几乎所有能战之师，在帖列克河谷与帖木儿对阵。

帖木儿仍然用七个军团如车轮一般轮番向金帐汗国军阵地发起猛攻，而脱脱迷失汗也吸取了上次失败的教训，将部队分为左、中、右三翼迎战，向帖木儿军全线进攻。

两支军队如狭路相逢的亡命徒，红了眼的双方士兵如修罗一般互相砍杀。这时，已经没有什么计谋、战略可以施展，双方谁能够取胜，靠的都是谁的士兵更为凶狠，谁的军队更为强横。

在浑度儿查河之战丧失了太多主力的脱脱迷失汗终于在士兵的善战上棋输一着。经过数个小时激战，他的左翼军终于动摇、后退、崩溃，帖木儿军乘势全面合围金帐军中翼，将之分割，战场的局势完全一边倒了。

虽然有着万般不甘，脱脱迷失汗也不得不撤出战场，将他最后的赌注——数十万已经和正在变成尸体的军队留在了身后。

帖列克河谷之战让帖木儿完全掌握了主动权，但他知道，金帐汗国幅员辽阔，尤其是中心地带的伏尔加河流域极为富庶。想让脱脱迷失再也无法翻身，要么必须将他本人活捉，要么便必须彻底摧毁金帐汗国的经济命脉。

既然脱脱迷失已经逃得不知去向，帖木儿只能采取最为残暴的方式——进兵金帐汗国腹地。

一场从未有过的浩劫降临在这个已经有近两百年历史的汗国头上。帖木儿的军队所过之处，所有的城镇都化为废墟，所有的村庄都夷为平地，

即使散居在草原上的游牧民也被洗劫并卖为奴隶，对汗国最忠心的撒尔克斯人被全族屠灭。承载着汗国财富的哈只·台尔汗、拔都萨莱等城市遭到彻底的洗劫和破坏，尤其是权力的象征、首都别儿哥萨莱城更是几乎从地图上被抹掉——四百四十五年后，考古学家捷列申科在发掘别儿哥萨莱遗址时，认为这里发生过突发的灾难，便是这一次。

这次大扫荡，将金帐汗国的脊柱彻底打断了，帖木儿留下的，除了废墟，就是尸体。

"成吉思汗继承人"的选举得出了结果，帖木儿最终胜出，他的帖木儿帝国成为无可争议的"第二蒙古帝国"。

4.永远的遗憾——脱脱迷失汗之死

痛打落水狗，是几乎所有政治斗争中的惯例。

为了不给对手任何翻身的机会，在回国前，帖木儿扶持了一个名叫帖木儿·忽都鲁的白帐汗系宗王作为金帐汗，以此来表明，在他心中，失败了的脱脱迷失汗已经死了。

但是脱脱迷失汗可不想就这么向命运低头，他逃到了不里阿耳地区，在那里重新集结军队，准备复仇之战。

现在，伏尔加河流域已经被帖木

儿蹂躏的满目疮痍，而帖木儿在中亚的统治也断掉了丝绸之路的畅通，金帐汗国内部还能说得上富庶的地区，只剩下克里米亚半岛了。而这里已经被热那亚商人趁着脱脱迷失汗与帖木儿作战之时夺取了。

1396至1397年间，脱脱迷失汗出兵克里米亚，不但夺回了这里的控制权，连当年札尼别汗没有攻陷的卡法都占领了一段时间。

有了克里米亚半岛的财富，脱脱迷失汗恢复了一些元气，他开始逐步收复故土，重新向各地宣示自己才是合法的金帐汗。

立陶宛大公维托夫特

但是，虽然帖木儿·忽都鲁只是一个傀儡，但他的副手万户长也迪该却是一位厉害人物。他趁着脱脱迷失汗羽翼未丰，发动了突袭，将脱脱迷失汗的军队歼灭。脱脱迷失汗无奈之下逃到了基辅。

基辅现在是立陶宛大公国的领土，立陶宛大公维托夫特热情的招待了脱脱迷失汗，这倒不是因为这位大公急公好义，而是他看到了奇货可居。他认为如果他能够帮助脱脱迷失汗夺回汗位，那么就可以趁机控制金帐汗国广袤的国土——"卡法、阿速夫、克里木、阿斯特拉罕、白帐汗国和所有的沿海地区，以及喀山的君王，这样一来一切都是我们的了"[1]。

维托夫特大公也知道仅凭自己的实力是无法达成目的的，而

---

[1][苏]格列科夫、雅库博夫斯基著，余大均译：《金帐汗国兴衰史》，商务印书馆1985年版，第324页。

他又不能向其他罗斯公国求助，于是他邀请了波兰国王瓦迪斯瓦夫二世以及条顿骑士团帮忙，组建了一支装备有新式火器的联军，护卫着脱脱迷失汗回国争位。

在得知维托夫特出兵的消息，帖木儿·忽都鲁胆怯了，想要议和。但也迪该站出来阻止了他，告诉他联军没有什么了不起，只要勇于作战，必定能够胜利。帖木儿·忽都鲁终于鼓起勇气，率军迎击，与联军会战于沃尔斯克拉河（第聂伯河的左支流）。

开战之初，维托夫特的军队凭借着装备精良，一度占了上风，但也迪该在战事胶着之时，派一支骑兵抄了联军的后路。原本就是临时拼凑的联军顿时阵脚大乱，并很快被打得丢盔卸甲，立陶宛公国、波兰王国有二十多位大贵族战死沙场。

维托夫特狼狈地逃回了基辅，但帖木儿·忽都鲁与也迪该穷追不舍，进入基辅境内大肆烧杀，维托夫特无奈之下只得缴纳了三千卢布的赎金来避免基辅城被攻陷。这位偷鸡不成蚀把米的大公从此彻底放弃了干涉金帐汗国的打算。

而相对于维托夫特，脱脱迷失汗才是更悲惨的。沃尔斯克拉河之战中，他最后仅有的数千骑兵全部损失掉了，而他也再没有力量召集军队，夺回汗位成为了泡影。

从此之后，脱脱迷失汗彻底沉沦了，他退出了历史的前台，以至于连他的具体的死亡时间都无法确定。

有的史籍记载，他是1398年病逝于秋明（位于图拉河畔，今俄罗斯秋明州）境内。还有的史籍记载，他是1405年被也迪该所杀，而且在被杀之前还曾派使者向跛子帖木儿低头，寻求保护。

而无论结局如何，脱脱迷失，这位饱经苦难，曾经让金帐汗国一度复兴的可汗带着永远的遗憾被历史漩涡所吞没。他死后，金帐汗国也走向了衰亡，再也没能重新崛起。

七、灭亡与余波

"兴衰谁人定，胜败岂无凭。"没有任何一个帝国是被敌人打败的，它们总是自己打败自己。如果不是金帐汗国的宗王们为了权利而内讧不止，曾经强大的汗国又怎么会如此之快的走向灭亡？而当曾经的金顶大帐已经千疮百孔之时，任何的努力都已经是徒劳的了。术赤、拔都、别儿哥、月即别这些英雄若地下有知，真不知该如何叹息痛恨子孙的不肖。

不过，一片灰暗之中也有亮色，在金帐汗国灭亡之后，当曾经的征服者将要被别人征服的时候，仍有英雄站了出来，表现出了坚强和桀骜，为国家唱响悲壮的挽歌。

1.每况愈下的国运

脱脱迷失汗死后，帖木儿·忽都鲁汗成为了唯一的金帐汗，但他的权力基本上都被他的万户长也迪该所掌握。也迪该成为继那海之后，又一个执政权臣。

也迪该是金帐汗国末期难得的优秀人物，他"面色黝黑，中等身材，身体结实，勇敢，样子很怕人，头脑灵活，慷慨，面带愉快的笑容，睿智而深谋远虑"[①]。他充分利用了金帐汗国敌人们之间的矛盾，纵横捭阖，为金帐汗国赢得了十余年的稳定。

1400年，帖木儿·忽都鲁汗因饮酒过量去世，也迪该拥立沙狄别为汗。因为也迪该把控一切权力，不甘心为傀儡的沙狄别汗于1407年起兵征讨也迪该。而此时，中亚霸主，帖木儿帝国开国大帝跛子帖木儿已经在两年前病逝，也迪该不再担心来自中亚的压力，他轻松地击败了沙狄别汗，又拥立了一位不刺汗。

1409年，也迪该暗中挑唆了莫斯科公国和

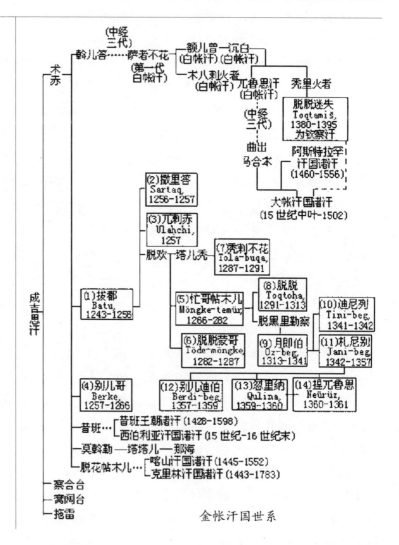

金帐汗国世系

①[苏]格列科夫、雅库博夫斯基著，余大均译：《金帐汗国兴衰史》，商务印书馆1985年版，第327页。

立陶宛公国的矛盾，导致两个公国发生了激烈的战争，而他则趁火打劫，向莫斯科公国提出自己要帮他讨伐立陶宛公国，却在半路突然袭击了毫无防备的莫斯科公国。这次突袭使得莫斯科公国损失惨重，连莫斯科都差点被攻陷。所幸也迪该发现自己后方不稳，勒索了三千卢布的赎金后撤回。

不过，1409年的远征莫斯科之战，是也迪该最后的胜利了。在这之后不久，不剌汗去世，他又拥立了帖木儿·忽都鲁汗的儿子帖木儿为汗。但这位帖木儿汗在即位后不久，马上就翻了脸，他获得了很多不满也迪该专权的将军的支持，一举将也迪该击败，并把他驱逐到了河中地区。

也迪该到达河中后，占据了玉龙杰赤城为自己的根据地，但帖木儿汗也率军追了过来，将玉龙杰赤团团包围。

就在也迪该困守孤城之际，帖木儿汗的后院起火了。为了让金帐汗国陷入无休止的内乱，莫斯科公国将一直收留的脱脱迷失汗的儿子们送回了国，并支持他们争夺汗位。这些流亡王子中，长子薛列尼·锁鲁檀能力超群，不但夺取了帖木儿汗的汗位，还买通了他手下的将军，临阵哗变，杀死了帖木儿汗。

也迪该虽然逃出生天，但他再也没能返回金帐汗国，也没能重新夺取权力。又尽力挣扎了多年后，1419年，他被脱脱迷失汗第四子合迪儿·别儿迪所杀。

也迪该是最后一个有意愿、有能力也有机会统一金帐汗国的人。随着他的死，留在历史前台上的，只剩下为眼前小利而不厌其烦争斗的庸懦之辈。

2.大分裂时代

也迪该死后，又有几位可汗迅速登台，然后仓促谢幕。

到1423年，术赤第十三子秃花帖木儿的后裔马哈麻成为了金帐汗，各种毫无意义的内讧战争仍持续不断。也许是无尽的争夺让实力派们腻烦了，他们不再想成为金帐汗，而是各自成立了自己的国家。

大分裂时代正式开始：

1437年，马哈麻汗被逐出别儿哥萨莱，他回到自己的根据地喀山，另建喀山汗国。

1440，在伏尔加河到咸海地区还出现了诺盖汗国，自称是那海的后裔。

1443年，秃花帖木儿另一个后裔哈吉·格莱在克里米亚半岛宣布独立，建立克里米亚汗国。

1459年，马哈麻汗的孙子卡西木在伏尔加河下游宣布建立阿斯特拉罕汗国。

1460年，西伯利亚汗国建立。

而留在残破的别儿哥萨莱城中

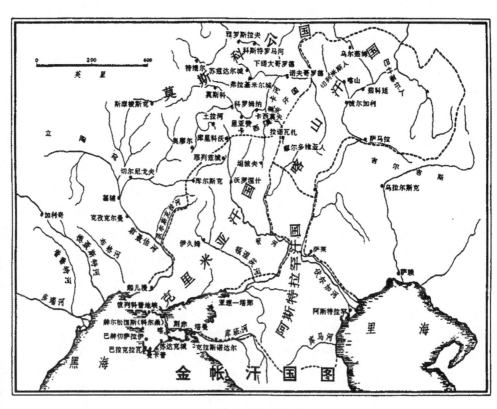

分裂后的金帐汗国

仍坚持是金帐汗的，是阿黑麻汗。但是，已经没有人承认他是"金帐汗"了，而是称他统治的区域为"大帐汗国"，仅在名义上表示对分裂出去的汗国保有宗主权。

按说，到这种程度，金帐汗国也该寿终正寝了，但它竟然还咬牙坚持到了十六世纪初。

3.金帐汗国的灭亡

阿黑麻汗虽然不再被承认是金帐汗，但还名义上有着对分裂出去其他汗国的宗主权。然而，当其他汗国都还虚与委蛇地表示承认的时候，克里

米亚汗国却始终不愿低头，反而宣称自己才是金帐汗国最正统的继承者。

于是，在金帐汗国最后的弥留岁月，大帐汗和克里米亚汗之间的战争贯穿始终，而一直希望金帐汗国彻底灭亡的莫斯科公国也参与其中。

1474年，莫斯科大公伊凡三世派遣尼基塔·瓦西里耶维奇·别克列米舍夫率领使团与克里木汗国缔结反对阿黑麻汗的联盟。伊凡三世答应一旦金帐汗国发生政变，将帮助克里木汗获得金帐汗国的汗位。克里木汗则支持莫斯科同金帐汗国的斗争。

为了应对莫斯科与克里米亚的联盟，阿黑麻汗与立陶宛大公卡西米尔四世订立联盟来作为回应。双方商定，金帐汗国和立陶宛同时出兵，从东西两线夹击莫斯科。

1480年，阿黑麻汗亲自领兵攻打莫斯科。

阿黑麻汗的军队前锋很快就抵达了距离莫斯科不足二百公里的奥卡河南岸。伊凡三世也集合军队，在奥卡河（俄罗斯西部河流，是伏尔加河右岸最大支流）北岸和金帐汗国军队对峙。

看到河对岸的莫斯科军队严阵以待，阿黑麻汗决定避开锋芒，改为迂回战术。于是他下令移师西进，绕过莫斯科军队的集结地，从南方进入立陶宛的领地，迅速推至乌格拉河（位于莫斯科南部，是奥卡河的支流）南岸，意图从南方向莫斯科发动攻击；同时还派人疾驰至立陶宛，请求立陶宛大公卡西米尔四世速发援军，夹击莫斯科。

但是，此时立陶宛正忙于应付克里米亚汗国的进攻，已经无力增援阿黑麻汗了。阿黑麻汗踌躇再三，终究没有勇气过河攻击莫斯科军队，望北兴叹一番后，下令撤兵。

就这样，双方没来得及兵刃相见，就结束了这场史称"乌格拉河对峙"的战

伊凡三世

役。这场战役标志着金帐汗国对罗斯诸城邦二百四十年的统治正式结束。而有意思的是，莫斯科大公伊凡三世是一个谨小慎微的人，在乌格拉河与阿黑麻汗对峙时，因为惧怕而临阵脱逃，所幸俄罗斯军在失去主帅后仍然拒不后退，才使得阿黑麻汗放弃了进攻。

一个胆小的人，却成就了一个国家和民族的独立，真不知这是因为水到渠成的必然，还只是历史老人的恶作剧。

阿黑麻汗从乌格拉河撤退后不久，便在一场战斗中被杀。从此，金帐汗国连对各汗国名义上的宗主权都彻底丧失了。在各汗国的包围中苟延残喘。

1502年，克里米亚汗国军队在可汗勉格里·格莱的率领下攻克别儿哥萨莱，最后一任"金帐汗"赛克阿里被杀。在最后毁灭别儿哥萨莱的熊熊烈火中，金帐汗国，这个蒙古时代最闪耀的明星，终于陨落。

勉格里·格莱借助这一次胜利，宣布自己是金帐汗，自己的克里米亚汗国是金帐汗国的继承人。可此时各个汗国互相征伐不已，克里米亚汗国自己也成为奥斯曼土耳其帝国的附庸，这样的宣示，又有什么意义呢？

4. 余波

金帐汗国灭亡后，分裂出来的小汗国也没有坚持多久，很快便面临着统一起来的俄罗斯人的反噬。

那位在"乌格拉河对峙"中临阵脱逃的莫斯科公国伊凡三世大公，虽然胆子小了些，但也算是有为的君主。统治时期吞并了雅罗斯拉夫公国、罗斯托夫公国、特维尔公国和诺夫哥罗德共和国，自封为"全俄罗斯的大公"。

俄罗斯终于成为了主权国家——伊凡三世向全世界宣布"俄罗斯人民从此站起来了"。因为娶了拜占庭帝国末代公主索菲娅为妻，伊凡三世以拜占庭帝国继承者自居，用双头鹰作为国徽。

伊凡三世在晚年被自己的儿子瓦西里三世夺取了权力，也算晚景凄凉。但瓦西里三世对父亲的事业继续发扬光大，先后兼并了普斯科夫共和国和梁赞公国，从立陶宛夺取斯摩棱斯克，完成了东北罗斯的统一。

在他在位期间，正式标榜莫斯科是第三个罗马。

1533年，俄罗斯历史上第一个被称为"大帝"的伊凡四世登上了大公宝座。这是一个与中国的秦始皇颇为相似的帝王，雄才大略而又残暴无比，被称为"伊凡雷帝"，也就是"恐怖的伊凡"。十七岁亲政后，伊凡四世宣布自己为"沙皇"，这是恺撒的俄语发音，而"恺撒"在罗马帝

伊凡四世

国时期与"奥古斯都"一样代表"皇帝"。于是，莫斯科公国消失，俄罗斯帝国应运而生。

十九岁时，伊凡四世开始了一系列改革，压制了大贵族的权力，巩固了集权，并效仿西欧国家改革了军制，将俄罗斯帝国建设成为一个拥有二十万骑兵，十万步兵，两千门大炮的军事强国。

凭借着庞大的军力，伊凡四世开始逐一歼灭金帐汗国分裂后留下的诸小汗国。

1552年，伊凡四世亲自领兵攻打喀山汗国首都喀山，喀山军民在装备和人数都处于绝对劣势的情况下，死战一个月之久。最终喀山陷落，喀山汗国灭亡。

1554年，伊凡四世派兵推翻阿斯

特拉罕汗国汗王雅穆格尔切伊，扶持傀儡阿里为汗，1556年，干脆废黜阿里，将阿斯特拉罕汗国吞并。

1557年，诺盖汗国解体，其主体被俄罗斯吞并。

1581年，伊凡四世开始向西伯利亚汗国用兵。西伯利亚汗国可汗库楚姆汗进行了艰苦卓绝的抵抗，即使到了"年老、耳聋、眼瞎，失掉了家庭和财产"[1]的情况下，仍然拒不投降。这是金帐汗国后裔最后的倔强，

是"北部成吉思汗后裔的历史上放射出最后一抹光辉"[2]。但个人的努力终究无法抗拒历史的大潮，抗战十七年后，1598年，西伯利亚汗国灭亡。

在一片衰亡之中，也有新生——拔都的五弟昔班的后裔们，在金帐汗国崩溃后南下中亚，几经辗转建立了乌兹别克汗国，灭亡了帖木儿帝国，最终形成了今天的乌兹别克斯坦。

但这已经是另一片天地，另一个故事了。

中国蒙古族系列丛书〇之五

雄踞欧亚——蒙古四大汗国

---

①瓦西里耶夫著，徐滨、许淑明等译：《外贝加尔的哥萨克史纲》第一卷，商务印书馆1977年版，第25页。

②[法]勒内·格鲁塞著，蓝琪译：《草原帝国》，商务印书馆1998年版，第606页。

第二章：纵横中亚四百年——察合台汗国

如果有人问，今天在世界使用范围最广的是哪种文字，得到的回答无疑是英文。

那么如果有人问，在十五、十六世纪，在当时已知的世界上，使用范围最广的是哪种文字，就不好回答了。在当时，拉丁文是欧洲各国的书面语，要说范围之广，恐怕拉丁文和汉文都未必能比。

这种文字，被称为"察合台文"。

察合台是成吉思汗的次子，是察合台汗国的创始人，是一位蒙古人。但"察合台文"却与蒙古文没有关系，这是一种用阿拉伯文的28个字母和其他面共同语，汉文则在中国、越南、朝鲜和日本这些儒家文化圈中通用，适用范围都很广，难说哪种文字使用更广泛。而还有一种文字，在包括现在新疆在内的中亚地区，阿富汗、伊朗东部、印度北部、南俄草原乃至非洲埃及都被作为官方和学术通用书

察合台文

一些辅助符号，同时又从波斯文中借用了4个字母，共有32个字母的拼音文字。而这种文字也不是在察合台汗国时期创制的，而远在喀喇汗王朝时期（公元九世纪至1212年之间）便已形成其雏形。

之所以察合台文被命名为"察合台"，之所以能够成为诸多国家的国家的通用文字，是因为它曾是察合台汗国的官方文字，且因为察合台汗国在世界上的巨大影响力而传播四方。

在蒙古四大汗国中，察合台汗国最为长寿，虽然它也和其他汗国一样不免陷入分裂，而一分再分之后，总能顽强地重获新生，最后竟享国祚四百五十三年之久，对于中亚、北亚、西亚、东欧乃至中国有着深远的影响。

那么，察合台汗国为何能够有着远超兄弟国家的寿命，在它长达四个半世纪的历史中，又有什么精彩的故事？

这一切，都要从它的创始者察合台说起。

一、暴躁而严明的察合台

笔者早年在看《蒙古秘史》时，很不喜欢察合台其人，因为其暴躁、鲁莽而无兄弟之情，正是他挑起了成吉思汗四个儿子之间的不和，也从而种下了日后大蒙古国分裂的种子。

不过，这种初始印象总是不可靠的。有学者在系统研究过《蒙古秘史》后得出结论，这部蒙古民族第一部史书很有可能在编纂过程中被人为地篡改过。而篡改它的，便是大蒙古国第四任大汗蒙哥。因为从他开始，大蒙古国的汗位从窝阔台系转到了拖雷系，而为了稳固地位曾对汗廷内的反对大施辣手的蒙哥汗，必定要在史书中留下有利于自己家族的文字。所以我们看到，"在《秘史》中，蒙哥之父拖雷是成吉思汗诸子中唯一被描写为完美无缺的高大形象的人"，而"与拖雷的高大光辉形象相比，在《秘史》中，成吉思汗其与诸子的形象都显得黯淡无光"[1]。

所以，察合台的形象是被有意矮化的，在成吉思汗的时代，英雄辈出，而他的光芒却未被他人所掩盖。他的脾气确实暴躁，有些严苛和固执，但也是有着非凡的能力，创立不世功业的英雄。

1.父亲麾下忠勇的儿子

家族中次子地位总是很尴尬；长子因为第一个出生而备受重视，幼子因为最后一个出生而备受宠爱，次子则往往被忽略。察合台作为成吉思汗的次子，有着能干的大哥术赤，又有着厉害的幼弟拖雷，这种尴尬怕也是免不了的。他之所以和术赤、拖雷的

①余大钧译注：《蒙古秘史》，内蒙古大学出版社2014年版，第534页。

关系不够好，而独与三弟窝阔台亲善，很有可能便是因为这种情绪所造成的。

但是，成吉思汗对于麾下的人才唯才是举，对于自己的儿子也不分次序都着力培养，所以察合台有着充分表现自己的机会，而他也从没有让父亲失望过。察合台"经常在父亲身边，按照他的命令出征，十分勤奋地完成任务"[①]。在成吉思汗统一蒙古各部的战争中，他虽然因为年轻未能独领一军，但也每战必与，在大蒙古国成立后，他被授予四千户属民。

在大蒙古国对外扩张的战争中，他的功劳也不逊于任何一个

察合台

兄弟：

1211年的攻金战争中，察合台与术赤、窝阔台攻掠云内、东胜、武、朔诸州。

1213年，蒙古再次伐金。察合台与术赤、窝阔台率右路军，破太行山东西两侧大部州县。

1219年，成吉思汗发动西征，察合台与窝阔台攻陷花剌子模帝国重镇讹答剌城以及旧都玉龙杰赤城等重要

城市。

因为战功，察合台被成吉思汗授予大片封地，"从畏吾儿地起，至撒麻耳干和不花剌止，他的居住地在阿力麻境内的忽牙思"[②]，也就是畏兀儿地区之边延伸到阿母河以北地区的草原。因为其封地，察合台为大蒙古国镇守西域，并为日后的继续西征打下了基础。他的功绩，到元朝建立后，元世祖忽必烈都记忆犹新，特地命人

①[波斯]拉施特著，余大钧、周建奇译：《史籍》第二卷，商务印书馆2014年版，第176页。
②[波斯]志费尼著，何高济译：《世界征服者史》上册，内蒙古人民出版社1980年版，第45页。

谱写了《皇伯考察合带乐章》，作为纪念和表彰："雄武军成，滋多历年。深谋远略，协赞惟专。流沙西域，饯日东边。百国畏服，英声赫然。"①

除了战功，察合台还有着其他兄弟所没有的优点，那便是对于律法的熟悉及严格遵守。

成吉思汗曾这样评价自己的几个儿子，他认为，如果一个人"爱金钱、财富、安逸和高贵的风度"，那就应该去追随窝阔台，如果一个人"想学会待人接物、知识、勇敢和使用武器"，那么就该去追随拖雷，而如果一个人"极想知道扎撒、必力克和如何守国的法规"，那就应该去追随察合台②。可见成吉思汗对于察合台的看重。而察合台也确实在成吉思汗去世后，成为了大蒙古国律法的执行人，其严格甚至连成为新任大汗的窝阔台都不得违背。

2.辅助弟弟的耿直兄长

成吉思汗去世后，按照他的遗嘱，第三子窝阔台要继承汗位。但是，在正式举行"库里勒台"选举可汗之前，幼子拖雷以"幼子守灶"的传统，任监国三年。而这三年中，拖雷感受到了至高无上权力的魅力，不

太想交接汗位了。结果，"库里勒台"开了四十多天，都没有一个结果。

再这样拖下去，弄不好会出现内乱。成吉思汗的近臣耶律楚材这时候站了出来，他先是劝说拖雷放弃争夺汗位，同时又对察合台进言道："王虽兄，位则臣也，礼当拜。王拜，则莫敢不拜。"此时，术赤已经去世，察合台是成吉思汗诸子中最年长者，他的态度有着决定性作用。而察合台本就和窝阔台亲密，听到此言"深然之"③。于是，他带头推举窝阔台为汗，并带领所有贵族向窝阔台施三拜九叩大礼。作为兄长，又是最大的宗王，察合台的举动不但使得窝阔台顺利即位，也确定了大汗与宗王的关系不是以家礼，而是以国礼，是君臣关系。

窝阔台继位后，察合台继续镇守西域，同时也承担起大蒙古国掌管律法的重任。成吉思汗时期颁布的扎撒（法令）和必力克（训令），他都严格遵守执行，任何人，甚至连大汗都不能稍有变更。"成吉思汗诸子中，以察合台最能严守其父之遗教。凡为成吉思汗法令所肯定的习俗，察合台无不衷心遵循，坚决捍卫。"④

①[明]宋濂等撰：《元史》卷六十九，礼乐三《宗庙乐章》，中华书局2008年版，第1719页。
②[波斯]拉施特著，余大钧、周建奇译：《史籍》第二卷，商务印书馆2014年版，第175页。
③[明]宋濂等撰：《元史》卷一百四十六，列传三十三《耶律楚材传》，中华书局2008年版，第3457页。
④乌马里书，西德译本，118-119页，引自刘迎胜著《察合台汗国史》，上海古籍出版社2006年版，第425页。

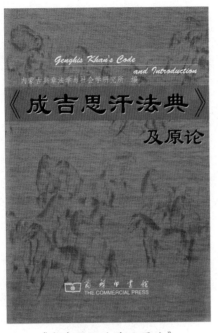

《成吉思汗法典及原论》

例如，成吉思汗在《扎撒》中要求臣民"其杀所食之动物，必须缚其四肢，破胸，人手紧握其心脏；如仿穆斯林宰牲者，则应如法杀其人"[1]。这是与伊斯兰教法有关食物的禁忌和割喉宰牲的习惯根本冲突的。窝阔台汗比较宽和，对于治下的穆斯林遵守自己的教法采取默认态度，但是察合台坚决不允，而"窝阔台当然不想公开保护那些违反扎撒的穆斯林，因此，当他在位期间，穆斯林只能秘密地在流水中洗澡，只能秘密地按照教法（Shariat）的规定杀羊。察合台去世以前，不但在他直接管辖的地区，甚至呼罗珊，没有哪个穆斯林敢公开宰杀羊只，多数人不得不吃自然死亡的牲畜的尸体"。[2]

甚至，因为成吉思汗生前曾颁布限制饮酒的训令，而窝阔台汗特别喜欢饮酒，察合台便以兄长的身份"指派一位异密（将军）掌管酒食，不让他喝过一定的量"，窝阔台汗无奈，只得采取迂回方式，"不用小杯而用大杯来喝，使得杯数保持一定"[3]。虽然察合台的良苦用心没能改变弟弟的恶习，但窝阔台汗的谨小慎微，也展现了察合台执行律法的不徇私情，不避汗权。

当然，察合台作为臣子，也并不会以兄长的身份来压大汗，他执行律法只是为了公正，而从没想过僭越，平时非常注意维护大汗的权威。有一次，他和窝阔台汗骑马出行，因为多喝了几杯，察合台过于兴奋，便和窝阔台汗打赌赛马，最后察合台赢了。到了晚上，察合台酒醒，想到："怎么能容许我与合罕打赌并让我的马超过他呢。这是一件大不敬的行为。别人见到这件事，也会粗鲁无礼起来，

①[瑞典]多桑著，冯承钧译：《多桑蒙古史》，中华书局2004年版，第173页。
②[俄]巴托尔德著，张锡彤、张广达译：《蒙古入侵时期的突厥斯坦》（下册），上海古籍出版社2011年版，第530-531页。
③[波斯]拉施特著，余大钧、周建奇译：《史籍》第二卷，商务印书馆2014年版，第72页。

这就会造成有害的结果。"于是，第二天一大早，察合台带着自己所有的臣属，跪到大汗的寝帐外请罪，要求大汗"或杖或杀，由他判决"。窝阔台汗对哥哥的举动很感动，连忙表示："这是哪里的话？他是我的兄长，值得对这样的小事介意吗？"但察合台仍然对自己进行惩处，向窝阔台进献了九匹好马。因为这件事，不但兄弟之间"更加和谐一致，亲密无间"，其他臣属见察合台都如此恭谨，也更加对窝阔台汗"俯首听命，并选择了顺从之礼"①。

窝阔台汗

窝阔台汗在位十三年中，察合台忠心耿耿的辅佐他，而窝阔台汗也对这个哥哥报以极大的信任和荣宠，"经常派使者就一切重大事件和察合台商议，没有他的意见和同意就不处理这些大事"②。

1241年，窝阔台汗去世，不到一年，察合台也追随弟弟撒手人寰。兄弟二人生前亲密，死期也如此相近，可算得同生共死。而巧合的是，他们对继承人的选定也很相似，从而导致

了各自家族的动荡。

3.痛失爱子的悲情父亲

窝阔台汗最喜爱自己的三子阔出，想将其立为自己的继承人，但阔出英年早逝，窝阔台汗便将阔出之子失列门养在自己身边，打算让孙子继承汗位。这一决定，导致了窝阔台家族内部的纷争，最终使得窝阔台家族失去了大蒙古国的汗位。

察合台与弟弟一样，非常喜欢自己的长子木秃坚，然而木秃坚也英年

---

①[波斯]拉施特著，余大钧、周建奇译：《史籍》第二卷，商务印书馆2014年版，第179~180页。
②[波斯]拉施特著，余大钧、周建奇译：《史籍》第二卷，商务印书馆2014年版，第180页。

早逝，察合台便立木秃坚之子哈剌旭烈作为自己的继承人，这一决定也导致察合台家族数十年的动荡。

阔出是因病而亡，木秃坚却是战死的。关于木秃坚的死，产生了很多悲情而残酷的故事。

察合台有八个儿子，长子木秃坚，次子木只耶耶，三子别勒客失，四子撒儿班，五子也速蒙哥，六子拜答儿，七子合答海，八子拜住。长子木秃坚不但最受察合台宠爱，"爱他胜于其他几个儿子"，而且也最得祖父成吉思汗的宠爱。成吉思汗总是让木秃坚留在自己身边。

木秃坚精明强干，又被祖父和父亲双重宠爱，原本是前途一片光明。岂料天有不测风云，在成吉思汗西征花剌子模的时候，年轻的木秃坚立功心切，战死在范延城下。

失去爱孙的成吉思汗盛怒之下亲自领兵上阵，攻陷范延城后下令"不赦一人，不取一物，概夷灭之"。浩劫过后的范延城得名"卯危八里"，意为"被诅咒之城"，数十年内毫无生气，成为不毛之地。

再猛烈的复仇也不能让死者复生，成吉思汗痛失爱孙，本就悲痛，可他还有更为难的事：该怎么向孩子的父亲察合台交代呢？

无奈之下，成吉思汗只好用了看似强硬的方法。他找了一个借口，故意骂起儿子们来："你们不听我的话，也不照我对你们说的话去办！"不知道怎么回事的察合台连忙跪下道："成吉思汗怎样吩咐，我就怎样做，如果我表现出玩忽职守，就让我去死。"成吉思汗故意问了几次："你果真做得到？"察合台都表示一定按父亲的旨意办事。于是成吉思汗把噩耗告诉了他："木

成吉思汗庙里的察合台塑像

秃坚已经死了，你不要哭哭啼啼。"

听到爱子的死讯，察合台五内俱焚，但他已经答应了父亲，只好强忍悲痛，不哭出声。过了一会儿，他借口有事，走到一个没人的角落，"暗中哭了一会"①。

成吉思汗的做法看似无情，却是一个有着钢铁意志男人表达悲痛的方法：眼泪不可流给别人看，要流在心底。

木秃坚死了，察合台爱屋及乌，打算将汗位传给木秃坚的儿子。木秃坚有四个儿子，长子拜住，次子不里，三子也孙都哇，四子哈剌旭烈。哈剌旭烈是幼子，按照"幼子守灶"的传统，察合台便立哈剌旭烈立为自己的继承人。

这是父亲对死去爱子怀有愧疚的补偿。而同样有着愧疚之心的成吉思汗以及与察合台十分亲密的窝阔台汗当然都不会反对。

然而，当成吉思汗、窝阔台汗和察合台都离开人世后，哈剌旭烈却面临着"得位不正"的指责，而察合台家族也从此进入多事之秋。

二、更迭混乱的汗位

哈剌旭烈是察合台汗国第二任和第四任汗，之所以当过两次汗，是因为他被废黜后又复位。这一废一复

之间，隐藏着大蒙古国最高权力的争夺。而从哈剌旭烈开始，察合台汗国也被深深地卷入宫廷斗争之中，从此纷争不断。

1.被大汗废黜的哈剌旭烈汗

窝阔台汗去世后，大蒙古国朝廷，尤其是窝阔台家族内部陷入到严重的内斗之中。窝阔台汗所指认的继承人，是他的孙子失列门，但失列门却得不到窝阔台汗的皇后脱列哥那的支持。这位皇后想要立窝阔台汗的长子贵由为汗，而窝阔台汗去世时，贵由还在西征的军中，于是脱列哥那皇后便专摄朝政，清除支持失列门的势力。

虽然蒙古传统，在大汗去世新大汗选出之前，皇后可以摄政。但察合台是皇兄，连窝阔台汗都要敬让三分，他如能支持失列门，脱列哥那皇后也是难以顺遂的。可惜，窝阔台汗去世不到一年，察合台也去世了，哈剌旭烈继承了察合台汗国汗位。

哈剌旭烈是察合台的孙子，而此时察合台其他儿子都还在世，面对这个侄子都不大服气，察合台家族内部暗流涌动，年轻的哈剌旭烈连稳定位子都艰难，更不可能支持失列门了。

于是，脱列哥那皇后先后排挤掉了窝阔台汗老臣牙剌洼赤、镇海和耶

---

①[波斯]拉施特著，余大钧、周建奇译：《史籍》第二卷，商务印书馆2014年版，第163页。

律楚材，联合拖雷家族，牢牢掌控了朝政。五年后，大蒙古国召开"库里勒台"，贵由被选为第三任大汗。

贵由汗登基后，立即开始树威，处死了母亲的宠臣法迪玛，启用了被母亲排挤的重臣镇海，将母亲挤出最高权力。同时，也对察合台汗国开刀，宣布废黜哈剌旭烈的汗位。

原来，贵由汗与察合台第五子也速蒙哥亲厚，为了加强对察合台汗国的控制，自然要扶持自己人，于是废黜哈剌旭烈，立也速蒙哥为察合台汗国之汗。

哈剌旭烈才当了不到五年汗，无罪被贬，自然对贵由汗心怀怨愤。而也速蒙哥喜从天降，获得了原本不属于自己的汗位，自然对贵由汗心怀感激。而察合台的其他儿子们发现汗位竟然可以通过操作获得，便也萌生了争位之心，原本团结一心的察合台家族人各有志，开始多事了。

2.监国"女王"兀鲁忽乃

贵由汗在位不过两年，便神秘地去世。大蒙古国再次面临着大位空缺的危机，而窝阔台家族也再次陷入争夺汗位的纷争。窝阔台汗所指定的继承人失列门，贵由汗的儿子忽察、脑忽都认为自己应当继承汗位，而贵由汗的皇后，暂时摄政的斡兀立皇后虽然想拥立失列门，但她既没有能力安抚家中众人，也无本事拉拢朝廷各大

势力，大蒙古国的未来处于一片阴霾之中。

就在此时，成吉思汗四子拖雷家族脱颖而出，在其大家长、拖雷遗孀唆鲁禾帖尼的带领下，四处活动，将帝国各大政治势力聚拢在身边，决定问鼎最高权力，将拖雷的长子蒙哥扶上汗位。

此时，窝阔台家族四分五裂，有支持失列门的，有支持忽察与脑忽的，还有支持蒙哥的。术赤家族在拔都的带领下全力支持蒙哥，成吉思汗四个弟弟家族也支持蒙哥。而察合台家族支持谁起着决定性作用，如果支持窝阔台家族，则双方持平；如支持拖雷家族，拖雷家族便具压倒性优势。

然而，察合台家族也各自为政了，察合台汗国之汗也速蒙哥，哈剌旭烈的二哥不里支持失列门，而哈剌旭烈为首的其他贵族则支持蒙哥。这一来，票数两分，蒙哥获得优势，其即位也就毫无悬念了。

1251年7月，蒙哥即位为大蒙古国第四任大汗。即位不久，蒙哥汗便展开了对政敌的全面清洗，窝阔台家族斡兀立皇后、失列门、忽察、脑忽等人或被处死，或被流放，无一幸免。朝中大臣被杀者达百人以上。

察合台家族自然也不例外，也速蒙哥、不里先后被杀，而察合台汗国

之汗的汗位又被蒙哥汗还给了哈剌旭烈。

在被废黜近十年后，哈剌旭烈终于又夺回了汗位，但是他的命运实在不好，在拿到蒙哥汗的诏敕回国即位的途中，暴病而亡。蒙哥汗只好册封他的儿子木八剌沙为察合台汗国之汗，因为木八剌沙年纪太小，由其母亲哈剌旭烈的妻子兀鲁忽乃王妃监国。

兀鲁忽乃王妃监国的时间长达九年，期间稳定无事，她重用当地伊斯兰商人和教士处理内政，而对于大蒙古国朝廷委派的任务也积极完成。1253年，蒙哥汗派旭烈兀西征西亚，兀鲁忽乃王妃派出察合台汗国之军参与，并在自己的国都热情接待了旭烈兀。

可惜，安稳的时间总是短暂的。1259年，蒙哥汗在南征南宋的军中去世，大蒙古国立即陷入了前所未有的内乱，这场内乱不仅使得大蒙古国最终分裂，也使得察合台汗国有了自行发展的机会。

3.混乱中的阿鲁忽汗

公元1259年7月，当时世界上最强大帝国的首脑，大蒙古国第四任大汗蒙哥在南征南宋之时暴死于重庆金剑山温汤峡。在他死前，整个世界只有一极，那便是不知疲倦四处攻略的大蒙古国，当时没有任何一个国家能与

其相提并论。如果蒙哥汗不死，蒙古铁蹄还要踏破什么地方，恐怕只有天知道。

然而，随着蒙哥汗之死，随着因他的死而导致的忽必烈与阿里不哥争位之战，庞大的帝国瞬间分裂，再也没有一个让众人服帖的中心来领导那些骄兵悍将对外征服，成吉思汗的子孙们迅速枪口朝内，对自己的亲兄弟、堂兄弟虎视眈眈。

忽必烈与阿里不哥各自称汗，大蒙古国便有了两位大汗，他们都需要获得各个藩国的承认，但他们又都无法通过正常的方式，因为此时两汗并立，各藩国都无所适从。于是忽必烈和阿里不哥都只能用非常之法。

阿里不哥的势力范围是漠北草原，其中心在蒙古首都哈剌和林。忽必烈的势力范围是漠南草原和淮河以北的汉地。察合台汗国紧邻蒙古腹地西部，若要支持阿里不哥，则阿里不哥便可利用中亚丰富的人力和财力资源，并获得稳定的后方；若要支持忽必烈，则将陷阿里不哥于两面受敌的境地。于是，察合台汗国首当其冲，成为阿里不哥与忽必烈争夺的焦点。

忽必烈首先出手，派出自己身边的察合台家族成员，木秃坚之子不里之子阿必失合前往察合台汗国，准备从兀鲁忽乃王妃手中接管政权。然而，从忽必烈的控制区域前往察合台

忽必烈

汗国，必须经过阿里不哥控制区，阿必失合运气不好，被阿里不哥军擒获，阿里不哥也不客气，将阿必失合处死。

忽必烈欲图控制察合台汗国的计划失败，但他派出阿必失合的做法却提醒了阿里不哥。于是阿里不哥有样学样，派出自己身边察合台家族成员，察合台第六子拜答儿之子阿鲁忽前去夺取察合台汗国的权力。

阿鲁忽的父亲拜答儿是大蒙古国第三代中的名将，在"长子西征"中独领一军全歼波兰日耳曼条顿骑士团联军。阿鲁忽继承了父亲的才能，很有谋略，带着阿里不哥的诏书来到察合台汗国，顺利接管了政权。

兀鲁忽乃王妃监国监得好好的，被无端夺取了权力。可毕竟孤儿寡母，乱世中无力保护自己，只得前往哈剌和林找阿里不哥理论，可阿里不哥蛮不讲理，将王妃扣了下来。

阿里不哥认为自己完全控制了察合台汗国，志得意满，将察合台汗国当做自己的后勤基地，大量征集战争物资。

阿里不哥有些小看了阿鲁忽，这位名将之后绝非忠诚不二之辈。如果阿里不哥能够击败忽必烈，成为名正言顺的蒙古大汗，他自然会乐得做一个从龙功臣。若阿里不哥战况不利，他则会立即为自己打算。可阿里不哥也不争气，1260年8月，他的数万精锐在关陇地区被忽必烈消灭；紧接着，忽必烈领兵进攻哈剌和林，击败了阿里不哥之军，阿里不哥放弃哈剌和林，逃到了自己的封地乞尔吉斯；1261年，阿里不哥率军反击，虽然用诈降之计夺取了哈剌和林，但当忽必烈亲自率军前来后，阿里不哥再次大败。

连续的失败，使阿里不哥损失大量兵马钱粮，于是加大了对察合台汗国的征索。此时，阿鲁忽已经积极扩张自己的势力，派人接管了撒马尔罕、不花剌（今乌兹别克布哈拉）和河中地区，将东自金山、西至阿母河的土地收为己有。现在见

美剧《马可·波罗》中的阿里不哥形象

到阿里不哥难成大事，哪里还愿意做他的后勤部长？于是下令将阿里不哥征税的使者杀掉，宣布倒向忽必烈。

阿里不哥见阿鲁忽竟敢背叛自己，勃然大怒，立即率兵找阿鲁忽算账。虽然先头部队在速惕阔勒（今新疆赛里木湖）被阿鲁忽打败，但阿里不哥的军队趁阿鲁忽不备，攻取伊犁河地区及察合台汗国的京城阿力麻里（今新疆霍城西）。阿鲁忽带领残部逃往忽炭（今和田）和可失哈耳（今喀什），不久又迁往撒马尔罕。

阿里不哥有了相当富庶的根据地，若是仔细经营，也可为一方之雄。但他处置政事不公，任意杀害军民。属下诸王、那颜对他大失所望，相继离他而去，尤其是最铁杆拥护他的蒙哥汗之子玉龙答失的离开，更让他陷入众叛亲离。不久，阿力麻里发生饥荒，阿鲁忽趁机前来进攻。阿里不哥抵挡不住，便放回兀鲁忽乃王妃以为缓兵之计，结果，阿鲁忽顺势便娶兀鲁忽乃王妃为妻，立木八剌沙为自己的继承人，更加确定了自己察合台汗国之汗的合法性，从而"获得了察合台王位上的无限权力"[1]。

后有忽必烈，前有阿鲁忽，阿里不哥已经是左右为难。他现在实力

---

①[波斯]拉施特著，余大钧、周建奇译：《史籍》第二卷，商务印书馆2014年版，第183页。

屡弱，和谁都无法较量。无奈之下，1264年7月，阿里不哥来到开平向忽必烈投降。大蒙古国两汗并立的局面结束。

大汗只剩下了一个，但大蒙古国再也回不到从前了。术赤家族的金帐汗国已经自成一体，不承认忽必烈的大汗地位。西征到西亚的旭烈兀也"自帝一方"，建立了伊儿汗国，虽然承认忽必烈，但相隔万里之遥，也已事实独立。窝阔台汗的孙子海都在战乱之际整合了窝阔台家族的封地，自立为汗，宣布自己才是大蒙古国的合法统治者。而阿鲁忽在迅速扩大了察合台汗国的领地后，虽然表面上承认忽必烈为大汗，但也只是想获得统治区域的合法性而已，再让他对任何人俯首称臣都是不可能的了。

忽必烈倒是信心满满，阿里不哥投降后，第一时间向各汗国派去急使，召他们东赴蒙古草原，在祖先发祥地斡难——怯绿涟之域重新召开库里台大会。

情势原本相当不错。

金帐汗别儿哥接到旨意后表示："合罕（忽必烈）、旭烈兀和全体宗亲们所作出的决定是正确的"[1]，并同意

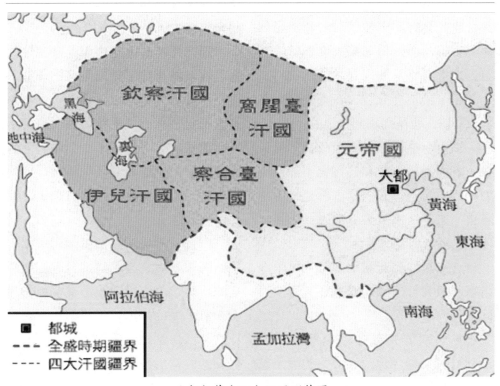

元朝与蒙古四大汗国形势图

① [波斯]拉施特著，余大钧、周建奇译：《史籍》第二卷，商务印书馆2014年版，第320页。

参加大会。

阿鲁忽在倒向忽必烈后，一直没有得到正式的察合台汗国之汗的册封，见忽必烈来召，连忙表示："我是未经合罕和兄长旭烈兀同意继承察合台之位的，现在全体宗亲们聚集在一起，正可判定我当否继位，如果同意我继位，我才可以发表意见。"①也表示愿意出席，当然出席的条件是得到册封。

旭烈兀本就一心向着哥哥，接到旨意后立即表示："一旦别儿哥参加库里台，我们马上就来。"②

事情如此顺利，忽必烈非常高兴，将开会时间定在了1267年。虽然海都拒绝与会，但如果大会能够顺利召开，意义将是非同寻常的，这将表明蒙古帝国不会分裂，海都一个人再怎么扑腾，也是翻不起大浪的。

然而，早就已经相互敌视的兄弟们，表面上的一团和气终究不能避免刀枪相向。当忽必烈满心希望地等待兄弟们来开合家欢大会的时候，帝国西部已经烽烟遍地了。

首先是旭烈兀和别儿哥为了争夺阿塞拜疆大打出手，双方各有胜败，陷入对峙。

见到别的兄弟已经翻脸，一直谋划着扩大察合台汗国势力的阿鲁忽也不再客气，他率军挺进河中，兵锋直指金帐汗国在中亚的重镇——讹达剌。

别儿哥正在和旭烈兀较劲，冷不丁背后被插了一刀，但却无法抽身，只能让驻守河中的部将率偏师抵挡。阿鲁忽的部队都是察合台汗国的精锐，身后又有理财高手麻素忽经营撒马尔罕、布哈拉所积累的巨额财富作为支撑，因此兵威极盛，在呼阑河中、下游一带把金帐汗国军打得几乎全军覆没，几个月内，阿鲁忽横扫阿姆河以北以及锡尔河以东草原，将这里的金帐汗国势力一扫而光，刚繁荣起来的讹达剌城又被洗劫一空。

别儿哥本想着抢夺伊儿汗国的阿塞拜疆，结果除了把旭烈兀的部队杀伤不少外一寸土地也没得到，倒被阿鲁忽抢走偌大一块地盘，做了笔净赔不赚的买卖。可要说率军东进和阿鲁忽算账，又怕旭烈兀趁机报仇，西线再出事，于是送给海都大量辎重，让他进攻阿鲁忽。

一直希望重新夺回窝阔台家族权位的海都虽然整合了窝阔台家族在中亚的份地，但实力还很不够，他正需要夺得更多的土地以为根据。在得到补给后，海都迅速采取了行动，向着阿鲁忽的背后狠狠地刺了一刀，发兵

---

①[波斯]拉施特著，余大钧、周建奇译：《史籍》第二卷，商务印书馆2014年版，第320页。
②[波斯]拉施特著，余大钧、周建奇译：《史籍》第二卷，商务印书馆2014年版，第320页。

猛攻察合台汗国。

阿鲁忽还没从捡便宜的喜悦中缓过神来，便被以彼之道还施彼身，恼怒之下率军迎击，与海都大战两场，先败后胜，算是打成了平手。海都未能如别儿哥所愿打垮阿鲁忽，而阿鲁忽也无法解除海都对自己的威胁。东部的兄弟之战与西部一样，陷入对峙。

自己发出的圣旨墨迹未干，兄弟们同意与会的承诺言犹在耳，同室操戈的大战便此起彼伏，在1264这一年，忽必烈想必被愤怒、无奈的情绪所包围吧。可兄弟们虽然互相打得难舍难分，毕竟没有公开反对自己，想要率军前去做个和事佬也没有借口，他只能盼着大家打累了再出面。

可是，忽必烈却没有机会再把兄弟们召集起来开会了。不知道是上天的安排还是命运的捉弄，别儿哥、旭烈兀、阿鲁忽三个冤家竟然在1264至1266年之间相继病逝，时间相差不超过一年。

阿鲁忽去世的时间，大约是在和海都作战后不久。他的妻子兀鲁忽乃王妃扶立木八剌沙为察合台汗国之汗。

4.乱世中无力自保的木八剌沙汗

木八剌沙是阿鲁忽的继子，虽然阿鲁忽不是他的亲生父亲，但留给他的遗产却不小。他原本可以凭借这份遗产在乱世中打下一片属于自己的天地。

然而，木八剌沙在母亲的羽翼下成长，没什么政治才能，即位后毫无建树，不但不能继续阿鲁忽时代的扩张势头，反而被海都接连蚕食领土，不但丢掉了首都阿里麻里，连塔剌思、肯切克、讹达剌等锡尔河东岸地区也都在一年之内相继丢失。

这样一来，不但察合台汗国的诸多贵族对木八剌沙不满，连察合台汗国名义上的宗主忽必烈也开始担心起中亚的局势来。

阿鲁忽虽然将察合台汗国事实独立，但名义上还奉忽必烈为大汗，察合台汗国也成为遏制窝阔台家族复辟势力的重要力量。可阿鲁忽一死，窝阔台汗国的海都对察合台汗国攻城略地，眼看便成了中亚霸主，这对忽必烈来说是不可忽视的问题。

这时，忽必烈身边的另一位察合台长子木秃坚三子也孙都哇之子八剌趁机向忽必烈进言：“木八剌沙凭什么继承我的叔父阿鲁忽之位？如果合罕降旨让我继承我叔父之位，今后我将效劳奉命于合罕。”[1]

忽必烈一方面惧怕察合台汗国彻底被海都吞并，一方面也想让察合台汗国彻底臣服于自己，便听从了八剌，给了他一道圣旨，让他回察合台

①[波斯]拉施特著，余大钧、周建奇译：《史籍》第二卷，商务印书馆2014年版，第321页。

汗国夺权。

其实，忽必烈的圣旨在察合台汗国并无任何效用，八剌拿着圣旨回国，看到木八剌沙母子牢牢掌控着政权，根本不敢把圣旨拿出来。木八剌沙见到八剌回来，心中起疑，问道："你来此的目的是什么？"八剌装着可怜地回答："我长期不在兀鲁思和家中，我的人都四处流散了，现在请允许我来收集徒众并与你们一起放牧"①。木八剌沙被海都搞得焦头烂额，见堂兄回来帮忙，自然喜不自胜，便答允了他。

八剌竭力讨好木八剌沙，并广为结交察合台汗国内部的实力派，暗中积蓄力量。木八剌沙即位后丧城失地，早就失去人心，经过八剌细心笼络，众多贵族聚拢在他的周围。见到时机成熟，八剌便在贵族们的支持下废黜木八剌沙，将其贬为自己的猎夫长，接管了察合台汗国。

八剌成为了察合台汗国之汗，但他夺得权力靠的可不是忽必烈的圣旨，而是自己的阴谋和能力。一旦登上察合台之汗的宝座，八剌就必须和察合台系宗王站在一个战壕里，为他们谋取更多的利益。

于是，八剌即位后的第一个目标，便锁定在忽必烈治下的西北重镇斡端（今新疆和田）。

5.有命无运的八剌汗

在察合台之后察合台汗国之汗中，阿鲁忽是奠定日后汗国称霸中亚基础的人，而八剌是第一个力图称霸的人。这位汗"理事富有经验，狡黠多计""以勇敢和果断著称"。但是，他所处的时代舞台上，有着太多英雄人物登场，元世祖忽必烈、伊儿汗国第二任汗阿八哈以及窝阔台汗国之汗海都，都是能力出众雄才大略之人，这使得八剌最终没能实现自己的野心，而只能将希望寄托于下一代人身上。

1266年底，刚登上汗位的八剌率兵三万攻打元朝西北重镇斡端。元朝斡端守将忙古带、火你赤只有数千兵马，无法抵挡，只好后撤。斡端地区遂被八剌吞并。

虽然吃了亏，忽必烈却并没有动声色，其一是攻宋战争已经启动，他无暇西顾；其二是他也明白，八剌要想扩充实力必须要和窝阔台汗国和金帐汗国一争高低。只要自己沉得住气，八剌早晚要和他们交手。等到灭了南宋集中精力考虑西北问题的时候，八剌和海都应该已经两败俱伤了。

忽必烈这一点算得很准。八剌抢夺斡端，很重要的原因在于获得物资给养，弥补木八剌沙时期丢失领土的

①[波斯]拉施特著，余大钧、周建奇译：《史籍》第二卷，商务印书馆2014年版，第184页。

和田古城墙

损失，谋求对海都作战的优势。忽必烈的隐忍，使得八剌放心大胆背靠元朝对海都进行报复之战了。

在夺取斡端后不久，八剌与海都战于锡尔河畔，海都在木八剌沙执政时期占足了察合台汗国的便宜，没把八剌放在眼里，岂料八剌用计设伏，一举把海都所部打得大败。

八剌仗着身后有元朝撑腰，可海都也有可靠的盟友，他失败的消息传到金帐汗国，金帐汗忙哥帖木儿立即派自己的叔叔别儿哥彻儿率大军五万前来助阵。八剌万没有想到金帐军来得如此之快，当他再与金帐、窝阔台联军交战时，已经没有什么计策可以使用，只能硬拼，结果一败涂地。败了也就败了，可八剌归拢残兵稳定阵脚的能力也不如海都，这一败便不可收拾，以至于沿着锡尔河沿线以西一

泻千里，一直退到阿姆河以西才把部队重新集结起来。

大败之下，兵马地盘损失无数，如果这时候金帐、窝阔台联军继续推进，自己恐怕连最后的地盘都保不住。元朝虽然愿意做自己的后盾，可有夺取斡端的前嫌，再加上人家正在全力南征，根本指望不上。八剌进退两难之下，竟然决定破罐子破摔，命令对撒马尔罕、不花剌等大城市进行彻底的破坏——避免这些富庶之地落入海都、忙哥帖木儿之手。

八剌的决定一经传出，撒马尔罕等城市的贵族、长老们连忙拿着大量的黄金前来请愿，忙哥帖木儿和海都也不得不停下进兵的脚步。

忙哥帖木儿和海都都不希望自己作战所拿到的只是一片焦土，见八剌孤注一掷，连忙派海都的弟弟钦察

107

（窝阔台第六子合丹之子）向八剌表达"和平团结"之意，约他和谈。八剌正处在困境，靠着耍无赖才勉强躲过攻击，见到这么好的机会，立时把自己答应忽必烈对付海都的诺言丢到九霄云外，对着钦察大诉起兄弟之情："我对我的状况感到羞耻，因为我们彼此都是堂兄弟。我们荣耀的父辈用剑征服了世界，并遗交给我们。为什么我们如今不享受世间的幸福，为什么我们之间要互相争吵、发生内讧？"钦察见八剌有此想法，非常高兴，趁热打铁地提出："你说的好，如果我们忘记过去的事，共同召开库里勒台，消除过去的仇恨，抛掉执拗的脾气，相互订立合约，在任何情况下同心协力、互相帮助，那就更好。"[1]八剌自然满口答应，与钦察约定了库里勒台的时间。

既然三方都有和谈的意向，事情好办得多了。随着钦察在之间穿针引线。1269年春，八

雄踞欧亚——蒙古四大汗国

河中地区

---

①[波斯]拉施特著，余大钧、周建奇译：《史籍》第三卷，商务印书馆2014年版，第113页。

刺、海都还有代表金帐汗的别儿哥彻儿在窝阔台汗国的塔刺思河流域的塔刺思、肯切克草原举行会盟，召开了没有拖雷系宗王尤其是没有"大汗"忽必烈参加的库里台大会。金帐、窝阔台、察合台三汗国签订盟约，瓜分阿姆河以北地区，并立誓维护蒙古传统，反对背弃了传统的忽必烈以及伊儿汗阿八哈（此时伊儿汗国旭烈兀已死，阿八哈继承其位）。这便是世界史上著名的"塔刺思联盟"。

会上，三方划分了势力范围，阿姆河以北的河中地区，八刺得2/3，忙哥帖木儿和海都一起分得1/3。看起来八刺比较得便宜，而实际上此时的察合台汗国的领土已经比阿鲁忽时代缩水了近一半，而金帐汗国则拿回了部分当初被阿鲁忽夺走的土地，最有好处的便是海都，由他所重建的窝阔台汗国占据的原察合台汗国土地在会议上得到承认，还分得了富庶的河中地区的一部分，实力大为增强，而且经过这次会议，窝阔台汗国成为中亚地区的霸主。

不过，与会三方倒是没有完全忽视忽必烈和他的大元朝廷，议定忽必烈是蒙古帝国合法"合罕"，但统治范围只是帝国东部，而帝国西部则是他们三家的势力范围，至于伊儿汗国则不被他们承认，其领土也被他们在口头上瓜分了。

八刺吃了亏，但总算保住了最后的地盘。按照会议的决定他的扩张方向可是向东冲元朝发难，或者向西南对伊儿汗国动兵。可八刺自知不是忽必烈的对手，何况元朝在西北之地布有重兵，和元朝动武，是自找苦吃。而伊儿汗国三面受敌，北有金帐汗国，南有埃及马木留克王朝，再加上东北方向的自己，一定会顾此失彼。于是，八刺积极准备向伊儿汗国动兵。

刚说过"我们互相都是堂兄弟。为什么我们现在不在友好中享受和平的幸福？"这样的话，八刺转过来又对自己的堂叔动兵了（阿八哈是拖雷的孙子，八刺是察合台的曾孙，按辈分阿八哈是八刺的堂叔）。

1270年，八刺率五万大军进攻呼罗珊，兵锋直指伊儿汗国属地马鲁察叶可。镇守伊儿汗国阿姆河沿线的旭烈兀第六子土不申抵挡不住八刺的进攻，节节败退。八刺乘胜前进，沿途不停地焚烧庐舍，劫掠人畜财物，破坏农田庄稼。伊儿汗国的东北边陲一片大乱，损失惨重。

阿八哈在旭烈兀在位的时候便是父亲非常倚重的将领，其人骁勇善战，在得到弟弟土不申的告急文书之后，亲自率数万军队迎击，双方对峙于八忒吉斯草原。

正如八刺所料定，伊儿汗国北

有金帐汗国，南有马木留克王朝，现在又要面对东北的压力，实在有些捉襟见肘。为了避免决战，阿八哈派出使者，希望能和八剌和谈，并主动提出，割让哥疾宁、起尔曼直到申河的土地。

这些土地早年已经被察合台汗国吞并，阿八哈此举只是做一个示弱的表示，希望堂侄能够知难而退。可八剌利令智昏，根本不相信阿八哈亲自迎战，认为这是一口吞下呼罗珊甚至更多伊儿汗国领土的好机会，对于和谈一口回绝。

阿八哈无奈，只得打起精神，准备决战。他看出八剌的轻敌和不明真相，在也里布置

击败八剌的阿八哈汗

包围圈，不时派出间谍麻痹察合台军。为了让堂侄上当，他还使出类似"蒋干盗书"的计策，抓获八剌哨探，故意让其得知伊儿汗国军士气低落，阿八哈本人不在军中的情报，然后将其放回。

八剌不知是计，率大军长驱直入，在也里一头扎进阿八哈的包围圈。阿八哈见对方来到，一面切断敌人水源，一面四面包围，强攻猛打。

察合台军远来疲敝，又毫无决战

的准备。陷入包围后顿时混乱起来，很快便被击溃。八剌麾下大将麻耳忽里在混战中中箭阵亡，八剌的战马也被射死，在乱军之中步行撤退，眼看就要被俘，幸亏一个名叫撒里的卫士将自己的战马让给八剌，八剌才逃出生天。

也里之战，八剌损失惨重，随他出征的部队"大部分战士被阿八哈汗的军队所杀，剩下一小部分四散逃跑了"[1]，八剌又气又急，中了风患上了

①[波斯]拉施特著，余大钧、周建奇译：《史籍》第二卷，商务印书馆2014年版，第186页。

瘫痪症，连马都骑不了。

军队惨败，汗王瘫痪，察合台汗国很多贵族对前途丧失信心。木秃坚之孙阿合马、察合台第四子撒班之子聂古伯先后叛逃，打算投奔元朝。

在如此局面之下，八剌深知自己如不能追讨叛王，察合台汗国立时就会解体。虽然瘫痪不能骑马，八剌仍是咬着牙乘坐轿子，率军出征。

八剌身残志坚，确实让人钦佩。可他却在出征前犯了一个严重错误，可能是因为患病，他对自己不自信，怕难以消灭叛军，干是派出自己的弟弟牙撒儿向窝阔台汗国之汗海都请求支援。

海都在塔剌思会盟之时虽然占尽先机，但中亚一带最大的势力还是察合台汗国，这位不出世的枭雄一直谋划着将察合台汗国置于自己掌控之中。八剌战败，察合台汗国内讧，他都乐观其成，现在见八剌竟然向自己求助，更是喜不自胜，他将牙撒儿扣了起来，对外宣称只带数千人马前来支援，而实际上率两万大军直驱察合台汗国。

八剌不知道海都已经准备翻脸，他率军一路紧追，先是击破了阿合马所部，射死了阿合马，之后又击败了聂古伯，逼迫聂古伯逃到了海都处。

消灭了叛军，八剌总算舒了一口气，他命令部队扎营，准备好好休息一下。然而，八剌所部刚刚扎下营盘，海都的使者便到了，他带来了海都的口信："我带这么多军队来了，该到哪里去？"八剌听说海都竟带了两万军队前来，知道来者不善，连忙派使者前往劝阻："海都安达也请回去吧，等我恢复健康后，咱们互相再相会。"

海都本就是来趁火打劫，岂能就这么回去，他笑道："八剌死到临头还不忘施展诡计，他想狡猾地离去，不见我们。"[1]立即下令包围了八剌的营地。

八剌患病后连续行军打仗，不得休息，本就病势加重，只是凭着一口气维持到现在。听说海都竟然将自己包围，明白回天无力，惊气交集之下再也支持不住，当晚便含恨而逝。海都闻报，假装哭泣一番，然后顺势收编了八剌的人马，并将其金库中的所有财富掳走。其他察合台汗国的贵族见大势已去，以木八剌沙、出拜、合班等人为首，向海都宣誓效忠。

八剌去世的时间是1271年，从此时开始之后整整三十年，察合台汗国都是窝阔台汗国的附庸。直到海都死后，八剌的儿子笃哇才终于咸鱼翻身，重兴了汗国。

①[波斯]拉施特著，余大钧、周建奇译：《史集》第三卷，商务印书馆2014年版，第139页。

6.在隐忍中待机的笃哇汗

海都控制了窝阔台汗国后，若以利益最大化而论，应该逐步将察合台汗国有能力有实力的贵族一一铲除，然后彻底兼并察合台汗国。但是海都一直以维护先人法统为旗号，他自然不能做出将成吉思汗四个儿子其中一系彻底消灭的事来。所以，他控制察合台汗国的方法，只能是扶持傀儡汗，由自己掌握实权。

八剌死后，有资格继承察合台汗国汗位的，有八剌四个儿子别克帖儿、笃哇、巴思麻和兀剌歹，阿鲁忽的两个儿子出拜和合班，以及被八剌废黜的木八剌沙。但他们因为具有合法性，一旦被扶立，很有可能脱离掌控。因此海都将他们全部排除在候选人之外，而是将曾经背叛八剌，投奔自己的聂古伯扶为察合台汗国之汗。

聂古伯是八剌的堂兄，毫无继位合法性，海都这一作为让木八剌沙以及八剌和阿鲁忽诸子极为不满，这三家本来有宿怨，但现在终于为共同的利益团结在一起，合兵一处向海都发难。

海都在八剌生前都不惧察合台汗国，如何能将这些小辈放在眼里，立即提兵与之交战。双方在忽毡城至不花剌城之间交战多次，使这些繁荣之地饱受战火摧残，人民流离失所。木

八剌沙及八剌和阿鲁忽诸子终究难敌海都，屡败之下纷纷溃退，八剌长子别克帖儿和阿鲁忽诸子投奔了元朝，木八剌沙投奔了伊儿汗国，而八剌的另外三个儿子笃哇、巴思麻和兀剌歹投降于海都军门。

聂古伯在海都的扶持下当了三年傀儡汗，起先还能凡事恭谨，听从海都的吩咐。但做傀儡的滋味毕竟不好受，逐渐产生了复兴察合台汗国的想法。海都觉察到他的企图后，便指使察合台第七子合答海之子不花帖木儿袭杀了聂古伯，海都顺势立不花帖木儿为察合台汗国之汗。

然而，不花帖木儿比聂古伯还要桀骜不驯，即位后立即开始谋划进攻海都。海都自然不能容忍，很快便将不花帖木儿处死。1274年，海都立八剌之子笃哇为察合台汗国之汗。

笃哇是八剌次子，曾和兄弟们一起和海都交战，结果一败涂地，只得投降。他见到众多兄弟流亡国外，聂古伯、不花帖木儿都死于非命，知道与海都正面对抗是非常不理智的，因此不再表示出任何不臣之心，服服帖帖地做海都的附庸，"与海都及其诸子相处得十分和谐"。①

压制了察合台汗国的反抗后，海都开始全力东进，向元朝发起挑战，此后的二十六年中，海都与元朝反复

①[波斯]拉施特著，余大钧、周建奇译：《史籍》第二卷，商务印书馆2014年版，第170页。

察合台汗国国都阿力麻里古城遗址

拉锯，大战频频，小战不断。而笃哇则忠实地履行附庸的职责，与海都共同进退。

然而，在笃哇服帖的表皮之下，隐藏着一颗蓬勃跳动的复仇之心。他随时都在等待着，等待着命运给予自己洗刷耻辱的机会。而在二十六年之后，他终于等到了。

三、中亚霸主

中国春秋末期，曾有过越王勾践十年生聚，十年教训，卧薪尝胆，含辛茹苦，最终洗雪前耻灭掉了吴国，成为了春秋时期最后一位霸主。而事隔近两千年，在中亚地区，又一幕卧薪尝胆的故事重演。察合台汗国之汗笃哇，隐忍二十六年后，最终一举将窝阔台汗国掀翻，使得察合台汗国成为了中亚无可非议的霸主。

当然，勾践是最终堂堂正正击败了吴王夫差，而笃哇则是耐心地等待海都的死亡。如此看来，笃哇不够光明磊落，不过，在没有能力战胜敌人之时隐忍待机，之后一举翻盘，世界历史上不乏其人，如晋朝始祖司马懿，日本德川幕府开创者德川家康，都是以隐忍耗死了对手而夺得天下，谁又能说他们不是英雄呢？

1.从仆从到终结者——灭亡窝阔台汗国

从1274年被海都立为察合台汗国之汗到1301年海都去世，笃哇对于海都可说是言听计从，亦步亦趋。多次跟随海都率兵进攻元朝，经常充任主力和前锋。在元朝的史籍中，"西北叛王"海都与笃哇总是同时出现，可谓焦不离孟，而二十六年的共同作战，海都对于笃哇不仅完全信任，还有了战友加同志的深切情意。

而笃哇也并非只是一味地协助海都而没有自己的谋划，他通过海都的威名，对察合台汗国内部进行了整合。使得原本各大家族势均力敌的情形发生了彻底的改变，察合台汗国除了笃哇家族已经没有其他贵族有实力和名望染指汗位了。

公元1301年，中亚霸主海都已经六十八岁，他一生当中的大部分时间都在和元朝作战。而他的老对手元世祖忽必烈已经去世，其孙子元成宗铁穆耳即位，海都感到时不我待，如果再不倾力一搏，自己在有生之年可就看不到胜利了。

于是，在是年六七月间，海都与笃哇倾两国之兵共二十余万，发动了对元朝规模最大的一次进攻。而元成宗铁穆耳也以皇兄晋王甘麻刺，皇侄怀宁王海山为总指挥，率大军反击。双方在帖坚古山（今蒙古巴彦乌列盖省德龙以西图格雷格）一带展开鏖战。

在这场规模空前的大战中，双方统帅都亲临前线，海都和笃哇更是身

元武宗海山

先士卒，双双在战斗中负伤。虽然元军一度失利，甚至出现溃逃，但海都与笃哇的军队也遭受了惨重损失，被元军杀伤甚多。最终，都已筋疲力尽的交战双方各自退兵。

对于元军来说，这次退兵不过和往日多次战斗一样，而对于窝阔台、察合台两汗国的联军而言，却是与以往完全不同的撤退，因为海都在撤退中去世。

海都的死因，史籍中有伤重而死和患病而亡两种说法，而以其年近七旬的高龄来说，即使不受伤，战斗的激烈和未能获胜的郁闷也足以让他油尽灯枯。

而在海都弥留之际，他的儿子们都不在身边，他将后事托付给了笃哇。他认为，笃哇"他诚实且贤明"，自己"曾给之以许多帮助"，因此笃哇"他一定不会拒绝报答我的家族"[1]。在得到笃哇的允诺后，海都满意的闭上了双眼。

可海都哪里想到，笃哇的哀伤和允诺不过是最后一次表演，他已经为海都的死在心中欢呼雀跃了。海都刚一咽气，笃哇便开始了自己吞并窝阔台汗国的计划。

首先，笃哇否决了海都所定立的继承人。海都生前是希望自己的第三子，"聪明、谨慎、有才能、英勇而

又忠实"的斡鲁斯为自己的继承人。但笃哇却将斡鲁斯排除，立海都的长子，懦弱而多病的察八儿为窝阔台汗国之汗。

其次，笃哇拉着察八儿和元朝媾和，便带动伊儿汗国、金帐汗国一起休战，结束了绵延四十年的战争。而同时，他暗中和元朝达成协议，一起瓜分窝阔台汗国。

然后，便是蚕食窝阔台汗国的疆土。1306年，笃哇趁元朝大军讨伐窝阔台汗国之际，派自己的子侄先后占领窝阔台汗国的哥疾宁、撒马尔罕、忽毡等城市。同年七月，察八儿被元军击败，主力丧失殆尽，被迫依附笃哇，笃哇进一步将河中之地纳入掌中。

最后，笃哇废黜察八儿，另立窝阔台汗国之汗。1307年，在吞并大部分窝阔台汗国领土，并消灭窝阔台汗国大部分贵族之后，笃哇在阿力麻里附近的忽牙思草原召集"库里勒台"，当着与会宗王三百六十余人之面，废黜察八儿汗位，另立海都次子阳吉察儿为窝阔台汗国之汗。窝阔台汗国至此已经名存实亡。

不过，笃哇最终没有彻底消灭窝阔台汗国，也许他和海都一样，不愿意背上铲除成吉思汗四子其中一系的罪名，也许只是因为他没有时间了。

---

①刘迎胜著：《察合台汗国史研究》，上海古籍出版社2006年版，第315页。

在废黜察八儿几个月后，笃哇病逝。

2.安享和平的宽阇汗

笃哇去世后，察合台汗国的贵族们拥立其三子宽阇为汗。笃哇有众多儿子，长子忽都鲁火者，次子也先不花，三子宽阇，其余还有也不干、怯别等诸子。忽都鲁火者早年被笃哇派到西方镇守哥疾宁，后因病死于该地，于是笃哇又派次子也先不花前往镇守。笃哇去世后，也先不花尚在西部，众贵族便拥立宽阇为汗。

宽阇是一位太平可汗，父亲在位时削弱了窝阔台汗国，察合台汗国在中亚唯我独尊。在外部，元朝与察合台汗国媾和，不会发生冲突，金帐汗国正在脱脱汗治下修复内战带来的战争创伤，伊儿汗国则在完者都汗治下安享太平，因此察合台汗国周边环境很好，没有什么外患。

此时，察合台汗国的疆域包括畏兀儿地以西天山南北，阿姆河、锡尔河流域等广大地区，掌控着撒马尔罕、不花剌、阿力麻里、可失哈耳、哈剌火州等大城市。笃哇倡导与各国媾和之后，大型的战事不再发生，各地经济开始复苏。

在这样形势一片大好的情形下，宽阇汗又很年轻，他本可以大有作为。然而，他却没有这样的好运，即位不过一年半，宽阇汗便在一次移营过程中从马上跌下受伤，很快便伤重而死。

宽阇汗死时，其兄长也先不花远在西部，其他弟弟都还年幼，笃哇家族一时无人主持大局，一场变乱便发生了。

3.短暂的内斗

1309年五月，宽阇汗因伤去世。笃哇家族没有年长的贵族可以继承汗位，于是，一位名叫塔里忽的贵族趁机将汗位篡夺。

塔里忽是察合台长子木秃坚次子不里之子合答海之子，而笃哇家族则是木秃坚三子一脉。塔里忽虽然也是察合台嫡系后裔，但从笃哇开始，察合台的贵族们都已认定笃哇家族才是合法的可汗，塔里忽的即位，让很多人十分不满。

其中，同是出身于不里家族的一位名叫月鲁的宗王首先站出来反对，他慷慨言道："怎么能撇开笃哇诸子，其他人取而代之做兀鲁思之王呢？在水清时，怎能许可用坑灰代净呢？！"[1]他召集一些宗王，准备起兵反对塔里忽。

塔里忽也自知难以服众，因此严密监视各宗王的一举一动，月鲁刚一筹划起兵，他便得到了消息，立即派

① 《完者都史》，德黑兰刊本，第147页。转引自刘迎胜著：《察合台汗国史研究》，上海古籍出版社2006年版，353页。

兵讨伐。月鲁兵帐未备便遭到打击，很快战败遭擒，被塔里忽处死。

虽然月鲁起兵失败，但这如多米诺骨牌推倒了第一块，一连串的叛乱事件迭次而出，驻守费尔干纳地区的宗王忻都、斡鲁黑，塔里忽的侄孙牙撒兀儿等人都起兵反对塔里忽。但这些宗王之间没有联系，起兵也没有计划，先后被塔里忽击败。

虽然将诸多挑战——击退，但塔里忽明白，自己要坐稳汗位，总是这样四处扑火是不行的，必须解决根本问题。而根本问题就是笃哇家族的存在，只有把笃哇的子子孙孙斩尽杀绝，他才能高枕无忧。于是，塔里忽召集自己的支持者们开会，指出："我们国家和兀鲁思的利益在于，我们从根本上铲除笃哇家族，斩断其子孙传世！"

塔里忽的计划很快便被泄露了，参与其会议的一位贵族将这一消息告诉了笃哇的幼子怯别，让他注意防范。

怯别此时还很年幼，听到消息彷徨无计，害怕的掉了眼泪。但掉眼泪是不能自救的，平复了心情后，怯别动身找到了笃哇时代的大将，有着"把秃儿"也就是勇士称号的兀赞，希望他帮助自己。兀赞本就对笃哇家族忠心耿耿，当即表示，"只要高贵的生命还在，就要帮助怯别"。但他

们知道，此时塔里忽气势正盛，公开起兵是很难胜利的，要求得生机，只能依靠计谋。

兀赞和怯别一起制定了一个计划，兀赞率一百近卫去参加塔里忽的宴会，这么少的人马，塔里忽是不会起疑的。而怯别和自己的哥哥也不干则率二百人马埋伏在宴会会场之外，趁机冲入营地纵火。待到火起，兀赞与怯别里应外合，将塔里忽杀死。

众人计议已定，分头准备。塔里忽果然没有对兀赞起疑，邀请其入席。而正在酒酣耳热之际，怯别与也不干率兵冲入会场，四处纵火，塔里忽正组织人救火，兀赞也暴起发难向塔里忽进攻。塔里忽毫无防备，其本人及其诸子和近臣尽数被杀。

塔里忽一死，察合台其他贵族自然都投向怯别麾下。本来局势已经安定，但察合台汗国的内乱使得已经气息奄奄的窝阔台汗国的贵族们看到了机会，被笃哇废黜的察八儿联合宗王秃苦灭等人一起发兵进攻怯别，打算一举恢复窝阔台汗国。

怯别仓促之间率军迎战，战况一度不利。但听闻变乱的察合台其他贵族纷纷率兵前来支援，察八儿四面受敌，终于全军溃散，秃苦灭被杀，察八儿裹挟阳吉察儿一起逃奔元朝，窝阔台汗国最后一点领地属民被察合台汗国吞并，窝阔台汗国彻底灭亡。

消灭塔里忽和窝阔台汗国之后，怯别立即向元朝派出了使臣，表示："塔里忽霸占了我等父亲之位。我依靠长生天以及合罕之力，从他那里把汗位夺了回来，并且还削平了秃苦灭的叛乱。从今而后，我愿为合罕效力。"①此时元朝在位的元武宗海山接到了怯别的上书，虽然弄不太清察合台汗国内乱的因果，但见怯别对自己十分恭顺，便顺水推舟，承认了怯别的行为。

从宽阔汗去世，塔里忽篡位到怯别反正，这一系列事件都是在几个月时间内发生的。而平定了乱局，归拢了人心的怯别也获得了和父亲笃哇一样的威望，他本可以顺势称汗了。

但怯别没有这样做，按照蒙古传统，应该是长者即位。为了汗国不再出现动乱，怯别主动让贤，邀请自己的兄长，镇守西部边陲的也先不花继承汗位。

也先不花虽是笃哇在世诸子中最年长者，但对于平定内乱，夺回家族权力并没什么贡献。弟弟的高风亮节，自然让他喜出望外。于是，也先不花从西部赶回，在诸贵族的簇拥下，即位为察合台汗国第十三任可汗。

4.不自量力的挑战——也先不花汗与元朝的战争

1309年夏，也先不花即位为汗。在即位的前四年，也先不花汗安于做一个太平可汗，为了酬谢弟弟怯别让位给自己，他任命怯别为费尔干纳和阿姆河以北地区的统治者，并允许他自己选择属民属部。兄弟二人一东一西，牢牢掌控着察合台汗国的实权。

而对于元朝这个名义上的宗主，也先不花汗也表现出相当的友好恭顺，经常地进贡珠宝、皮币、马驼、璞玉和葡萄酒，元廷也回赐大量钞币。两家之间不但使团往来频繁，民间商贸也很繁荣。

然而，到1313年，察合台汗国与元朝的关系急转直下，也先不花汗连续扣留了元朝和伊儿汗国之间互派的多批使团，而在扣留使团之后，察合台汗国与元朝之间便爆发了旷日持久的战争。

原本睦邻友好的关系，为什么会突然出现巨大的变故？

惹祸的，是一个名叫阿必失哈的使臣。

按照《完者都史》的记载。1313年初，伊儿汗国派往元朝的使臣阿必失哈从元朝返国。途经察合台汗国时，阿必失哈停留下来接受宴饮。酒席间，阿必失哈喝醉了，"在酒醉和不知不觉中"，透漏出"一些骇人

---

① 《完者都史》，德黑兰刊本，第149页。转引自刘迎胜著：《察合台汗国史研究》，上海古籍出版社2006年版，354页。

元仁宗爱育黎拔力八达

听闻的、煽动性的胡言乱语"；继承元武宗皇位的元仁宗对于察合台汗国很不放心，自己这次出使伊儿汗国，就是要联合伊儿汗国，东西夹击，将察合台汗国一举消灭①。

这个消息，可谓石破天惊。

从1303年笃哇与元朝媾和之后，察合台汗国与元朝已经维持了十年和平。但是大体上的和平并不能掩盖小范围的摩擦，在窝阔台汗国灭亡后，其土地大部分被察合台汗国吞并，但霍博（今新疆和

布克赛尔）地区则被元朝占领。毕竟与察合台汗国交战数十年，元朝不得不有所防备，因此在这里驻扎了岭北行省丞相脱火赤率领的十数万大军。窝阔台汗国灭亡时，察合台汗国和元朝并没有就其土地的划分问题有过商量，因此各占一块的结果便会有纠纷。而元朝脱火赤所部与察合台汗国紧邻，双方因为牧场的使用等问题摩擦不断。

这样的小摩擦平时看来算不了什么，而结合阿必哈赤的说法，对于也先不花汗可就是晴天霹雳了。于是，他扣留了阿必失哈。

阿必失哈使团被扣。而元朝对此毫不知情，不久又派出拜住为首的使团前往伊儿汗国。这个使团一入察合台汗国国境便被也先不花汗扣押，拜住被抓到也先不花汗面前审问。

拜住大感奇怪，问道："今上所遣，不过通岁时问礼，曷有他意？"也先不花汗道："使者往来，皆言有

①转引自刘迎胜著：《察合台汗国史研究》，上海古籍出版社2006年版，354页。

启边生事形迹。汝此行宜得要领，可实言，否则榜掠，汝亦必言。"拜住坚称自己出使没有与伊儿汗国密谋。但也先不花汗哪里肯信，让拜住跪在雪地中，又命人"纳诸股，击之"。拜住大呼冤枉，说携带的诏书都在，并没有任何密谋，阿必失哈根本就是"诡辞"，不可相信。也先不花汗检查了诏书，没发现什么，但也不相信拜住，将之扣押起来[1]。在拜住之后，也先不花汗干脆断绝了和元朝之间的驿路，又扣押了三批使团。

元朝是否联系伊儿汗国夹击察合台汗国，这已经成为一个谜案。不过，从后来历史的发展来看，先动手的是也先不花汗，而元朝在被扣留多批使团之后也没有军事行动，说明并无动兵之意。何况，此时在位的元仁宗与哥哥元武宗不同，是一个从小接受儒家教育的儒化帝王，登基后进行了一系列儒化改革，重开科举，并没有扬兵域外的雄心。阿必失哈所言，应该如《完者都史》所记载的一样，是酒醉后"煽动性胡言乱语"。也许事实是这样，元朝和伊儿汗国有过关于如何对待察合台汗国的讨论，但应该只是互相结盟，以备不测，结果被夸大成了东西夹击。

可无论真相怎么样，也先不花汗已经信以为真了。他调集兵马五万余人，于1313年末1314年初，突袭元朝在霍博的驻军。元朝岭北丞相脱火赤没有想到也先不花汗会大举来犯，仓促间无力抵御，率军后撤也儿的石河对岸。待到整顿兵马后，才与也先不花汗正面较量。双方激战一场，察合台汗国军大败，被迫后撤。

经此一战，也先不花汗发现察合台汗国军的战力不如元军，而因为十年的和平，察合台汗国内部大部分贵族不愿与元朝为敌，作战消极，甚至有人给元军递送军事情报。也先不花汗见此不利局面，于是派出使臣求和。然而，元仁宗接待了也先不花汗的使臣，表示这次冲突只是察合台汗国与西北戎军脱火赤所部的冲突，并非两国之间的战争，但同时他也敕令西北边境各路人马随时做好战斗准备。

如果也先不花汗此时坚决停战，也许和平会重新降临。但他误判形势，以为元廷并不想和自己全面开战，自己正好可趁机击退脱火赤所部，彻底解决与元朝的边境问题。于是，他再次派弟弟怯别、也不干率兵进攻脱火赤。

这一回，脱火赤早已枕戈待旦，而其侧翼，由元朝猛将句容郡王床兀

---

①[元]袁桷著，杨亮校注：《拜住元帅出使事实》，《袁桷集校注》第四册，中华书局2012年版，第1572页。

儿统领的大军也前来参战，察合台汗国军遭到迎头痛击，惨败而回，先锋一千人被歼，仅有七人生还。也先不花汗闻讯，率主力前往报仇，与脱火赤、床兀儿会战于"亦忒海迷失之地"，双方血战一天，未分胜负。

此战虽未可说是失败，但察合台汗国军的损失仍十分惨重。也先不花汗知道自己即使单独面对脱火赤所部也不是对手，于是退兵。按说，已经挑起战端，应该随时准备应对对方的报复，可也先不花汗竟然认为和元朝的战争可以就此结束，反而抽调主力，命弟弟怯别去攻打伊儿汗国的领地呼罗珊，想通过对呼罗珊的占领弥补与元朝作战的损失。

这种拆了东墙补西墙的做法后果极为严重。也先不花汗一面求和，一面出兵作战的行为，彻底激怒了元仁宗。这位皇帝虽然文弱，却也是成吉思汗和忽必烈的子孙，又是被所有蒙古汗国承认的宗主，如何能容忍作为藩王的察合台汗国如此犯上？1315年，元仁宗颁下旨意，命元西北诸军全面进攻察合台汗国。元军近二十万大军兵分两路，北路为脱火赤、床兀儿所部，南路为驻扎在河西、哈密一带的诸王宽彻所部，两路大军齐头并进攻入察合台汗国国境。

在元军的猛攻之下，察合台汗国各路人马一溃千里，被元军"转杀周匝，追出其境"[1]，也先不花汗的宫帐被洗劫，他的夏营地塔剌思和冬营地亦思宽全被元军占领。也先不花汗急召攻打呼罗珊的怯别

床兀儿

①[元]虞集：《句容郡王世绩碑》，《全元文》第二十七册，江苏古籍出版社1999年版，第235页。

所部回军支援，又被元军大败于"札亦儿之地"。

如果元军趁势继续进逼，也先不花汗可能会失去更多的土地财富，所幸元仁宗对于元军的命令仅是夺取也先不花汗的夏营地和冬营地，元军得胜之后没有继续推进。

此后，虽然大规模的战争已经结束，但小规模的边境冲突仍持续不断。尤其是也先不花汗先后发动了对元朝、伊儿汗国的战争，导致察合台汗国两面受敌，顾此失彼，曾经的安定不复存在，整个汗国在动荡中人心惶惶。

在这样的愁云惨淡中，也先不花汗又当了五年可汗，于1320年去世。他的弟弟，政治和军事能力都超过他很多的怯别成为新一任的察合台汗国之汗。

5. "公正"的怯别汗

1320年初，也先不花汗去世，察合台家族中最有威望的宗王便是怯别，他毫无争议地继承了哥哥的汗位。

怯别原本是笃哇诸子中最不起眼的一个，他不是长子，不是幼子，没有什么特殊的身份。当宽阇汗去世后，家族面临生死存亡的关头，他还是个少年，原本也不该由他来承担什么责任。然而，这个面临危险曾经掉泪的少年在残酷的现实面前没有随波逐流，而是勇敢地接受了挑战。他主动出击，消灭了篡夺自己家族汗位的塔里忽，击溃了试图复兴的窝阔台汗国。而在大事已定之后，他又顾全大局，拥立兄长即位，并成为其坚定的支持者和得力助手。

现在，兄长已逝，怯别成为了察合台汗国的可汗，他会怎么样治理国家呢？

怯别汗的方针很简单：改弦更张，变乱为治。

要改弦更张，首要之事便是结束与元朝和伊儿汗国的战争。而最难的，便是与元朝重新恢复和平——因为你曾经以下犯上，又是战败国。

怯别汗释放了当初被也先不花汗扣押的使臣拜住，希望他能够回到元朝，表达自己的和平诚意。拜住被无端扣押多年，还曾受过刑讯，若是小肚鸡肠之人，一定会借此报复。但拜住其人一秉大公，以恢复和平为己任，被释放后立即赶回元廷，进行外交斡旋。

此时，元仁宗已经去世，其子元英宗在位。拜住入见皇帝，表达了怯别汗罢兵修好的意愿。元英宗硕德八剌此时只有十七岁，虽然年少，但刚明英断，他正要一力发扬父亲的改革，并剪除权臣，那对于边境上的战争自然希望平息。当然，作为皇帝和宗主，主动求和是没面子的，而怯别汗主动求和，元英宗自然十分高兴，他对拜住表示，自己也希望"惟和好惇叙，则宗支允宁"，同意了罢兵修好。

拜住得到允准后，不辞劳苦，立即启程又赶回察合台汗国，向怯别汗转达了元英宗的旨意。怯别汗如释重负，厚赐拜住，并上表英宗，为拜住请赏。

但是，虽然两国君主都同意讲和，但元廷因为对也先不花汗的反复印象很深，对怯别汗还不是太信任，并没有马上立约。元朝和察合台汗国边境之间的仍不太平。怯别汗严厉约束各贵族不得生事，并不断遣使元廷，进贡各种方物，恳切请求立约媾和。

怯别汗铸造的银币（正面）

怯别汗铸造的银币（背面）

怯别汗的诚意终于获得了元廷的信任，1323年，元英宗正式下旨允诺与察合台汗国媾和："朕非欲彼土地人民，但吾民不罹边患，军士免于劳役，斯幸矣。今既来降，当厚其赐以安之"[1]。两国的和平终于彻底恢复，双方官方和民间的来往也重新繁荣起来。

与元朝积极媾和的同时，怯别汗也在对伊儿汗国挥动橄榄枝。而为了换得伊儿汗国的回应，怯别汗不惜出动本国人马，为伊儿汗国打工。

原来，也先不花汗当年为了弥补与元朝交兵带来的损失，曾命怯别进攻伊儿汗国的呼罗珊地区。而作为怯别副手的，是镇守阿姆河以北地区的宗王牙撒兀儿。

这位牙撒兀儿也是出身察合台长子木秃坚第二子不里一系，按照辈分是怯别汗的侄子。他的份地是在阿姆河以北地区，然而，也先不花汗即位后，任命怯别为费尔干纳和阿姆河以北地区的统治者。这样一来，牙撒兀儿十分不满，渐起叛乱之心。

怯别汗攻略呼罗珊之时，牙撒兀儿总和怯别作对，故意施恩给伊儿汗国的贵族，为自己日后的叛乱做准备。怯别在呼罗珊作战不久，元军攻入察合台汗国，他只得率主力回援。而牙撒兀儿便趁机掀起反旗，割据花剌子模和阿姆河以北地区。

怯别和也先不花汗在东部大败于元军，听闻也撒兀儿叛乱，只得凑出部队前去讨伐。可屡败于元军的军队士气不足，有将领临阵脱逃，反而被牙撒兀儿打败。

牙撒兀儿虽然得胜，但他趁火打劫的行为却遭到所有察合台贵族的反对，在极端孤立之下，自知难以成事，便逃到伊儿汗国。

伊儿汗国的完者都汗无端被察合台汗国进攻，本就窝了一肚子气，见牙撒兀儿来投，自然欢喜，不但厚赐他很多财物，还给他兵马，让他镇守呼罗珊。

然而，1316年，完者都汗去世，其子不赛因汗年纪幼小暂时不能主政。呼罗珊地区很多将军们为了争权夺势发生内讧，牙撒兀儿趁机又造了伊儿汗国的反，割据呼罗珊为乱。伊儿汗国派出多批军队镇压，都未能将他消灭。

怯别汗正要和伊儿汗国讲和，牙撒兀儿便成了之间的障碍，伊儿汗廷提出，希望怯别汗出兵帮助他们剿灭牙撒兀儿。怯别汗自然不愿放弃这个表示和平诚意的机会，他立即派出燕只吉台、蒙合里火者、卜剌等宗王，率四万大军挺进呼罗珊攻打牙撒兀儿。

牙撒兀儿腹背受敌，再加上怯别汗派出很多间谍策反他身边的大将，

---

[1][明]宋濂等撰：《元史》卷二十八，本纪第二十八《英宗本纪二》，中华书局2008年版，第632页。

致使他的军队刚一交锋便成建制出现叛变者。牙撒兀儿走投无路，率族人出逃，结果被燕只吉台追获处死。

牙撒兀儿之乱平息，伊儿汗廷非常满意，立即答应了怯别汗的求和，两国重新恢复了正常邦交。

处理了外交，怯别汗可以安心治理内政了。长年的战争，让察合台汗国好不容易恢复起来的经济遭到重创，为了扭转衰颓的局面，怯别汗决定向伊儿汗国的合赞汗学习。

伊儿汗国在1295年至1304年有一位英明有为的可汗合赞汗，他进行了彻底的政治和经济改革，将因内战而不断虚弱的伊儿汗国带入了稳定与繁荣。怯别汗以邻为师，效法合赞汗，改革税制，他将在汗国内划分小的的行政和纳税区，命名为"土曼"，并且严格规定了行政区内的税率和征税方法，对于农民，采取春分、秋分两次征税法，对于工商业者，则以百分之五收取。同时，怯别汗还统一了币制，他废除了以往各城市的铸币，规定在不花剌、撒马尔罕、讹答剌、忒耳迷等城市中统一铸币，将自己的名字铸入钱币中以为标准。并仿照伊儿汗国的币制，规定了第尔哈木和第纳尔两种货币单位。

这些改革，为日后察合台汗国的繁荣奠定了基础。怯别汗也因为这些政策得到了广泛的赞颂。

不过，怯别汗最为后人称道的，还不是他恢复和平和重振经济，而是他的执法严明，公正无私。在他去世后，摩洛哥大旅行家伊本·白图泰来到了察合台汗国。他发现人们对怯别汗十分怀念，说他"执法公正，为受害人申冤"。

伊本·白图泰记载了一个故事：一位妇女曾向怯别汗申诉，说她家庭贫寒还有子女，仅靠出售牛奶糊口。但一位官员却抢走了她的牛奶喝掉后却不给钱。怯别汗没有偏袒官员，而是向那位妇女提出，他要将那位官员腰斩，如果他肚子里流出了牛奶，他就是罪有应得，如果没有，就将这位妇女腰斩。妇女为了申冤，同意了。于是怯别汗将官员腰斩，发现肚子里果然有牛奶[1]。

在察合台汗国，这样的故事还有很多，随着旅行家、商人和宗教人士的传播，怯别汗被察合台汗国的百姓们尊称为"公正的怯别汗"，在他去世数十年后，"他的伟大的智慧迄今在蒙古地区还常为人们称道"。

1327年，怯别汗去世，虽然在位仅有七年，但他恢复了中亚的和平，振兴了经济，让百姓们安居乐业。至于汗国的未来会走向何方，他只能寄希望于继任者了。

①马金鹏译：《伊本·白图泰游记》，宁夏人民出版社2000年版，第298页。

6.在位短暂的燕只吉台汗与笃来帖木儿汗

怯别汗去世后，他的弟弟燕只吉台在宗王的拥戴下成为了可汗。这位燕只吉台在也先不花汗和怯别汗在位时，一直是哥哥们麾下骁勇的将领，在与元朝的战争中充当主力。而在怯别汗欲图恢复与伊儿汗国的和平时，燕只吉台率军进入呼罗珊，亲手消灭了叛王牙撒兀儿，而使伊儿汗国相信了怯别汗的诚意，两国重修旧好。

燕只吉台汗在位三年，基本上按着哥哥怯别汗的治国方针治理国家，虽然没有显著的政绩，却也让国家持续着繁荣。不过，虽然察合台汗国平安无事，而他的宗主元朝却发生了大事，燕只吉台汗不经意地参与了其中。

早在也先不花汗在位之时，元朝便发生过一场兵变，兵变的发起者是元武宗的长子和世剌，而兵变的对象则是元仁宗。

当年，元成宗去世，因后继无人，其侄子海山继承其位，这就是元武宗。但元成宗的皇后卜鲁罕并不愿意让海山继承皇位，而元成宗去世时，海山远在西北边境的军中，为了夺取皇位，海山的弟弟爱育黎拔力八达发动政变，推翻了卜鲁罕皇后，然后迎请海山即位。海山为了酬谢弟弟的功劳，和弟弟立下了"兄终弟及，叔侄相传"的盟约，约定海山去世后，皇位传给弟弟，而弟弟去世后，再将皇位传给海山的儿子。

元武宗海山去世后，爱育黎拔力八达即位，这便是元仁宗。可元仁宗成为皇帝后，却违背了和哥哥的约定，将自己的儿子立为了太子。这么一来，元武宗的儿

元明宗和世剌

子们大为不满，尤其是长子和世㻋，干脆和父亲的旧部发动兵变，打算夺回皇位。然而，和世㻋武运不济，被叔叔元仁宗击败，被迫逃亡到察合台汗国。

也先不花汗虽然和元朝交战，但和世㻋毕竟是亲戚，再加上出于敌人的敌人便是自己朋友的考虑，收留了和世㻋。将他安置在金山外，也就是今天的扎伊尔山，塔尔巴哈台（新疆塔城）南乌道三百里的地方。

也难说也先不花汗没有拥戴和世㻋"打回老家去"的想法，顺便自己也捞些便

元文宗图帖睦尔

宜。可和世㻋毕竟是武宗的儿子，并不想引远亲攻打自己的国家，从此便在察合台汗国安居下来，"每岁冬居紥颜，夏居斡罗斡察山，春则命从者耕于野泥"，使得"十余年间，边境宁谧"[1]。

到燕只吉台汗在位之时，元朝政局又发生重大变化。元仁宗后，其子元英宗即位，不过三年，被乱臣弑杀。而元成宗的长兄甘麻剌的长子也孙铁木儿夺取了皇位，是为泰定帝。

在位五年后，泰定帝巡幸上都后去世，负责大都卫戍的金枢密院事燕帖木儿是元武宗旧臣，他发动政变，拥立武宗次子图帖睦尔为帝，是为元文宗。而忠于泰定帝的大臣们则在上都拥立泰定帝之子阿速吉八为帝，是为天顺帝。元朝两个皇帝并立，开始了蔓延数月之久的"两都之战"。

"两都之战"以大都一方获胜而告结束，本来事态可以平息了。但元文宗在即位前曾公开宣布，待到天下

①[明]宋濂等撰：《元史》卷三十一，本纪第三十一《明宗本纪》，中华书局2008年版，第694页。

太平，要迎请自己的大哥和世㻋回国即位。于是，出国流亡十余年的和世㻋有了出头之日，一下子成为了大元皇帝。

燕只吉台汗坚守怯别汗与元朝交好，谨遵藩臣之礼的政策。听到这个消息，他亲自护送和世㻋返回元朝。1329年正月，燕只吉台汗陪同和世㻋来到了大蒙古国故都哈剌和林，在这里，和世㻋即位为帝，是为元明宗。

然而，元文宗虽然愿意让位给哥哥，但他身边的重臣一燕帖木儿为首对这一安排十分不满，他们浴血奋战为的是拥立文宗而获得富贵，而一旦明宗正式掌权，他们就不再是定策功臣了。于是，在明宗一行前往大都的过程中，一场阴谋已经在悄悄酝酿。

1329年8月2日，明宗到达了旺忽察都之地，文宗前来迎接，兄弟二人举行了亲切友好的会面。而就在四天后，明宗便不明不白的"暴崩"于行幄。

明宗之死，是元文宗及其重臣燕帖木儿一手策划的暗杀。文宗踩着哥哥的尸体重新登上了皇位。而一直陪同在明宗身边的燕只吉台汗，耳闻目睹这一伦常惨变，除了惊骇，剩下的也只能是沉默了。

可能是为了安抚，也可能是为了收买，元仁宗对燕只吉台汗的赏赐可谓源源不断。仅1329年一年，便三次赏赐大量金银钞币。而当燕只吉台汗回国之后，元文宗还派使臣专门将窝阔台汗当年所铸造的"皇兄之宝"金印赐给他。

燕只吉台汗虽然不满元文宗的弑兄，因为毕竟是自己护送和世㻋回国的。但见元文宗如此厚待自己，也就当作一切都没有发生，甘之如饴了。

1330年，燕只吉台汗去世，他的弟弟笃来帖木儿即位。这位笃来帖木儿汗只在位几个月，便也去世了。笃哇最小的儿子，对察合台汗国历史起到决定性作用的答儿麻失里继承了汗位。

7.失败的改革——答儿麻失里汗之死

答儿麻失里是察合台汗国第十七任可汗。在他之前，怯别、燕只吉台、笃来帖木儿几位哥哥一直维持着汗国的稳定，给他留下了丰厚的政治遗产。

而答儿麻失里汗也没有辜负哥哥们，将汗国的繁荣大大推进了一步。他看到邻国金帐汗国、伊儿汗国乃至元朝都因商业繁盛而财源滚滚。便也大力推行重商政策，下令善待商旅，给商旅种种方便和优惠。

察合台汗国地处中亚，是联通东西方的枢纽。其商路以撒马尔罕为中心，北上渡过锡尔河，到达塔什干、奇姆肯特，再向东经塔剌思河、楚河，抵达伊塞克湖附近，再向东抵达阿力麻里，北上沿巴尔喀什湖到达叶密立和霍博，再通向元朝。南下经铁门，抵达忒耳迷，从忒耳迷向南渡过阿姆河，再折向西可抵达伊儿汗国、西亚、北非乃至东欧。

因此，以撒马尔罕为中心的河中地区便是汗国经营商业的核心区，答儿麻失里汗在这里整饬商路，使得这里发展出一万多家客店，为行人提供食物和马料。商路的畅通使得商业迅速繁荣起来，"答儿麻失里登上汗位后，大量商人涌到他的汗国，满载着对他的赞誉而归，以至于他的领地成了这些商人行商的通道和经常性的交

易场所。"[1]

原本就有着商业传统的城市也焕发了生机，撒马尔罕城"举目望到的是绿色的树木和闪光的宫殿、汹涌急流的河水和肥活茂盛的田野"，这里的人们在河岸边"设置台凳，供游人坐息，也有许多店铺，出售水果和各种吃食"[2]。不花剌城沿泽拉夫善河两岸全是农田，面积约有八天的行程那么大，在城堡上看到的是一片绿色的草原。

在答儿麻失里汗治下，河中种植的粮食不但可以满足当地居民的需求，而且还有部分剩余支援外地。即使河中某一地区遭受严寒、蝗灾或其

撒马尔罕城

①乌马里书，西德译本，118~119页，引自刘迎胜著《察合台汗国史》，上海古籍出版社2006年版，第427页。
②马金鹏译：《伊本·白图泰游记》，宁夏人民出版社2000年版，第305页。

他灾害影响了收成，靠着该地其他未受灾地方所收粮食的剩余部分，也可解救灾区居民，不必从外地进口粮食。当时河中的手工业和畜牧业也很兴盛。手工业中的羊毛、丝绸和亚麻品的加工、制作业以及矿产业都很著名，牲畜的养殖完全可以满足当地居民的需求，其中尤以绵羊、山羊的饲养量最大。

然而，答儿麻失里汗在着重于河中地区的建设时，却忽略了汗国东部地区。察合台汗国的首都阿力麻里，汗王营地忽牙思以及大部分贵族的草原份地都是在东部，因此历代察合台汗都要东西来回巡游，以保证平衡。可答儿麻失里汗太注重西部河中地区的经营了，在位四年而从未去过东部，这就使得原有的平衡遭到了破坏。

忽略了东部，虽然是严重错误，但也不至于很快出现大问题。而答儿麻失里汗在经营西部的同时，还进行了一场政治改革，这就使得乱局出现了。

答儿麻失里汗的名字是来自于梵语，意思是"法吉祥"，他原本是一位佛教徒。在他之前察合台汗，有的仍信仰祖先的萨满教，有的则信仰佛教。然而，中亚地区是伊斯兰教徒占多数的地区，虽然察合台汗国坚持成吉思汗的扎撒，对所有宗教采取一律平等的政策，但统治者与大部分民众的信仰不同，仍会导致很多麻烦。

在察合台汗国周边，金帐汗国于1313年定伊斯兰教为国教，伊儿汗国更早在1295年便完成了伊斯兰化改革，这看似是宗教问题，其实是这些汗国可汗们通过皈依伊斯兰教，加强了汗室和民众的联系，从而加强了汗权，实现了汗国的集权化。

答儿麻失里汗也看到了这一点，在察合台汗国，可汗虽是一国之主，但按照成吉思汗扎撒，大贵族们是有权力监督可汗的。如果可汗违背了大部分贵族的意愿，便有可能在"库里勒台"上遭到废黜。而汗位的更迭对于普通百姓来说是无所谓的，反正都是"异教徒"，谁在位都没关系。而要完成集权化，削弱大贵族的实力，皈依伊斯兰教，将汗室与百姓融为一体是必由之路。

于是，答儿麻失里汗宣布皈依伊斯兰教，并用伊斯兰教法代替成吉思汗扎撒，以此来扩大汗权。

如果答儿麻失里汗没有忽视对东部的经营，他皈依伊斯兰教，实行集权的改革虽然也会遭到反弹，但还不至于使他迅速败亡。但他长达四年没有回过汗国东部，与大贵族们的关系已很疏远，再推行集权，废黜成吉思汗扎撒，可就把自己完全置于孤家寡人的境地了。

察合台汗国的贵族们迅速团结在了一起，他们公推笃来帖木儿汗之子不赞为首，对答儿麻失里汗发动了反叛。

东部的贵族们掌握着汗国大部分的兵马，他们群起相攻，答儿麻失里汗是根本抵挡不住的。

在答儿麻失里汗即位后，大旅行家伊本·白图泰来到察合台汗国。这位虔诚的穆斯林与答儿麻失里汗有过良好的交往，结下过深厚的友谊。两人相处五十四天，一起做礼拜，一起向穷人施舍。当伊本·白图泰离开时，答儿麻失里汗赠送他七百第纳尔的旅费和价值一百第纳尔的黑貂皮衣。伊本·白图泰在自己的《游记》中对答儿麻失里汗不吝赞颂，认为他是"伟大的苏丹"，有着公正、仁慈、虔诚等诸多

与答儿麻失里汗结下友谊的伊本·白图泰

优点。

而当伊本·白图泰离开察合台汗国，到达印度的两年后，他听到了答儿麻失里汗的死讯。1334年，答儿麻失里汗被不赞攻杀。伊本·白图泰表达了对不赞的极度厌恶，称他为"道德败坏，行径恶劣"[1]。但旅行家的赞颂和同情都不能挽救答儿麻失里汗，他和他的改革一起葬送在内战之中。而察合台汗国也从此走上了衰败和分裂

之路。

四、汗国的分裂

答儿麻失里汗被杀后，察合台汗国的贵族们陷入了长期的内斗之中。每位上台的可汗，多要对亲族进行残酷的屠杀。察合台的后裔们在血泊中逐渐凋零，而诸多异姓军事贵族乘势而起。最终，这些异姓贵族成为了舞台上的主角，他们之间的争权夺势将察合台汗国彻底分裂。

①马金鹏译：《伊本·白图泰游记》，宁夏人民出版社2000年版，第298~301页。

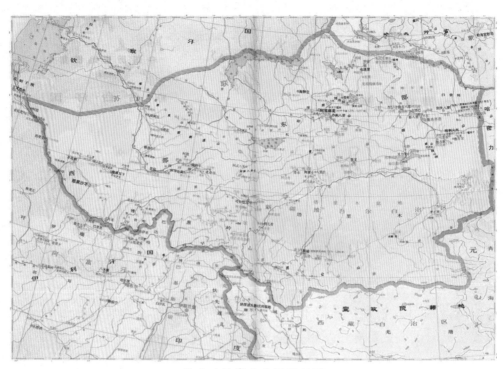

鼎盛时的察合台汗国版图

1.汗室的内斗与诸侯的崛起

杀死答儿麻失里汗的不赞是笃来帖木儿汗的儿子，他能够迅速取得胜利，是因为获得了大多数贵族的支持。但是，答儿麻失里汗被群起攻之的惨况对不赞印象太深刻了。他虽然杀死了答儿麻失里汗，但也理解了这位叔叔的作为——大贵族们势力太大，他们若群起反对，可汗根本做不长久。

于是，登上汗位后，不赞也开始了巩固汗权的作为。但他的做法不是仿效答儿麻失里汗进行伊斯兰化改革，而是对宗亲们进行屠杀。在位的短短两年中，不赞汗几乎将自己亲族，也就是笃来帖木儿汗的后裔斩尽杀绝，"非正义地处死了许多诸王和高贵的大臣"。

"杀人者，人恒杀之"，一个只知道用杀戮来维护权力的人，如何能够真正巩固权位呢？为了不会成为不赞的刀下鬼，贵族们再次起事，拥立笃哇之子也不干之子敞失为汗，于1336年杀死了不赞。

敞失改变了不赞胡乱杀戮的做法，但经过两次变乱，特别是不赞在位期间的杀戮，察合台贵族的团结早已不复存在，仇恨和野心充斥着每个人的心。1338年，敞失的弟弟也孙帖木儿不服哥哥，打算发动叛乱。他们的母亲不忍兄弟相残，将也孙帖木儿的计划告诉了敌失。也孙帖木儿竟然丧心病狂，将自己母亲的双乳割下处死，然后发兵攻打敌失。敌失虽然得到了母亲的警告，但仍败于弟弟之手，被也孙帖木儿所杀。也孙帖木儿进而又将自己的亲族，也就是也不干的后裔斩杀殆尽。

也孙帖木儿残杀母亲、兄长，引起天怒人怨，根本不可能稳定局势。而此时，经过多年的内讧、屠杀，察合台的各支后裔已经势力大衰，人才凋零，汗国的实权逐渐转移到了异姓军事贵族手中。

察合台汗国的政治结构，是以察合台家族各支亲贵为主干，辅以很多异姓军事贵族。这些异姓贵族不是出身于成吉思汗黄金家族，但也在蒙古人中地位显赫。在察合台家族足以掌控大权的时候，他们都是忠心耿耿的臣下，而当察合台家族衰微之时，他们便出而填补权力真空了。

这些异姓贵族，主要有巴鲁剌思家族、朵豁剌惕家族、乃蛮家族、札剌亦儿家族、速勒多斯家族等，而势力最大的则是巴鲁剌思和朵豁剌惕两家族。巴鲁剌思家族出身于成吉思汗最初分封给察合台四千户中的巴鲁剌思千户，察合台汗国成立后，他们世守汗国西部河中地区，成为河中地区最大的异姓军事贵族。而朵豁剌惕

家族也是察合台初受封时归于察合台的，原本不算显赫，但在从答儿麻失里汗死后的乱局中逐渐崛起，成为汗国东部地区最大的异姓军事贵族。

也孙帖木儿杀死兄长敌失夺得汗位后仅两年，在一次游猎中，他被人突然袭击，他和他的儿子们尽数被杀。而袭击他的，不是察合台家族的贵族，而是窝阔台的后裔阿里算端。

窝阔台汗国灭亡后，海都的长子察八儿、次子阳吉察儿等人逃亡元朝，但也有很多窝阔台家族成员留在察合台汗国，他们不再图谋恢复祖先的汗国，成为察合台汗国贵族的组成部分。

在察合台家族一次次内斗之后，窝阔台后裔贵族反倒有了出头之日，在众多异姓贵族的拥戴下，阿里算端杀死也孙帖木儿，即位为汗。不过，虽然阿里算端是窝阔台后裔，但他称汗并不是恢复窝阔台汗国，仍是代表察合台汗国利益的察合台汗。

阿里算端依靠异姓贵族才登临汗位，但他并不想成为一个傀儡。一上台，他便着重削弱地方诸侯的势力，废除了巴鲁剌思家族的特权。这种过河拆桥的作法自然难以长久，不久，巴鲁剌思家族联合其他几个家族，拥立宽阇汗之子麻哈没的为汗，袭杀了阿里算端。

麻哈没的也没有坐多长时间的

可汗宝座，这位汗留在历史上的资料很少，人们甚至不知道他是如何死去的。1343年，那位曾经对察合台汗国和伊儿汗国都掀起过反旗的牙撒兀儿的儿子合赞算端成为了察合台汗国之汗。

2.合赞算端汗的"暴政"

大蒙古国时期，及其各大汗国早期，虽然也有血腥的权力之争，但如果需要杀人，往往只是罪及本人，其子女仍可继续享受贵族待遇。例如不里家族，不里当初被蒙哥大汗处死，但他的儿子们仍是察合台汗国的贵族。牙撒兀儿曾发动叛乱，兵败身亡，但他的子孙仍生活在察合台汗国，而经过多年的混乱，其子合赞算端还被拥立为察合台汗。

哈赞算端汗可算是察合台汗国历史上的"商纣王""隋炀帝"，有关他暴政的记载不胜枚举。据说这位可汗极为喜欢杀戮，"任何人只要犯很小的过错，就要被处死"，以至于大臣们上朝时，都要在衣服里穿上裹尸布，以备突然被杀，出门前还要和妻子儿女们告别，怕再也不能回来。

世上没有无缘无故的恨，这么喜欢杀人，排除掉精神层面的问题，应该是有原因的。

原因无他，就是异姓贵族的势力太大，合赞算端汗与他们进行着不懈的斗争，而斗争，自然就要杀人。

可是，杀人如果能够维持稳定，

察合台汗国早就不会走到今天了。合赞算端汗的杀戮很快便引起了大力反弹。在统治三年后，1346年，巴鲁剌思家族的哈札罕，联合多位察合台亲贵，组织了一支强大的军队，向合赞算端汗发起了进攻。

起先，合赞算端汗的军队获得了胜利，将哈札罕击败。但合赞算端汗没有乘胜追击，彻底消灭巴鲁剌思家族。结果，在是年冬天，因为气候骤冷，天降大雪，合赞算端汗军队的马匹大部分被冻死。在以骑兵为主战兵种的时代，失去了马匹就是去了战斗力。哈札罕趁势发动反击，将合赞算端汗攻杀。

哈札罕杀死了合赞算端汗后，再次拥立了窝阔台家族成员，将一位名叫答失蛮察的窝阔台系宗王推上了汗位，这位汗已经完全沦为傀儡，实权完全被哈札罕所掌握。

从答儿麻失里汗被杀之后，虽然察合台汗国的汗位更迭频繁，且几乎无人善终，但毕竟都是汗室内部之间的争斗。即使要依靠异姓贵族夺取汗位，在前台的也必须是黄金家族后裔。哈扎罕以臣子的身份弑杀可汗，这还是第一次。而此例一开，察合台汗国便彻底天下大乱，各异姓贵族纷纷擅行废立，曾经的法统荡然无存。

3.东西两汗国

巴鲁剌思家族的根据地是在汗

国西部河中地区，因此他所拥立的答失蛮察汗也是在汗国西部。巴鲁剌思家族私行废立，其他异姓贵族自然不服：你拥立了可汗，成为了实际掌权者，让本来与你平起平坐的我们也俯首称臣，凭什么？你可以拥立可汗，为什么我不可以？

于是，察合台汗国出现了一片拥立可汗的风潮，稍有实力的军事贵族都将与自己关系亲密的察合台后裔拥上汗位，一时间到处都是"察合台汗"。

不过，大部分异姓贵族势力弱小，拥立的汗都是政令不出部落，被后世史家戏称为"部落之王"。真正对时局有影响的，只有两个势力，一个是巴鲁剌思家族，另一个是在汗东部地区有着控制权的朵豁剌惕家族。

朵豁剌惕家族此时的掌门人名叫播鲁只，他控制着汗国东部"向阳地"。所谓向阳地，是指包括葱岭以东的喀什噶尔、英吉沙尔、叶尔羌、和田、阿克苏、乌什六城和葱岭以西的费尔干地区。在哈札罕在西部拥立可汗后，播鲁只也不甘落后，立即拥立了一位名叫秃黑鲁帖木儿的察合台宗王为汗。

这位秃黑鲁帖木儿被播鲁只宣传为也先不花汗之子，但这并不是事实。按照他的年纪，他出生时，也先不花汗已经去世。后世史家考证，秃黑鲁帖木儿其实是也先不花汗的兄弟叶密立·火者或失里·斡兀立之子，虽然也是笃哇家族血脉，但毕竟也先不

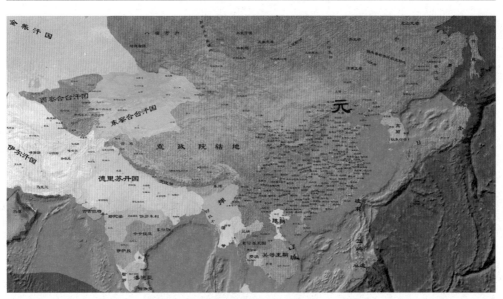

东西察合台汗国形势图

花汗曾是可汗，且君临汗国十一年之久，说成是他的儿子，会使得脱黑鲁帖木儿的合法性更为充分。

这种宣传果然起到了效果，秃黑鲁帖木儿汗即位后，在西部的巴鲁剌思家族因为相信了他是也先不花汗之子而备有压力，哈札罕于是杀死了答失蛮察，另立笃哇之子速儿忽之子拜延忽里为汗，以争取合法性。

两大家族各立可汗，且都是笃哇家族后裔，谁也不服谁，而谁也消灭不了对方。于是，察合台汗国一分为二，以锡尔河为界，拜延忽里为西部汗，其政权被称为西察合台汗国，而秃黑鲁帖木儿为东部汗，其政权被称为东察合台汗国。

4.西察合台汗国的灭亡

以1346年合赞算端汗被杀为分界线，察合台汗国进入了东西分治的历史阶段。虽然东西两个政权初时势均力敌，但很快便走上了不同道路。东察合台汗国虽也多灾多难，但其王统却坚持了三百三十四年之久。而西察合台汗国却仅存在了二十四年便灭亡了。

西察合台汗国的可汗虽然是拜延忽里，但实际掌权者是巴鲁剌思家族的哈札罕。这位权臣连续杀死两位可汗，完全操纵朝政，骄横不可一世。

强横的人总是会遭嫉恨，何况他的权势完全来自于弑君悖逆。诸多隐

藏的敌人都在暗中准备着向哈札罕射去的冷箭。哈札罕也算一位枭雄，他掌控西察合台汗国长达十三年，一直没有给敌手机会。但老虎总会有打盹的时候，1359年，哈札罕在一次游猎中被人暗杀。

哈札罕死后，其子乌巴都剌继承其位，继续掌握汗国实权，将汗国的首都迁到了名城撒马尔罕。但虎父犬子，这位乌巴都剌完全没有父亲的能力，好色而不顾大局。他垂涎于拜延忽里汗妃子的美貌，竟然杀死拜延忽里，夺取王妃，另立帖木儿沙为汗。

拜延忽里汗在位十一年，虽然是个傀儡，但时间一长，人们也都接受了他作为君主。乌巴都剌弑君夺妻的行为引起了众多人的厌恶和反对，其中也包括巴鲁剌思家族内部的贵族。驻守渴石城（今乌兹别克斯坦沙赫里萨布兹）的巴鲁剌思贵族哈只，联合了驻守费尔干纳地区的拜延，率军攻陷了撒马尔罕，将乌巴都剌和帖木儿沙全部诛杀。

这一变故，使得西察合台汗国连表面的统一都维持不住了。拜延在杀死乌巴都剌之后，自立为王，但他不是察合台后裔，没有人愿意承认他。与他一起举事的哈只在渴石城宣布独立，另外，札剌亦儿家族的巴牙只惕割据忽毡城，速勒多斯家族的完者不花割据巴里黑城，乃蛮家族的麻哈没

的·火者割据沙不儿罕，而哈札罕的孙子忽辛也集结起巴鲁剌思部的残余势力，随时准备东山再起。

各派势力你争我夺，将原本富庶的河中地区折腾得满目疮痍。而在他们打得不可开交之时，1360年，东察合台汗国的秃黑鲁帖木儿率大军西征，准备重新统一察合台汗国。

秃黑鲁帖木儿汗的大军一到，割地自雄的军阀们便都变成了软柿子，不是逃走便是投降。渴石城的哈只逃亡到了呼罗珊，渴石城被交给了他的侄子，年仅二十五岁的帖木儿。

这位帖木儿便是日后威震欧亚，被称为"第二蒙古帝国"的帖木儿帝国的创建者。虽然以后前途无量，但此时他也没有力量抵抗东察合台汗国的大军，他向秃黑鲁帖木儿汗表示臣服，被任命为渴石及其所属地方的监治官。

秃黑鲁帖木儿汗横扫西察合台汗国，在各地设置了监治官后便东返了。然而，他前脚一走，各地军阀又纷纷自立，帖木儿也被从呼罗珊返回的叔叔哈只赶走，成为了流浪者。

1361年，秃黑鲁帖木儿汗再次西征，西部各军阀再次投降。但秃黑鲁帖木儿汗鉴于上次的教训，打算杀一儆百，处死了割据忽毡城的迷里拜牙即。可这种杀戮立威起了反效果，军阀们群起反叛。秃黑鲁帖木儿汗大力

镇压，将各地压服，帖木儿的叔叔哈只也在战败后的逃亡中被杀，帖木儿又回到了渴石城，不但成为城主，还成为了巴鲁剌思家族的掌门人。

而对于曾臣服自己并表示出忠心的帖木儿，秃黑鲁帖木儿汗非常赏识，他再次东返时，留下长子也里牙思火者镇守西部地区，委任帖木儿作为辅臣辅佐也里牙思火者。

也里牙思火者没有体会父亲重新统一汗国的苦心，在西部尤其是河中地区实施暴政，经常无端掠夺百姓，帖木儿对此很不满意。有一次，帖木儿听说撒马尔罕有很多女孩被抓起来送往东部为奴。帖木儿派人到秃黑鲁帖木儿汗处求情，但毫无结果。为此，帖木儿带领部下强行释放了被囚禁的女孩们。结果被也里牙思火者诬陷为谋反，秃黑鲁帖木儿汗一怒之下，下令处死帖木儿，帖木儿逃往阿富汗。

此时在阿富汗，有一个强大的实力派忽辛。他是哈札罕的孙子，家族失势后他退往阿富汗，统治着喀布尔、巴里黑、昆都士和巴达克山地区。忽辛的妹妹嫁给了帖木儿，二人本就关系亲密，见到妹夫前来投奔，忽辛立即将帖木儿收留，两人结成同盟。

在历兵秣马多年后，帖木儿与忽辛率军北伐，对也里牙思火者进行反

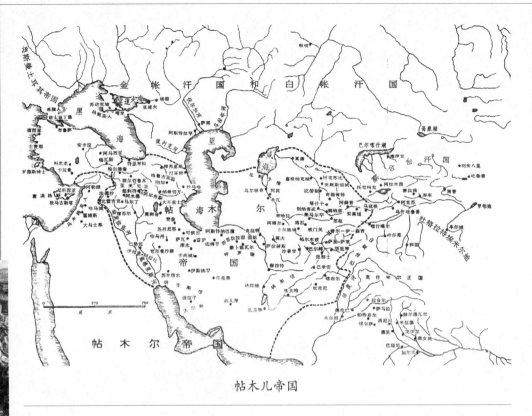

帖木儿帝国

击。帖木儿经过多年锤炼，已经成为卓越的军事指挥家，麾下军队勇猛无敌。经过"石桥之战""卡巴·马坦之战""撒马尔罕之战"等一系列战役，几乎全歼东察合台汗国军，也里牙思火者仓皇东逃。帖木儿和忽辛掌控了西察合台汗国，立察合台后裔哈比勒·沙为汗，二人同掌朝政。

自古成大事者，都是同患难易，同享乐难。帖木儿和忽辛这对姻亲兄弟同甘共苦一同创建了霸业，但在成事后迅速开始了争权夺势，而在帖木儿的妻子、忽辛的妹妹病逝后，二人失去了最后的羁绊，干脆明火执仗地大打出手。忽辛初期处于上风，但终

究不敌帖木儿，于1370年战败。帖木儿假意允许忽辛前往麦加朝圣，却在半路派人将他暗杀。

忽辛死后，因为傀儡汗哈比勒·沙曾站在忽辛一方，帖木儿将他处死，另立一位察合台后裔锁咬儿哈的米失为汗。这位汗在位十八年，1388年死后，其子马合谋继位为汗，直到1402年。

虽然仍然有察合台汗，但在处死哈比勒·沙的同时，帖木儿自立为埃米尔，也就是"国王"或"统治者"，并宣布自己是成吉思汗和察合台的继承人和继任者。在此后的时间内，帖木儿所拥立的察合台汗没有任何实

权，也没人拿他们当回事。因此，后世史家将1370年定为西察合台汗国的灭亡之年，此后，便是帖木儿帝国的时代了。

西察合台汗国灭亡了，那么，东察合台汗国为什么与它的命运完全不同呢？

五、东察合台汗国风云

察合台汗国的分裂，类似于中国古代的北魏分裂，都是东西两分，而东西两个政权都是权臣掌权。北魏分为东魏和西魏，后来先后被权臣篡位，成为北齐和北周。察合台汗国也分为东西两汗国，西察合台汗国被权臣篡取而成为帖木儿帝国，可是东察合台汗国不但没有与之相同，反而一度中兴，不但几乎重新统一察合台汗国，还绵延国祚三百余年。

这都是因为一个人，秃黑鲁帖木儿。

1.秃黑鲁帖木儿汗时代

秃黑鲁帖木儿被朵豁剌惕家族的播鲁只拥立为汗，在被拥立之前，他只不过是一个流落地方、无权无势的闲散王公。虽然有着察合台——笃哇家族的血脉，可成为可汗后，是不可能握有实权的。

秃黑鲁帖木儿汗被拥立为汗时，只有十六岁。按说，应该和他西部的兄弟们一样，甘做傀儡，毫无作为，成为权臣砧板上的鱼肉才对。但自幼流落民间的他可不是一个任由命运

秃黑鲁帖木儿汗塑像

摆布的庸懦之人，他与播鲁只维持着良好的关系，并积极和领地内的各权势人物交往。而播鲁只也和西部的哈札罕不同，他是一个比较重视法统的人物，拥立可汗并非有着擅权篡立之心，只是为了维护家族的权力。因此他并没有完全把秃黑鲁帖木儿汗视为傀儡，两人的关系也很融洽。

但君臣关系融洽归融洽，实权问题却是不能含糊的。秃黑鲁帖木儿汗必须"曲线救国"，从其他方面一步步实现自己掌握实权的愿望。很快，他发现了一个方法：皈依伊斯兰教。

朵豁刺惕家族所掌控的"向阳地"，伊斯兰教是最大的宗教，百姓中伊斯兰教徒占了绝大多数。而可汗要想有权力，和贵族们直接相争是不明智的，最好的办法便是结成汗与百姓的同盟，逼迫贵族就范。那么，要与百姓结盟，除了与他们信仰同一种宗教之外，还有更好的办法吗？

于是，秃黑鲁帖木儿汗频繁地和伊斯兰教长们接触，学习伊斯兰经典，最终于1354年宣布皈依伊斯兰教。可汗皈依伊斯兰教，获得了所有伊斯兰教徒的支持，汗与百姓站在了一边，这么一来，汗国的贵族们也不得不考虑自己的选择，如果他们坚持不皈依，便会陷入孤立。于是，以朵豁刺惕家族为首，各大贵族先后皈依，并带动东察合台汗国十六万蒙古人全部"剪掉长发皈依了伊斯兰教"[①]。而通过皈依运动，秃黑鲁帖木儿汗的权威大幅度上升，他夺权的第一步顺利完成了。

而在这之后，秃黑鲁帖木儿汗与朵豁刺惕家族密切合作，逐渐扩大东察合台汗国的领土。在他称汗时，统治地域只是朵豁刺惕家族的领地"向阳地"，而随着一系列征战，东起阿尔泰山，西到塔拉斯河之东，北界塔尔巴哈台山至巴尔喀什湖一带的"蒙古斯坦"地区，包括库车城的一部分"畏兀儿地"（意思为"畏兀儿人的地方"，包括吐鲁番、焉耆、哈密、库车），以及察合台汗国故都阿力麻里地区都被控制。疆域的扩大，对于可汗的权威是进一步提升。

最后，便是逼迫朵豁刺惕家族交权了，这很有可能会出现流血事件。但秃黑鲁帖木儿汗的运气非常好，朵豁刺惕家族的大家长播鲁只很快去世了。而随着他的去世，其兄弟子侄都在谋求获得家族的领导权，争执不下之际，只能请可汗裁决。秃黑鲁帖木儿汗于是立播鲁只的儿子忽歹达为朵豁刺惕家族的继承人，忽歹达只有七岁，当然不可能执政。秃黑鲁帖木儿

---

①米尔咱·马黑麻·海答儿著，新疆社会科学院民族研究所译：《中亚蒙兀儿史——拉失德史》（第一编），新疆人民出版社1983年版，第165页。

汗于是将实权收归手中，成为东察合台汗国真正的统治者。

内部问题处理完毕，就该考虑外部的情况了。而此时，西察合台汗国内乱，权臣弒杀可汗，各地军阀拥兵自重。秃黑鲁帖木儿汗开始准备西征，将祖先留下的国家重新统一。他在汗国全面增税，要求居民缴纳两份税款，从而准备充足的军事物资。

待到1360年，兵粮足备的秃黑鲁帖木儿汗誓师西征，率军攻入西察合台汗国。

西察合台汗国各路军阀正在混战，面对军威强盛的东察合台汗国讨伐军根本没有抵抗之力。有的逃亡，有的投降，各地被秃黑鲁帖木儿汗卷席而定。

按说，占领西察合台汗国后，秃黑鲁帖木儿汗应该进行战后安置，将这里彻底稳定下来。可这边战争刚一结束，东部便出现了内乱，使他不得不匆忙任命了一些地方的监治官便撤军了。

原来，秃黑鲁帖木儿汗皈依伊斯兰教后，在统治区域内强迫其他宗教的教徒改变信仰，而在阿力麻里，基督教有很大势力，库车更是佛教的天下，强制推行伊斯兰教的政策使这些地方的基督徒和佛教徒大为不满。秃黑鲁帖木儿汗前脚出征，阿力麻里信仰基督教的蒙古贵族和群众乘机发起反抗强制改宗伊斯兰教的暴动，并一举占领了阿力麻里。库车等地的佛教徒也奋起响应，纷纷举行暴动。

秃黑鲁帖木儿汗无奈，只能率军回国平息暴乱。暴动者虽然看似声势浩大，但毕竟是乌合之众，在汗国正规军的围剿下，很快便被镇压下去。阿力麻里的基督徒或死或逃，从此不复存在。而库车的佛教徒更为凄惨，伊斯兰教长组织了"库车伊斯兰教社团"，在军队的支持下拆毁佛教寺院，捣毁佛像，焚烧佛教经典文献，屠杀佛教徒。库车千余年历史的佛教文明遭到灭顶之灾，佛教僧侣或被迫接受伊斯兰教，或逃往异国他乡，或抗拒被杀，这个中亚的佛教中心湮灭在血与火的清洗中。

待平息了国内的暴动，秃黑鲁帖木儿汗转头一看，西察合台汗国的各路军阀们又死灰复燃，纷纷再次割据独立。秃黑鲁帖木儿汗第一次西征的成果转瞬间付之东流。

以统一为最高目标的秃黑鲁帖木儿汗自然不会就此罢休，他休整了一段时间后，于1361年再次兴兵西征。

与第一次一样，各地军阀仍是或逃或降。但这一次秃黑鲁帖木儿汗不再信任他们了，他处死了其中的一些人以杀一儆百，重新在各地安置了监治官，并命自己的长子也里牙思火者为西部最高监治官。安排好一切后，他才撤回东部。

察合台汗国至此其实已经恢复统一，秃黑鲁帖木儿汗本可以告慰祖先，并成为不逊于察合台、笃哇、怯别的英雄了。

然而，他的长子也里牙思火者却是个无能之辈，成为西部监治官后，横征暴敛，作威作福，到处播撒暴动的火种。尤其是将渴石城的帖木儿逼迫逃走，更是种下了倾覆的祸端。

帖木儿逃走后，在阿富汗和自己妻兄忽辛合兵，经过两年准备，于1363率军重新杀回。也里牙思火者派兵抵御，两军相遇于瓦赫什河上游的一座石桥附近。帖木儿见东察合台汗国兵多，命人在山上四处设置火把，

以为疑兵。东察合台汗国军不知是计，认为对方兵力强盛，不战自乱，被帖木儿趁机进攻打得大败。此战后，帖木儿重夺渴石城。

帖木儿夺取渴石的时候，也里牙思火者汗正在距渴石城二十四公里路程的塔什•阿里希扎营，准备与帖木儿决战。帖木儿率领精兵百人，连夜进至胡札儿城，该城民众归降帖木儿。帖木儿率领着胡札儿城和渴石城的军队，与忽辛所部会合，向也里牙思火者军发动突袭，两军在卡巴•马坦地方（其地距渴石与撒马尔罕不远）展开决战。

也里牙思火者哪里想到帖木儿已经让自己腹背受敌，虽然他的军队多

秃黑鲁帖木儿汗陵墓

于帖木儿，但在混乱之中全部溃散。东察合台汗国在西部的军队损失殆尽，也里牙思火者逃回东部，帖木儿和忽辛重新拥立可汗，占据整个西察合台汗国。

不过两年时间，秃黑鲁帖木儿汗的统一大业便化为云烟。然而，幸运的是，在也里牙思火者逃回东部的同时，秃黑鲁帖木儿汗已经病逝，他很有可能不知道自己的儿子毁灭了自己的事业，他应该在满足而欣慰的心境下辞世，享年三十三岁。

秃黑鲁帖木儿汗是最后一个将东西察合台汗国恢复统一的汗，在他之后，察合台的子孙们再也未能统治河中地区。

2.扎马鲁丁的篡位

逃回来的也里牙思火者，还没有从战败的沮丧中恢复过来，便继承了父亲的汗位。为了告慰父亲，他聚兵积黍，准备洗雪前耻。

1364年，也里牙思火者汗率军返回河中，发动了复仇之战。1365年，在锡尔河北岸的塔什干和钦纳兹之间，他与帖木儿和忽辛的联军展开激战。

双方开战时，天气骤变，"大雨倾盆而下，水滴穿空，飒飒有声"①，

导致战场一片泥泞，因此这场战斗被称为"泥沼之战"。

帖木儿和忽辛的联军没有想到会有大雨，准备不足，结果部队在大雨中疲惫不堪，"马足深陷在泥中，以致马腹贴着地面，身上被湿气一熏，显得瘦骨嶙峋。它们都患上了羸弱症，越来越瘦，并且麻痹了，骨头也松散了。箭杆上的羽毛脱落了，箭筈也掉了；衣服和装备淋雨之后变得非常重，步骑兵全都举步维艰。"

而相对的，也里牙思火者汗的军队却有着充足的防雨准备，"用毡子遮盖起来，尽量不让衣服和武器着雨"，待到作战时，"把覆盖的毡子掀开，以精力充沛的马匹和原封未动的武器投入战斗"②。

两相比较，高下立判，不用打胜负就已分晓。帖木儿和忽辛的联军大败，折损数万人之多。忽辛直接逃到了兴都库什山，帖木儿倒是打算死守渴石城，但也里牙思火者汗的大军挟得胜之势迅速攻陷了渴石城，帖木儿无奈也撤退到巴里黑重整军旅。

泥沼之战的胜利，使得也里牙思火者汗势如破竹，很快便推进到撒马尔罕城下。帖木儿和忽辛都已经逃走，城中的官员也早已不知去向，

①米尔咱•马黑麻•海答儿著，新疆社会科学院民族研究所译：《中亚蒙兀儿史——拉失德史》（第一编），新疆人民出版社1983年版，第193页。
②米尔咱•马黑麻•海答儿著，新疆社会科学院民族研究所译：《中亚蒙兀儿史——拉失德史》（第一编），新疆人民出版社1983年版，第194页。

帖木儿塑像

也里牙思火者原本以为可以不费吹灰之力拿下城池。岂料，城中的几位大毛拉，也就是伊斯兰教长站了出来，组织市民"对围城者进行了坚决的抵抗，他们竭尽全力保卫自己的城市"[①]，也里牙思火者屡攻不下，顿兵在坚城之下无计可施。

也许这时候也里牙思火者汗该后悔自己当初的横征暴敛失尽了河中地区的人心，以至于遭受如此顽强的抵抗。而运气更不好的是，围城战进行到最紧要关头时，也里牙思火者汗的军中爆发了马瘟，战马死去四分之三，军心也彻底瓦解了。无奈之下，也里牙思火者汗只得退兵。

也里牙思火者汗撤退回国后不久，可能是因为战争失败的闷气，很快便去世了。他一死，秃黑鲁帖木儿汗的家族便遭到了一场劫难。

当年，秃黑鲁帖木儿汗趁朵豁剌惕家族的家长播鲁只去世，立其七岁的儿子忽歹达为继承人，夺取了汗国的实权。播鲁只的兄弟们对此十分不满，尤其是其四弟扎马鲁丁，更是一直谋划夺回权力。在秃黑鲁帖木儿、也里牙思火者两位汗在位时，他无计可施，而现在也里牙思火者汗一死，其家族无成年男人可主持大局，扎马鲁丁立即发动了政变。

扎马鲁丁被称为"暴戾的人"，下手极为狠辣，在政变中，他一举屠杀秃黑鲁帖木儿汗家族成员共十八人，将有资格继承汗位的人几乎斩尽杀绝。然后，他自立为汗。

扎马鲁丁自立为汗的行为，不但遭到很多贵族的反对，连他自己家族成员都不以为然。虽然他能力很强，

①米尔咱·马黑麻·海答儿著，新疆社会科学院民族研究所译：《中亚蒙兀儿史——拉失德史》（第一编），新疆人民出版社1983年版，第198页。

仍不能避免"国内沦于纷争不已，混乱一团"①。而尤为糟糕的是，两位反对他的贵族，忽木札、月即别•帖木儿逃到西察合台汗国求援。

西察合台汗国的实际掌权者是忽辛和帖木儿，这对姻亲兄弟此时正准备开始争夺最高权力的斗争，谁都没法抽身管东边的闲事。但帖木儿野心更大一些，他虽然自己不能出征，却派出副将率军东征，以讨伐叛臣名义攻打扎马鲁丁。

扎马鲁丁率军迎战，双方打了一场，未分胜负。于是帖木儿的副将便和扎马鲁丁签订协议退兵。可帖木儿不满意这个协议，亲自出兵攻打，洗劫了赛兰（今哈萨克斯坦境内奇姆肯特）等地，但因为国内发生叛乱，只得草草退兵。

连续两次遭到帖木儿的进攻，扎马鲁丁不得不将全部精力用于防备西方。可是，对手是杰出的战术专家帖木儿，扎马鲁丁的防御根本起不到什么作用。

1370年，帖木儿消灭了与自己争权的忽辛，成为了西察合台汗国的独裁者，他自封埃米尔，正式建立了"帖木儿帝国"。之后，从1375年开始的十余年间，帖木儿几乎不间断地对扎马鲁丁发动讨伐，扎马鲁丁每每战败，虽然总是能逃亡，但国家被帖木儿糟蹋得不成样子，"荒城故址败壁颓垣，悉皆荒秽，人多居山谷间。"②

1389年，在一次抵抗入侵失败的撤退中，扎马鲁丁患上了水肿症，身体极为虚弱，他的将领们将他隐藏在一片森林深处，留下两位姬妾照顾她，然后自行离去。从此，这位"僭汗"便再未出现过，消失的无影无踪。

扎马鲁丁失踪，东察合台汗国无主。这时扎马鲁丁的侄子、播鲁只的儿子，曾被秃黑鲁帖木儿汗立为朵豁剌惕家族家长的忽歹达站了出来，提出要恢复国家安定，只有让察合台家族的后裔重登汗位。

贵族们面面相觑，秃黑鲁帖木儿汗的子孙都被扎马鲁丁杀光了，到哪里去找他的后裔呢？忽歹达却不紧不慢，将一位年轻人请了出来，向所有人宣布：这位便是秃黑鲁帖木儿汗在世的唯一的儿子，名叫黑的儿火者。

原来，忽歹达是秃黑鲁帖木儿汗册立的朵豁剌惕家族的家长，但却被叔叔扎马鲁丁抢走了权力，因此他忠于秃黑鲁帖木儿，暗中对其家族进行

①米尔咱•马黑麻•海答儿著，新疆社会科学院民族研究所译：《中亚蒙兀儿史——拉失德史》（第一编），新疆人民出版社1983年版，第201页。
②[明]陈诚著，周连宽校注：《西域藩国志》，中华书局2000年版，第103页。

保护。当初扎马鲁丁屠杀汗室成员，秃黑鲁帖木儿汗有一个尚在襁褓中幼子，被忽歹达和他的母亲藏了起来，一直秘密养育着，这个孩子便是黑的儿火者。

如今，扎马鲁丁已死，忽歹达重掌朵豁剌惕家族的权柄，于是将黑的儿火者拥立为汗，复辟了察合台后裔的汗位。

黑的儿火者即位为汗后，封忽歹达为"兀鲁思别吉"，直译的意思是"国家首领"，也就是宰相和最高军事长官。君臣二人需要一起将衰败的国家重新恢复起来。

但是，帖木儿帝国可不会因扎马鲁丁的失踪和察合台家族的复辟而结束战争。就在黑的儿火者汗即位的同一年，帖木儿再次发兵东征，直抵东察合台汗国腹地，掠夺属民牛羊无数。

该怎么应对西部的压力，这是黑的儿火者汗和忽歹达必须要考虑的问题。

3.黑的儿火者汗的中兴

黑的儿火者汗即位之时，东察合台汗国已经处于崩溃的边缘，西部费尔干纳地区已经被帖木儿帝国占领，疆域只剩下蒙古斯坦和向阳地，而帖木儿的铁骑还时不时地东进骚扰。国内城市凋敝，农田荒芜，牧民缺牛少羊。现在，绝对不能考虑再进行战争了，无论多么屈辱，都必须恢复和平。

于是，在忽歹达的辅佐下，黑

黑的儿火者汗陵墓

的儿火者汗不停地派出使臣向帖木儿求和，同时，还在1291年派遣使者东行，向明王朝进贡方物，以获得支持。

元王朝在1368年被推翻，末代皇帝元惠宗逃回蒙古草原，朱元璋建立了明王朝，代替元朝成为东亚最强大的国家。东察合台汗国在法统上是元朝的藩国，在血缘上也是兄弟之国，按说不该向明朝称臣。但此时自身难保，获得强者的支持才是最重要的。而明太祖朱元璋收到东察合台汗国的贡品，非常高兴，"赐王彩币十表里，其使者皆有赐"①，并派主事宽徹、御史韩敬、评事唐铤出使，以书谕之，正式将东察合台汗国列为自己的藩属国。

虽然有了明朝这座靠山，黑的儿火者汗也不放弃对帖木儿帝国示好。见一般的求和不能获得帖木儿的允准，他干脆狠了狠心，于1397年派长子沙迷查干护送女儿塔瓦卡勒·哈尼木公主前往帖木儿帝国，将女儿献给了帖木儿。帖木儿一直对外宣称自己是成吉思汗的继承者，但因为不是黄金家族血脉而发愁，黑的儿火者汗将女儿嫁了过来，对他来说是获得与黄金家族有了血缘联系的好机会，自然喜不自胜，终于答应了求和，不再对东察合台汗国动兵。

解决了外部的威胁，黑的儿火者汗终于可以安心恢复国家了。他与他所倚重的忽歹达一起，重新制定了律法，让"已废弃不用的旧制都已恢复起来，汗国的朝政以及贵族的藩务也都重新按部就班"②。忽歹达作为汗国权力仅次于可汗的最高执政官，更是展现出贤相风采，注重经济，倡导廉政，以身作则，"一生大部分时间甚至连坐骑都没有"③。为了发展生产，他着手裁撤军队，让士兵回乡。同时不惜重金从帖木儿帝国大批赎回穆斯林战俘，给他们备办粮食和牲口什物，回乡务农。

因为有忽歹达秉政，东察合台汗国逐渐内乱和战争中逐渐恢复过来。

不过，东察合台汗国被帖木儿帝国夺取了大片疆土，而且都是富庶的城市地区，要想恢复国力，必须得有更多的城市和土地。向帖木儿帝国收复失地是不可能的，于是，黑的儿火者汗盯上了自己东边的哈剌火州和吐

①[清]张廷玉等撰：《明史》卷三百三十二，列传二百二十《西域传四》，中华书局2007年版，第8606页。
②米尔咱·马黑麻·海答儿著，新疆社会科学院民族研究所译：《中亚蒙兀儿史——拉失德史》（第一编），新疆人民出版社1983年版，第228页。
③米尔咱·马黑麻·海答儿著，新疆社会科学院民族研究所译：《中亚蒙兀儿史——拉失德史》（第一编），新疆人民出版社1983年版，第250页。

哈剌火州（高昌）古城遗址

鲁番。

　　哈剌火州在汉文史籍中被称为"高昌"，原本是高昌回鹘的首都。九世纪中叶回鹘汗国灭亡后，回鹘十五部西迁。其中一部分在今天山东部建立高昌回鹘国。国土东至哈密，西至库车，其国君称为亦都护，即"幸福的君主"。当成吉思汗建立大蒙古国后，高昌的亦都护巴尔术阿尔忒的斤主动归附，成吉思汗答应给予他自己第五子的待遇，把女儿阿勒阿勒屯公主赐嫁给他。

　　大蒙古国崩溃后，哈剌火州成为元朝和窝阔台、察合台两汗国交战的焦点，高昌回鹘王室屡遭兵灾，无奈之下于1280年迁出哈剌火州，迁往甘

肃永昌。哈剌火州、吐鲁番一带遂成为察合台汗国的领土。但随着察合台汗国的分裂与衰落，这些以佛教为信仰的地方又自成一体。

　　黑的儿火者于是以圣战的名义向哈剌火州、吐鲁番发动战争的。大军首先攻打哈剌火州，将城市围了三层。城内军民虽然顽强抵抗，但因为黑的儿火者汗事先派了很多间谍潜入城中，在城中进行策应，哈剌火州最终还是陷落了。为了惩罚抵抗，黑的儿火者汗对哈剌火州进行了严酷的破坏。这个消息传到吐鲁番，为了避免也遭到浩劫，吐鲁番开城投降。

　　两座城市一座抵抗一座投降，黑的儿火者汗给予了不同的待遇。对

于哈剌火州被定为重税区，居民被课以重税并被强制放弃原来的信仰，而吐鲁番被定为和平区，居民被允许保留原来的生活方式和信仰，但仍须纳税。

在不同的政策之下，本就遭受战火摧残的哈剌火州居民流散，从此再未恢复起来，成为继库车之后，又一个被毁灭的中亚佛教城市。而吐鲁番城没有遭到大的破坏，佛教也保持了一段时间。

保持了和平，重整了经济，扩大了地盘，黑的儿火者汗实现了东察合台汗国的中兴，1404年，他因病去世，汗位传给了他的长子沙迷查干。

4.六代贤相忽歹达

沙迷查干汗继承父亲的汗位后，马上就遇到了一个大难题：1405年，西部的帖木儿帝国打算东征明朝，要东察合台汗国协助。

此时的帖木儿帝国，已经是一个首都是撒马尔罕，领土从德里到大马士革、从咸海到波斯湾的大帝国。其大帝帖木儿击败了金帐汗国、奥斯曼土耳其、德里苏丹、伊儿汗国等所有强国，现在打算向世界上另一个超级大国明朝宣战。而要进攻明朝，必须要途经东察合台汗国的领土。

这对于沙迷查干汗实在是太勉为其难了，他不敢得罪帖木儿帝国，但更不愿意和明朝为敌。帖木儿的使臣来到汗国时，沙迷查干正在用餐，宰相忽歹达为他把盏，听到消息，沙迷查干汗大惊失色，酒杯失手落地。忽歹达连忙劝道："有人说，一个苹果抛到空中还没有落下之前，真主就可以赐予百件吉祥。那么在一年的时间内，真主岂不是能赐予千万件恩惠吗？这样一想，殿下就可以放心了。"[1]

沙迷查干汗听取了忽歹达的谏言，既不拒绝，也不积极准备，而是等待着时局的变化。果然，1405年2月19日，帖木儿的征伐刚刚开始，他便死于途中。而强大无比的帖木儿帝国在帖木儿死后，迅速陷入诸子争位的内讧中，国家出现分裂。

沙迷查干汗见到强敌有变，连忙调整军事部署，宣布不再是帖木儿帝国的附庸，而是遣使明朝修好。甚至有打算趁乱出兵，收复撒马尔罕等地。但毕竟刚恢复起来的国力是负担不起这样的战争的，沙迷查干虽然遣使明朝说出自己有这样的想法，但终究没有实施。

1408年，沙迷查干病逝，其弟弟马哈麻继位，忽歹达继续担任宰相。马哈麻汗在位六年，继续实行保境安

---

[1]米尔咱·马黑麻·海答儿著，新疆社会科学院民族研究所译：《中亚蒙兀儿史——拉失德史》（第一编），新疆人民出版社1983年版，第227页。

民的政策，对于帖木儿帝国虽然不再自居于附庸，但也维持良好关系，对于明朝也继续遣使纳贡。而就在他即位的同年，一个名叫本雅失里的元朝王子来到了东察合台汗国。

本雅失里是元朝末代皇帝元惠宗妥欢帖木儿的曾孙。元朝灭亡后，元惠宗北逃，继续元朝国号，史称北元。元惠宗死后，其子北元昭宗爱猷识理达腊即位，北元昭宗死后，其弟北元益宗脱古思帖木儿即位。北元益宗后被阿里不哥后裔也速迭儿袭杀，也速迭儿及其子先后成为北元皇帝。1394年，掌控北元实权的太师、卫拉特部首领猛哥帖木儿立北元昭宗之子买的礼巴剌为帝。但在五年后，君臣之间发生矛盾，猛哥帖木儿杀买的礼巴剌。而买的礼巴剌的儿子本雅失里则逃亡到了帖木儿帝国。

本雅失里本打算依靠帖木儿帝国恢复皇位，但没想到帖木儿在出征明朝时死于半途，于是来到东察合台汗国。

面对这位根正苗红的大元帝室之胄，马哈麻汗很高兴，他和诸位贵族商议，打算让本雅失里在自己这里即皇帝位，然后由自己护送回北元。但这个消息让明朝非常不安，元朝帝裔一直是明朝的心腹之患，如果由东察合台汗国立其为帝，很有可能会造成西北的严重边患。于是，明成祖朱棣采取各种手段阻止，又是加强边关戒备，又是派出使臣劝阻，马哈麻汗也感到有明朝在旁边事情太复杂，于是放弃了拥立本雅失里。本雅失里只得轻车简从回北元去了。

而本雅失里回到北元后，很快便被拥立为大汗，不但重创了卫拉特部的势力，还消灭了明朝讨伐他的十万大军，最后逼着明成祖朱棣亲自领兵北征。这么一个厉害人物，若马哈麻汗真的拥立他为帝，恐怕会给东察合台汗国带来无数麻烦。

1415年，马哈麻汗病逝，忽歹达拥立他的侄子，沙迷查干汗之子纳黑失之罕为汗。这位汗在位三年，继续萧规曹随，和周边的势力维持和平，将妹妹嫁给帖木儿帝国第二任统治者沙哈鲁，并和明朝继续保持朝贡关系。

1418年，纳黑失之罕卒，忽歹达拥立了马哈麻汗的儿子失儿马黑麻为汗。从黑的儿火者到现在，东察合台汗国的汗位已经平稳交接五任了，这都是因为有着贤相忽歹达。而这一回，汗位传承却出现了反对者，失儿马黑麻汗的侄子歪思不服叔叔，起而争位。

歪思是马哈麻汗之子失儿·阿里之子，父亲早逝，因此一直在叔父失儿马黑麻身边。可当叔父成为可汗后，他"不安于这种情况，于是就逃出宫

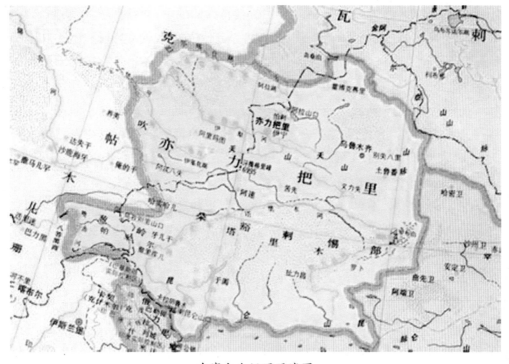

东察合台汗国疆域图

廷从事掠夺生涯"①。虽然歪思得到很多青年贵族的支持，但失儿马黑麻汗有忽歹达的帮助，歪思毫无胜算。后来他逃到河中地区，与帖木儿帝国的一位将军结盟，娶这位将军之女为妻，在岳父的帮助下回国争位。但几经拉锯，他最终还是没能打败叔父。

1420年，失儿马黑麻汗病逝，谁来做可汗就成为结束内战恢复安定的重要问题。忠于失儿马黑麻汗的贵族们都反感歪思，"部属们是时处在一种十分愤怒的情绪中"①。而德高望重

的忽歹达再次站了出来，为了汗国的稳定，他出面安抚了贵族们，让大家拥立歪思为汗

于是，歪思即位为汗，到他为止，忽歹达已经拥立和扶持了六位汗，算得上劳苦功高。而他以一己之力便可左右汗位传承的能量也使得歪思汗极不放心。于是歪思汗开始排挤这位老臣，而忽歹达也主动放弃了权位，提出要到麦加朝圣。

忽歹达离开东察合台汗国后再也没有回来，这位察合台汗国历史上了

① 米尔咱·马黑麻·海答儿著，新疆社会科学院民族研究所译：《中亚蒙兀儿史——拉失德史》（第一编），新疆人民出版社1983年版，第238页。
② 何高济译：《沙哈鲁遣使中国记》，中华书局1981年版，第105页。

不起的政治家远离了政治纷争，余生在巡游中度过，先后造访了麦加、麦地那等伊斯兰教圣地，最后在麦地那安然去世。

5.歪思汗的"英武"

歪思汗被后世伊斯兰史家赞誉为"对宗教非常热忱，而且英武过人"[①]。他的即位确实改变了东察合台汗国的对外政策，不再维持和平，而是积极向四邻进攻。

向西，开始向已经衰弱的帖木儿帝国挑战，向东北，则与卫拉特人鏖战不休。

与帖木儿帝国的战争互有胜负，歪思汗没有占到更多便宜。而对于卫拉特人的战争，则让他饱受屈辱。

卫拉特人便是明朝史籍中所称的"瓦剌"。这个部族在元末明初时崛起，一度控制了北元朝廷，世袭北元的太师职位。到歪思汗即位时，卫拉特人的首领是脱欢太师，这位太师派自己的儿子也先经营卫拉特人的故地。

卫拉特人的故地毗邻西南与别失八里、哈密毗连，最东到达达札布汗河、科布多河流域，正好在察合台汗国的东北部。歪思汗以伊斯兰教宗教保护者自居，视卫拉特人为异教徒，因此屡屡发兵与之作战。

然而，镇守卫拉特故地的也先可

歪思汗陵墓

①米尔咱•马黑麻•海答儿著，新疆社会科学院民族研究所译：《中亚蒙兀儿史——拉失德史》（第一编），新疆人民出版社1983年版，第246页。

是一位了不得的英雄，日后他能以两万军队全歼明朝五十万大军，俘虏明朝的英宗皇帝。歪思汗虽被称为"英武过人"，但对打仗并不很在行，与已经衰落的帖木儿帝国交锋尚且有胜有败，如何能是年轻气盛的也先的对手？结果，双方"总共打了六十一次仗"①，除了一次之外，每次都遭到惨败。歪思汗损兵折将，丧城失地，自己也连续两次被俘虏。

第一次是在明拉克一战中，歪思汗被俘，也先此时还表现出对黄金家族的尊重，"以优礼相待，将之释放"②。第二次则在吐鲁番被俘，也先表示："这回只有你把妹妹马黑土木·哈尼木给我作赎礼，我才能放你"③。歪思汗无奈，只好把妹妹送给也先做妻子，才换回了自由。

连妹妹都赔上了，歪思汗自然没有脸面再和卫拉特人交战，他转而向西方的帖木儿帝国发动攻击，希图能获得回报。1432年，歪思汗向帖木儿帝国镇守撒马尔罕的沙兔克汗进攻，结果在作战中，被他的一个护卫放箭误杀。而沙兔克汗趁势进兵，占领了东察合台汗国的喀什噶尔。

歪思汗在位时，东察合台汗国的汗权有所提升，他摆脱了权臣，自己乾纲独断。但是，一个人所拥有的权力必须要和自己的能力相匹配，如果有权而无能，则只能坏事。歪思汗穷兵黩武，四面树敌，而又难以获得胜利，东察合台汗国在他的手中饱受创伤，在他死后更是迅速陷入分裂。

6.也先不花二世时期的东察合台汗国

1432年，歪思汗战死，两个儿子争位内讧。长子羽努斯占据汗国西部，次子也先不花二世占据东部，双方你争我夺互不相让。

这样的乱局持续了数年之久。1437年，羽努斯与也先不花二世作战失利，无奈之下率三万多户属民逃到帖木儿帝国。帖木儿的孙子兀鲁伯热情地接待了他们，但等到他们放松了警惕，便以提供食物为诱饵，将羽努斯身边所有贵族和将领骗入一座城堡中屠杀，其他属民则分给帖木儿帝国的贵族们。羽努斯失去了属民，不敢反抗，只得听从安排，去经学院上学，学习伊斯兰经典。

羽努斯逃亡后，也先不花二世正

①米尔咱·马黑麻·海答儿著，新疆社会科学院民族研究所译：《中亚蒙兀儿史——拉失德史》（第一编），新疆人民出版社1983年版，第248页。
②米尔咱·马黑麻·海答儿著，新疆社会科学院民族研究所译：《中亚蒙兀儿史——拉失德史》（第一编），新疆人民出版社1983年版，第246页。
③米尔咱·马黑麻·海答儿著，新疆社会科学院民族研究所译：《中亚蒙兀儿史——拉失德史》（第一编），新疆人民出版社1983年版，第248页。

式成为东察合台汗国之汗。成为可汗后，他首要的任务便是收复失地，将歪思汗当年丢掉的喀什噶尔夺回来。但也先不花二世比父亲聪明得多，他不愿意和帖木儿帝国发生全面战争，如果那样的话会耗费太多兵马钱粮，仅为夺取一座城市是不值得的。于是，他派朵豁剌惕家族的赛亦德•阿里用蚕食的方法攻略喀什噶尔。

赛亦德•阿里先是攻占喀什噶尔周边村镇，封锁商路，抢割庄稼，但就是不组织大规模攻城。这样持续了三年，喀什噶尔的居民因为没有遭到战争打击，对东察合台汗国军没有怨恨，倒是因为总是缺粮而对帖木儿帝国不满，终于，他们发动起义，抓捕了帖木儿帝国的官员，归附东察合台汗国。

也先不花二世即位初期，获得了所有贵族的支持，"因此汗国政务蒸蒸日上"①。但是很快，也先不花二世开始宠信一位畏兀儿贵族，而对蒙古贵族们冷淡起来。蒙古诸贵族大为不满，而这个时候，歪思汗时代汗权一度膨胀的情形早已过去，也先不花二世和羽努斯的争位使得贵族们的力量又增强了，足以制约可汗。于是，一天在朝堂上，贵族们当着也先不花二世的面，将那位畏兀儿贵族"抓住砍

成几块"。也先不花二世面对这样的惨剧惊惧不已，连夜逃走。

这一回，又是朵豁剌惕家族出来收拾残局，赛亦德•阿里听到消息后，派人找到也先不花二世，将他接到阿克苏城，重新扶立为汗。其他贵族也纷纷再次向也先不花二世表示效忠，局面才安定下来。

既然无法压服贵族们，也先不花二世就必须通过对外战争来获得权威。于是，他开始向帖木儿帝国发动进攻，一方面是为了扩大地盘获取财富，另一方面也是为了发泄帖木儿帝国收留自己的大哥羽努斯，并杀害大量东察合台贵族的不满。

此时，帖木儿帝国第二任皇帝沙哈鲁，第三任皇帝兀鲁伯都已死去，由帖木儿的孙子卜撒因执政。帝国早已不是帖木儿时期的强国了，面对也先不花二世的进攻，虽然也能组织抵抗，但已无力将之彻底击退。

苦思良策而不得的卜撒因突然想到了自己手中的一张牌：一直在帖木儿帝国作食客的羽努斯——如果将羽努斯送回国去与也先不花二世争位，自己的压力不是马上可以消除了吗？

于是，卜撒因将羽努斯叫来，对他说道："现在，我为你脱下贫穷的布衣，加上君王的锦袍，送你回故

---

① 米尔咱•马黑麻•海答儿著，新疆社会科学院民族研究所译：《中亚蒙兀儿史——拉失德史》（第一编），新疆人民出版社1983年版，第262页。

土，但你要遵守以下几个条件：将来你不能像你的祖先那样说'帖木儿及其家族世代都是我们的臣属。'虽然以前确是如此，而现在一切都有了变化，我已经应天承运为帕的沙（国王），因此，如果你愿意臣服于我，就必须自称臣仆，而不能以平辈自居。但是，你对我写信时，无须用汗对帖木儿家族著米尔咱的格式，只需以平辈通函的形式即可，这些条件对你的子孙也同样适用"①。

这样要求是过分和无理的。虽然帖木儿帝国曾经无比强大，东察合台汗国还是他的附庸，但双方家族的尊卑还是一直保持的，帖木儿家族也以能娶到察合台家族的女儿为荣。现在卜撒因要求羽努斯以臣仆的地位向自己效忠，可算得乾坤颠倒了。

虽然心中有一百个不服气，但人在矮檐下不得不低头，羽努斯希望逃脱牢笼，只能满口答应。

在获得了充足的给养后，羽努斯出发进入东察合台汗国，一些在也先不花二世身边不得志的贵族纷纷投效于他，很快聚集起数万大军。羽努斯率领着这支军队包围了喀什噶尔。

自从喀什噶尔被东察合台汗国收复后，也先不花二世将之赐给朵豁剌惕家族的赛亦德•阿里为封地。赛亦德•阿里见羽努斯来势汹汹，连忙向也先不花二世求援，也先不花二世闻讯，率六万大军驰援，与赛亦德•阿里合兵一处，将羽努斯击败。

羽努斯初战不利，只得回到帖木儿帝国，向卜撒因请求给自己一块地方作为反攻的基地。卜撒因于是将费

今天的喀什（喀什噶尔）

①米尔咱•马黑麻•海答儿著，新疆社会科学院民族研究所译：《中亚蒙兀儿史——拉失德史》（第一编），新疆人民出版社1983年版，第276页。

尔干纳安集延城附近一块名叫哲得干的地方赐给羽努斯。羽努斯从此在这里扎下根来，招兵买马，随时准备东征。

也先不花二世虽然击退了羽努斯，但他经过那次逃亡后复位，其统治中心已经到了向阳地的阿克苏，而对蒙古斯坦地区则渐渐失去了掌控力。同时，另外两股势力的崛起也让局势更为混乱。

曾经雄踞北亚与东欧的金帐汗国崩溃后，其属国蓝帐汗国的后裔开始南迁。蓝帐汗国的统治者是术赤第五子昔班的后裔，昔班的六世孙阿布海尔汗这时候率领部族从北方进入到中亚，建立了一个疆域包括西伯利亚和锡尔河以北的游牧国家，他们以金帐汗国最强盛时期的可汗乌兹别克汗的名字作为自己的国名，被称为乌兹别克汗国。而不久，其部族中又有一部分出走，因为他们自称"哈萨克"，意为流浪者和独立者，因此这些出走者建立的汗国被称为"哈萨克汗国"。

哈萨克汗国进入到蒙古斯坦地区，也先不花二世划出一部分地区让他们居住，两家十分友好。可是，事情很快便发生了变化。北元朝廷的太师也先杀死北元皇帝脱脱不花之后，于1453年自立为"大元天圣可汗"。

之后派自己的长子斡失帖木儿西征，西征大军势如破竹，灭亡了乌兹别克汗国。阿布海尔汗死于非命，其大量部属投奔了哈萨克，哈萨克的人数急速膨胀，达到二十余万。如此，哈萨克的实力几乎超越了东察合台汗国，很多对也先不花二世不满的贵族反而依附于哈萨克。

如此局面之下，也先不花二世虽然对西部边境上的羽努斯耿耿于怀，也没有力量再发动讨伐了。1462年，也先不花二世去世，其子笃思忒·马黑麻继承汗位。

笃思忒·马黑麻是一个"性情古怪，行径颇不可思议，精神从来也不正常"[1]的人。一上台便开始胡作非为，他想娶父亲的一个妃子为妻，但这是伊斯兰教法绝对不允许的，为了达到目的，他一连杀死了七位持反对意见的伊斯兰教士。引起了伊斯兰教徒的极端不满。

这还不够，在也先不花二世在位时，支持汗室最为得力的，是朵豁剌惕家族的赛亦德·阿里，而也先不花二世去世前，赛亦德·阿里也去世了，朵豁剌惕家族被交到赛亦德·阿里的儿子马黑麻·海答儿手中。笃思忒·马黑麻汗为了提高自己的威望，竟然无端攻打朵豁剌惕家族的封地喀什噶尔，大

①米尔咱·马黑麻·海答儿著，新疆社会科学院民族研究所译：《中亚蒙兀儿史——拉失德史》（第一编），新疆人民出版社1983年版，第284页。

肆烧杀抢掠，逼着马黑麻·海答儿投奔了羽努斯。

这样树敌，笃思忒·马黑麻汗原本必然会死于非命，但他还算幸运，1469年死于肋膜炎。而他死后，国内大乱，羽努斯趁机东征，占领了整个汗国，处死了笃思忒·马黑麻汗的儿子怯伯，成为东察合台汗国新一任可汗。

7.一分再分的汗国

羽努斯是察合台诸汗中第一个接受过系统伊斯兰经学教育的人，他在帖木儿帝国长达十二年之久，受教于知识渊博的伊斯兰学者，其做派完全是城市出身伊斯兰贵族，而和习惯于草原生活的蒙古贵族有很大不同。他"性情和顺，言谈动听，并且十分机智敏捷。他长于书法、绘画以及符合于健康心情的其他才艺，他对于歌唱和器乐很有修养"[1]。

有这样的素质，自然就喜欢城市中的生活。羽努斯汗一即位，便打算将阿克苏定为国都，并且让所有的蒙古贵族都到城市中居住。这愿望虽然好，但遭到了大部分蒙古贵族的反对，他们习惯了逐水草而居的游牧生活，在城市中总感到憋闷。于是，刚当上可汗，羽努斯汗与蒙古贵族的矛盾便十分尖锐。

1472年，因为汗国缺粮，羽努斯汗到塔什干地区筹措粮食。贵族们趁机勾结帖木儿帝国的官员，将羽努斯汗扣押了一年之久。幸亏朵豁剌惕家族出兵营救，羽努斯汗才脱离牢笼。在此之后，他只得妥协，将蒙古斯坦作为自己的统治中心。

妥协毕竟是暂时的，待到局势稳定后，羽努斯汗再次推行起城市化运动。贵族们于是在1485年拥立他的儿子阿黑麻在蒙古斯坦称汗，而羽努斯汗没有进攻儿子，干脆在塔什干建都，东察合台汗国从此一分为二。

国家一分为二，这本是极其糟糕的事情，但紧接着，一直忠于羽努斯汗的朵豁剌惕家族也出现变局。其家长马黑麻·海答儿被他的侄子阿巴·乱乞尔赶走，阿巴·乱乞尔割据家族世袭领地向阳地，不再听从可汗调遣。羽努斯汗虽然支持马黑麻·海答儿率军反攻，但却被阿巴·乱乞尔击败，从此向阳地便成为独立于东察合台汗国的"国中之国"。

一分再分的汗国让羽努斯汗无能为力，而在塔什干享受城市生活的他也不想再有所作为了。1487年，羽努斯汗病逝于塔什干，其次子马哈木继承其位。

马哈木汗继承了父亲的汗位，与哥哥阿黑麻汗东西对峙，倒也相安无

---

① 米尔咱·马黑麻·海答儿著，新疆社会科学院民族研究所译：《中亚蒙兀儿史——拉失德史》（第二编），新疆人民出版社1983年版，第9页。

事。然而，中亚其他地方却发生了翻天覆地的变化：被卫拉特人消灭的乌兹别克汗国在一个名叫昔班尼的英雄的努力下又复国了。1500年，昔班尼攻陷布哈拉城，接着包围了帖木儿帝国首都撒马尔罕，击败了前来救援的波斯军队和帖木儿系王子巴布尔的联军。帖木儿帝国末代君王阿里仓皇出城与他谈判，被昔班尼处死，帖木儿王朝宣布灭亡。昔班尼以撒马尔罕为都城，建立起乌兹别克汗国——昔班尼王朝。

成为中亚第一大国的昔班尼王朝自然要和当年的帖木儿帝国一样对外扩张，将第一个目标，锁定在了马哈木汗的领地塔什干。

1502年，昔班尼汗率大军进攻塔什干，马哈木汗自知无力抵御，便向自己哥哥阿黑麻汗求援。虽然已经是各立门户，但阿黑麻汗仍然感念兄弟之情，带着自己的两个儿子率军前去支援。俗话说"兄弟齐心，其利断金"，可这次偏偏四手难敌双拳，两位可汗的联军仍然遭到惨败。马哈木汗丢掉了塔什干，退回蒙古斯坦依附于大哥，而阿黑麻汗回到阿克苏后，可能是感到窝囊，不久病死。

这场战斗，对于东察合台汗国来说是惨败，但惨败之中却成就了两个年轻人：阿黑麻汗的长子满速尔继承了父亲的汗位，而其第三子萨亦德虽然成为俘虏，日后却成为延续察合台汗统的英雄。

8.恨水东逝的满速尔汗

阿黑麻汗死后，其长子满速尔继承汗位。此时，东察合台汗国已经衰落到极点，满速尔汗接手父亲留下的烂摊子，还没想到该怎么恢复国力，便遭到了原来的臣仆朵豁剌惕家族阿巴·乩乞尔的进攻。

昔班尼汗

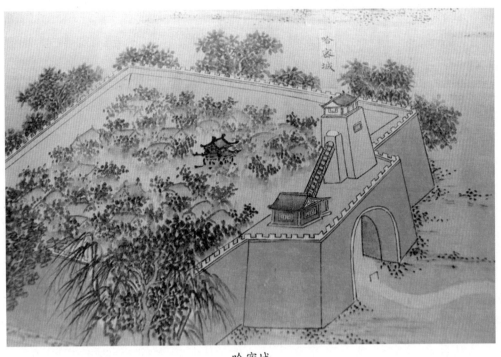

哈密城

阿巴·乩乞尔割据向阳地，但向阳地还有一部分在满速尔汗手中，这便是作为首都的阿克苏。阿巴·乩乞尔的大军一到，满速尔汗无力抵御，只得撤退到拜城，阿克苏丢失。阿巴·乩乞尔得手之后，继续东征，满速尔汗再次逃亡到吐鲁番，拜城等地也落在了阿巴·乩乞尔手中。

阿巴·乩乞尔并不是有着大志向的人，占够了便宜后，便退兵了。总算给了满速尔汗一个喘息之机。他重整兵马，图谋恢复。

还没等满速尔汗考虑怎么解决阿巴·乩乞尔，又有人向他提出挑战了。他的三弟，曾被昔班尼汗俘虏的萨亦德此时回到了蒙古斯坦，联合另一位兄弟哈里勒消灭了马哈木汗，准备向满速尔汗争夺汗位。

满速尔汗知道，阿巴·乩乞尔胸无大志，但两个兄弟却是自己合法汗位的有力竞争者，于是先下手为强，趁他们刚消灭马哈木汗立足未稳，发动突袭，将两个弟弟击溃，逼迫他们逃亡河中地区，而将他们的属民全迁到了自己的属地吐鲁番和察里失。

打败了弟弟，满速尔汗控制了蒙古斯坦，为了进一步增强实力，开始向明朝控制的哈密地区下手。哈密地区在元朝时是察合台第六子子拜答儿的封地，元朝灭亡后，哈密归附明

159

朝，被封为忠顺王，成为明朝西北诸卫中的哈密卫。1473年，哈密被羽努斯汗占领，但在1482年，明朝派西北诸卫中的赤斤、罕东二卫复夺哈密。1488年，阿黑麻汗再次占领哈密，但遭到明朝闭关绝贡、减少赏赐、拘留贡使的报复，无奈之下将哈密归还。而到满速尔汗之时，哈密末代忠顺王拜牙即背叛明朝，投奔了满速尔汗，满速尔汗遂将哈密纳入掌控。而为了让明朝承认这个既定事实，满速尔汗不惜多次出兵骚扰明朝边境，终于逼着明朝于1529年决定罢兵息民，不再过问哈密边情。

从此，哈密便成为东察合台汗国的领土，而伊斯兰教也至此传入哈密。

满速尔汗为了哈密而专注于东方，而就在他和明朝为了哈密而来回拉锯之时。他的三弟萨亦德却消灭了阿巴·乩乞尔，在向阳地称汗。萨亦德称汗后，军力鼎盛，而满速尔汗虽然占领了哈密，但蒙古斯坦已经被哈萨克人占据，自己能控制的吐鲁番、察里失、哈密等地地域狭小，和萨亦德无法相比。如果萨亦德有意东征，自己是绝难抵御的。

而萨亦德虽然吃过大哥满速尔汗的亏，但他不念旧怨，主动提出讲

和，奉大哥为宗主。满速尔汗此时哪里还能拒绝，1516年，兄弟二人在阿克苏与库车之间的阿尔巴特平原上会面，萨亦德尊满速尔汗为宗主，而满速尔汗承认了他对向阳地等地的统治权。

这场会面，满速尔汗得了面子，萨亦德得了里子，各取所需。虽然名义上满速尔汗还是东察合台汗国的可汗，但萨亦德在向阳地也称汗了，他的政权被称为叶尔羌汗国。

1533年，萨亦德去世，其子拉失德即位。满速尔汗认为这是自己统一汗国得机会，发兵西征。然而，拉失德是比父亲萨亦德还要厉害的人物，满速尔汗连续两次西征都被拉失德击败，无奈地回到吐鲁番。

1543年，满速尔汗在遗憾中病逝，弟弟萨亦德的国家国力蒸蒸日上，而自己的领地则日渐衰败，他已经能够预见子孙们的不幸，但他已经无能为力了。

9.东察合台汗国的灭亡

满速尔汗死后，其子沙王子即位。沙汗即位后"行为恶劣，声名狼藉"[1]，根本维护不住父亲的遗产。他的叔叔，镇守库车、拜城的把巴叉率军要与他争夺汗位，沙汗抵挡不住，只得将察里失割让给叔叔。自己直辖

———————
[1]米尔咱·马黑麻·海答儿著，新疆社会科学院民族研究所译：《中亚蒙兀儿史——拉失德史》（第二编），新疆人民出版社1983年版，第9页。

的领地仅剩下吐鲁番和哈密，而驻守哈密的弟弟马黑麻又向他掀起反旗。虽然沙汗挫败了弟弟的阴谋，让儿子脱列占领了哈密，但马黑麻不甘心失败，联络北方的卫拉特人，对沙汗不时发动进攻。

1479年，北元的巾帼英雄满都海皇后立忽必烈家族最后一位男性后裔巴图孟克为帝，北元出现了中兴，将一直把持朝政甚至弑君自立的卫拉特贵族击败。卫拉特人无奈西迁，退到天山以北的草原。而原本是一体的卫拉特也分为了和硕特、准噶尔、杜尔伯特、土尔扈特四大部，以和硕特部为盟主。他们占据天山以北草原，正在东察合台汗国北方，成为东察合台汗国的极大威胁。

沙汗面对卫拉特人的威胁，只得拼力与之交战，但实力相差太过悬殊，总是败多胜少。1565年，沙汗在与卫拉特人的战争中战死，其弟弟马速被拥立为汗。

马速成为可汗时，叶尔羌汗国正是第三任汗阿不都•哈林在位，国势正是鼎盛时期。阿不都•哈林见东察合台汗国已经日薄西山，便以马速不是沙汗之子，无资格继承汗位为由，派兵东征。

已经内外交困的东察合台汗国哪里挡得住西方来的精锐之师，1570年，叶尔羌汗国军攻入吐鲁番，俘虏马速汗。

马速汗被俘，吐鲁番、哈密、库车、察里失等地被叶尔羌汗国吞并，东察合台汗国至此灭亡，从1346年至今，风风雨雨走过二百二十四年，至此寿终正寝。

不过，灭亡它的，是它的兄弟之国叶尔羌汗国。而叶尔羌汗国也是察合台嫡系血脉，他们将接过察合台汗国的衣钵，将察合台的王统延续到十七世纪。

六、察合台汗国的继承者——叶尔羌汗国

叶尔羌汗国相对于察合台汗国，类似于汉朝之于蜀汉，虽是一脉相承，王统相继，但毕竟只统治其疆域的一部分，所以被后世史家算作另一个政权。而实际上，叶尔羌汗国的名号，被称为"南察合台汗国"更为准确。因为其统治区域，正是当年察合台汗国的南部地区。

1.磨难重重的王子

1502年，东察合台汗国的马哈木和阿黑麻两位可汗与昔班尼王朝的昔班尼汗会战，两位可汗大败亏输，无数的士兵战死沙场，很多伤员也无人理睬。

一位年仅十四岁的王子的大腿中箭骨折，被丢弃在战场上。后虽然伤势好转，却被人送到已经背叛察合台汗国的阿黑昔城（今乌兹别克斯坦那曼干城），投入了监狱。

这个不幸的王子，便是阿黑麻汗的第三子萨亦德，日后叶尔羌汗国的开国汗王。这次伤痛和牢狱之灾，只是他众多挫折的开始。

在阿黑昔城的监狱里，萨亦德王子度过了他十五岁的生日。无论是已经气愤而死的父亲，还是庸懦无能的伯父，都没有力量来解救他。至于他的长兄，已经继承父亲汗位的满素尔，更是不会来关照他这个不幸的弟弟。

牢狱可以磨炼人的意志，但如果不能脱离牢狱，磨炼便没有意义。

命运的多变，总是让人始料不

及。1503年，萨亦德的敌人，使他蒙受这次苦难的昔班尼汗再次进兵费尔干，占领了阿黑昔城，得知此城的监狱关押着这么一个身份高贵的犯人。出于对这个年轻王子的同情，下令将萨亦德释放。

成吉思汗的长子术赤和次子察合台一向不和。但他们的后裔昔班尼汗与萨亦德却很投缘。

两个原本的敌人见面后，昔班尼汗对这个英武的年轻人充满了好感，于是将萨亦德留在了身边，"待之如己出，非常同情他不幸的遭遇"①，带

昔班尼王朝疆域

①米尔咱·马黑麻·海答儿著，新疆社会科学院民族研究所译：《中亚蒙兀儿史——拉失德史》（第一编），新疆人民出版社1983年版，第352页。

着他回到自己的首都撒马尔罕。

　　萨亦德在昔班尼汗身边参与了对塔吉克斯坦和阿富汗地区的战争，学习了很多作战经验。面对既是敌人又是恩人的昔班尼汗，萨亦德的感情应该是充满矛盾的。但有着远大抱负的他，不会被温情所羁绊。当昔班尼汗出征花刺子模的时候，萨亦德与十六个随从趁机逃走，投奔了自己的伯父马合木汗。

　　此时的萨亦德，还没有自立门户的想法，只是希望帮助自己的长辈重新振兴国家。可马合木汗是一个"暗弱无能，昧于国事，不恤朝政"的可汗，根本没有让自己发挥才干的可能。不满于伯父"慵懒和疏忽"[1]的萨亦德只得再次出走，进入蒙古斯坦，前去投奔自己的弟弟，身为吉利吉思人监治官的哈里勒王子。

　　从此，萨亦德开始了自己奋斗、建功立业的历程。

　　在与弟弟一起生活的四年中，萨亦德凭借自己的才干，成为了吉利吉思人的领袖。在此期间，伯父马合木汗和长兄满素尔汗都曾经来进攻他们，均被萨亦德所击败。

　　1508年，做好了一切准备的萨亦德和弟弟哈里勒起兵攻打伯父马合木汗的领地，无能的马合木汗哪里是两个血气方刚侄子的对手，逃亡到乌兹别克汗国，被昔班尼汗处死。

　　可两位王子刚刚获得了胜利便遭到哥哥满素尔汗的突然袭击。三个共同父亲的儿子在阿拉木图原野上展开恶战，立足未稳的萨亦德和哈里勒遭到了惨败，不但刚夺取的马合木汗的领地全部丢失，连自己的大本营也成了满素尔汗的囊中物，赖之以起兵的吉利吉思人全部被满素尔汗迁走。

　　面对着血本无归的境况，哈里勒王子失去了信心，也学习伯父去投奔昔班尼汗，结果比伯父的下场还惨，没等见到昔班尼汗本人，便被其堂弟、费尔干地区监治官札尼别处死。

　　萨亦德自然不会如弟弟一样自投虎口，可他身边只有五十人跟随，前途渺茫。为了摆脱困境，他曾派人去联络巴邻部落，但是失败。随从渐渐离散，最后仅剩他孤身一人。让人不得不佩服的是，只有十九岁的萨亦德到了这步田地，仍然没有丧失信心，决定独自到丛林里以狩猎为生，"直到我看清事态发展为止"[2]，然后出山再图后举。

　　正当他要隐居山林的时候，一些随从和他的妻子找到了他。虽然人数

---

① 米尔咱·马黑麻·海答儿著，新疆社会科学院民族研究所译：《中亚蒙兀儿史——拉失德史》（第二编），新疆人民出版社1983年版，第46页。

② 米尔咱·马黑麻·海答儿著，新疆社会科学院民族研究所译：《中亚蒙兀儿史——拉失德史》（第二编），新疆人民出版社1983年版，第51页。

很少，但也比一个人在丛林中狩猎要好得多。但命运的考验再次降临，统治向阳地的阿巴·乩乞尔所派的一支到蒙古斯坦抢劫的军队遭遇到了萨亦德一行。萨亦德身边除了妻子和几个随从之外，其他人全部被俘。

虽然没有再次成为孤家寡人，可赖以狩猎的弓箭全部丢失，这回连隐居山林都不可能了。走投无路的萨亦德，只能冒险前往乌兹别克汗国治下的安集延，盼望能够侥幸通过那里获得生机。

在敌国的土地上，身为察合台汗国王子的萨亦德自然被重重防备，根本没有侥幸逃脱的机会。刚到安集延便被监治官巴阿秃尔监禁，并将这一消息禀报给费尔干监治官札尼别。曾经杀死萨亦德弟弟哈里勒的扎尼别原本是不会对萨亦德网开一面的，可碰巧前不久扎尼别从马上跌下使得头部受伤，一直神志错乱，接到报告后，便下令将萨亦德释放。

阿巴秃儿对萨亦德很是同情，监禁他不过是履行职责，接到命令后，立即设宴款待萨亦德和他的随从，并催促他们在扎尼别改变主意前赶快逃走。果然，随后暂时恢复神志的扎尼别听说自己竟然放走了敌国的王子，

安集延

反映昔班尼汗战败的画

急忙下令处死萨亦德，但萨亦德已经远走高飞。

侥幸逃脱的萨亦德一定是拼命向着真主安拉祈祷表示感谢，他的神虽然屡屡让他经历磨难，却没有彻底抛弃他。他和妻子随从化装成商人、学者和云游教士，穿越帕米尔高原，来到了阿富汗的喀布尔。

此时统治喀布尔的，便是日后在印度建立莫卧儿帝国的巴布尔大帝。巴布尔的母亲是羽努斯汗的女儿，也就是萨亦德的姑姑。见到表兄弟的巴布尔很是高兴，热情款待并倍加荣宠。萨亦德总算安定下来，在喀布尔度过了两年快活日子。

但也许是萨亦德的才能太出众了，使得总有一些人愿意在他身边为他效力。一些蒙古将军决定拥立他取代巴布尔，身受表兄厚恩的萨亦德自然坚决不肯。但在这样左右为难的状态下，时间久了必然生变。萨亦德必须寻找一个不伤害兄弟感情又能够建功立业的机会。

机会总是给有准备的人的。

1510年冬，乌兹别克汗国昔班尼汗在与伊朗萨法维王朝皇帝亦斯马因的战争中战死。一个强者的逝去，必定会带来接连不断的动荡。昔班尼汗死后，乌兹别克汗国全体贵族在撒马尔罕聚会，除了推举新的可汗外，还做出了一个可怕的决定——进行大清洗，处死境内所有的蒙古人。

参与会议的，有一位曾经是察和台汗国官员的赛义德，他在失势后投奔了费尔干的扎尼别，依靠自己卓越的能力得到了信任重用。听到这个决议，赛义德犹如五雷轰顶，自己就在会上，无论如何也逃不过清洗的第一刀了。

所幸，这个时候他的新主人扎尼别又处在神志错乱阶段，坚决反对决议。赛义德得以脱身，率领自己的家人和军队逃走。可笑的扎尼别在清醒后又派人追赶，但赛义德已经到达安集延，并号召所有蒙古人起事，将乌兹别克驻军赶出费尔干。同

巴布尔

时向巴布尔派出信使，请求支援。

接到求援信的巴布尔正在考虑前去救援的人选，萨亦德不失时机地毛遂自荐，并指出这样可以"使旧日的恩情能够巩固，则双方将深受其益。"①

精明的巴布尔大帝自然早就察觉那些蒙古埃米尔的动作，只是也没找到不动刀兵就解决他们的方法。见萨亦德主动请缨，便欣然照准，并下令"所有该去的人都一起跟随前往"，

明确要求萨亦德把所有支持自己的将军全部带走。

于是，萨亦德以及所有曾经支持他反叛的将军率军离开阿富汗前去支援费尔干。这其中，便有叶尔羌汗国的开国元勋们，如忽里、单·阿里及其弟弟阿黑麻·阿里、沙·米尔赞、米尔赞·阿里和库尔·纳赞尔等。

1511年，萨亦德的军队到达安集延，受到赛义德及当地贵族的热烈欢迎。他们亲吻萨亦德的马镫表示臣

---

①米尔咱·马黑麻·海答儿著，新疆社会科学院民族研究所译：《中亚蒙兀儿史——拉失德史》（第二编），新疆人民出版社1983年版，第129页。

服，并将刚控制的领土全部交给了萨亦德。而萨亦德对于赛义德也极为尊重，按照蒙古的传统，赐予他最为尊贵的"兀鲁斯别吉"称号。这个智勇双全的人物，从此就如诸葛亮辅佐刘备一样辅佐萨亦德，身兼军师、将军、政务官多重身份，为萨亦德日后的开国建基立下汗马功劳。

有英雄之志的萨亦德，有了用武之地。但他面对的不仅有乌兹别克汗国的威胁，还有身后察合台汗国众多势力的觊觎。从王子成为可汗，还有漫长的路要走。

2.纵横费尔干

在战争年代，如宋襄公那样有君子风范的军队指挥是很少见到的。有些仁将可以在战后宽待战败者，但决不会在战争中有任何仁义的表现。在敌人立足未稳便发动进攻，只要智商正常的将领都会去做。

虽然乌兹别克汗国这边有扎尼别这样的间歇性精神病患者，但其他的将领可都神志正常。萨亦德的援军刚开进安集延，乌兹别克汗国的军队便在扎尼别、忽春汗和速赤云的带领下气势汹汹而来。

乌兹别克军攻打安集延，必要经过柯散。萨亦德立即派米尔赞·阿里前往柯散加固城堡，并派出所有将军到柯散山区骚扰敌军两翼。两军围绕柯散逐渐展开阵势，一场大战在即。

但还没等两只虎争斗起来，一位卞庄便亮出了刺虎之剑。统治向阳地的阿巴·乩乞尔此时已经扩张到费尔干的乌支根、马都和奥希一带，见到萨亦德和乌兹别克军交战，趁机派军队驻扎到安集延近郊，日夜打造工程器械，准备一举拿下安集延。

面对腹背受敌的局面，萨亦德只得命令驻守柯散的军队撤出城堡，和在山区的部队会合后返回安集延，先对付这个想做黄雀的阿巴·乩乞尔。

当阿巴·乩乞尔的部队备好攻城武器准备攻城的时候，萨亦德出其不意地率军出城迎敌，原本没有准备野战的阿巴·乩乞尔军被迫和萨亦德在图特鲁克地方展开会战。萨亦德身先士卒，使得部下士气大振，一千五百人的部队大败阿巴·乩乞尔的两万大军，俘虏三千多人。

按照惯例，俘虏是应该被杀掉的。而赛义德劝谏萨亦德：这些俘虏都是喀什噶尔的乡民，如果殿下不赦免他们，就等于对喀什噶尔进行了一次大屠杀，这将使殿下后悔不已。如果赦免他们，"殿下无论在今生或后世都将这一慈悲的作为而大获回赐。"[①]

---

①米尔咱·马黑麻·海答儿著，新疆社会科学院民族研究所译：《中亚蒙兀儿史——拉失德史》（第二编），新疆人民出版社1983年版，第139页。

萨亦德听从了赛义德的劝谏，赦免了战俘，并将他们划归赛义德管辖。这一举动，大大获得了喀什噶尔的民心，为他日后征讨阿巴·乩乞尔奠定了极好的民意基础。

这场以少胜多的战役，使得乌兹别克军的统帅们对萨亦德的指挥能力刮目相看，一时不敢轻举妄动。后又听说巴布尔率军攻陷了撒马尔罕，乌兹别克军撤军回国。

萨亦德所面临的两线作战危机，全部化解。

可他的表兄巴布尔大帝却没这么幸运。1512年春，巴布尔在布哈拉败于乌兹别克军，连撒马尔罕也丢掉了。面对着乌兹别克人的步步紧逼，巴布尔向伊朗萨法维王朝亦斯马因皇帝和表弟萨亦德求援。

亦斯马因皇帝派大将纳扎木率军六万支援巴布尔。作为对巴布尔恩情的回报，萨亦德也派出了五千军队前去会合。可他的援军刚到达失干便遭到乌兹别克速云赤汗七千军队的阻击，战败逃回，没有帮上表兄的忙。

紧接着，巴布尔和伊朗联军被乌兹别克人彻底击溃，速云赤汗率军向安集延进军了。

敌强我弱，萨亦德命赛义德坚守安集延，忽里防卫阿黑昔城，单·阿里镇守马尔亦囊，各城坚壁清野。自己则率主力部队进入北部山区牵制乌兹别克军，使之不敢贸然攻城。面对这种阵势，速云赤汗知道短时间内无法解决战斗，而后方又受到哈萨克汗国哈斯木汗的攻击，只得撤军。

不战而胜的萨亦德知道，这一次的化险为夷全凭运气。为了保持自己的安全，必须有强大外援。

于是，在得知哈萨克汗国的哈斯木汗拥有三十万军队，极为强悍后。为了和乌兹别克作战，1513年，萨亦德亲自访问哈萨克汗国，面见哈斯木汗，希望其出兵进攻乌兹别克汗国的达失干地区以缓解自己的压力。

哈萨克人与乌兹别克人可算同源，都是蓝帐汗国的属民。阿布海尔汗死后，蓝帐汗国瓦解，克烈汗与贾尼别克汗两位首领率领部众另行发展，他们被称为"流浪者"或"自由人"，也就是哈萨克人。

此时的哈萨克汗国由哈斯木汗统治，虽然兵强马壮，但对于乌兹别克汗国也不敢小看。他给予萨亦德最崇高的礼遇，将自己价值连城的两匹名马之一送给萨亦德，并不断举行宴会进行招待。可最后还是以要转移牧场为借口拒绝了萨亦德的请求。

这一次出访虽然交到了难得的朋友，却没有找到牢固的盟友。表兄巴布尔在上次失败后，已经没有北上的想法，而是准备南下征服印度。伊朗萨法维王朝经过重创后，也不会再轻

哈萨克汗国

易举兵。而要自己用地狭民贫的费尔干单独面对强大的乌兹别克军，对萨亦德来说实在是太勉为其难了。

乌兹别克的速云赤汗也知道萨亦德的处境，为了尽快消灭这个很有潜力的敌人，他于1514年（明正德九年）早春再次率军进攻费尔干，这一次，几乎所有乌兹别克贵族都参加了征战。

萨亦德明白，无论自己怎么使用谋略，激发勇气，也难以战胜这似泰山压顶般袭来的敌军的。

何去何从？萨亦德召开了军事会议。

生死存亡关头，赛义德提出了自己的"隆中策略"：我们单独迎战，简直是"荒唐绝伦的事"。如果不想灭亡，只有三十六计走为上策。哪里可以去呢？蒙古斯坦是不行的，那里是满素尔汗的领地，他骁勇善战，又是合法可汗，不能与之相争。另外，就是阿巴•乩乞尔的领地。此处易守难攻，腹地辽阔，可耕可牧，是可以开基立业的所在。而阿巴•乩乞尔本是可汗的臣属，却独立起来不受调遣，讨伐他符合法统。何况他此时已经六十岁，当政四十年以来，残酷暴虐，民怨沸腾，"毁灭的黑夜已经降临"。

另外，他的部下很多都是我以前的同僚，看到我为殿下效力，也会投靠我们。只要我们击溃阿巴·乩乞尔，"就有汗的辉煌前程"。①

如此条分缕析，萨亦德想不被说服也不行了，所有将军的也都赞同。既然做出决定，便要尽快行动，1514年四五月间，在速云赤汗的军队还没有进入费尔干边境之前，萨亦德率领所有部属取道蒙古斯坦向喀什噶尔进军。

这是一次没有退路的进军，只能成功不能失败。萨亦德已经押上了全部的本钱。

3.叶尔羌汗国的建立

虽然赛义德的战略分析有理有据，但要付诸实施仍有很多困难。进军喀什噶尔的萨亦德，立即遭遇了敌人的剧烈反抗。

那位原本想趁火打劫阿巴·乩乞尔在兵败安集延后，知道萨亦德早晚要找自己算账，刚一回到根据地便时刻准备应对萨亦德的反攻。

他拆毁了喀什噶尔古城及其近郊的房屋，将居民迁往叶尔羌。在听说萨亦德进军的消息后，更是在土曼河岸上修建了四万五千平方米、一百三十二米高的城堡，储存了几年的粮草，派大将玉思番率军驻守，自己则坐镇首府叶尔羌。

萨亦德的部队到达边境的阿忒彭八失城后，将家属和辎重安置在城里，自己率主力四千五百人轻装前进，迅速推进到土曼河岸边，喀什噶尔城守军出城迎敌被萨亦德击败，从此闭门不出。面对着城高壕深的城堡，萨亦德没有强攻，而是绕道向英吉沙尔城进发。

英吉沙尔的守军也坚守不出，萨亦德强攻失败，便将部队驻扎在城外，准备围城打援。

可苦等了两个月，阿巴·乩乞尔的部队仍没有来。萨亦德有些焦急，正在这时，吉利吉思部首领马黑麻率军前来投效，对于自己刚出道时便跟随自己的老部下的来投，萨亦德很是欢喜，更让他高兴的是，马黑麻带来了阿巴·乩乞尔的消息，这位敌手正在竭力召集军队，可除了强迫农民、工匠、市民入伍之外，他根本没有一支可靠的野战军。

打蛇打七寸，萨亦德马上下令从英吉沙尔撤围，前去攻取阿巴·乩乞尔的心脏叶尔羌。

这是正确的战略，但正确并不等于可行。

自从入境以来，萨亦德还没有攻陷一座城市，有的部下对前途产生

---

①米尔咱·马黑麻·海答儿著，新疆社会科学院民族研究所译：《中亚蒙兀儿史——拉失德史》（第二编），新疆人民出版社1983年版，第189~190页。

了怀疑，密谋逃走。事情很快败露，为了稳定军心，萨亦德没有惩处肇事者。但他知道，不打一场大的胜仗，这样的事情还会发生。既然阿巴·乩乞尔连像样的军队都召集不起来，也就没有必要着急先打击他的首府，经过重新部署，萨亦德回军攻打英吉沙尔。

这一次，他势在必得，将大帐扎在城下，亲自指挥，这大大鼓舞了斗志，士兵们连续五天挖掘隧道，用地雷炸开城墙。守军也拼命防堵，双方互不相让。

与此同时，阿巴·乩乞尔总算调集齐军队，向英吉沙尔开来。消息传到军中，所有将军都主张撤围迎战。而萨亦德则向全军宣布，自己的箭既要射城堡，又要射阿巴·乩乞尔，直到战死为止，谁不愿意跟从，请自便。将军和士兵被他的决心感染，继续猛攻英吉沙尔。第六天，守将阿明·达鲁花顶不住攻势，在萨亦德保证保护他家人财产后，开城投降。

英吉沙尔的投降，很快出现了连锁反应，喀什噶尔的守军也弃城而逃。萨亦德率军向叶尔羌进发。

阿巴·乩乞尔新征集的军队完全是一群乌合之众，大多数人连马都骑不稳，甚至不会射箭。他自己都知道

"带领这样的军队去打劫菜园都不保险"[1]。随着喀什噶尔、英吉沙尔等城相继陷落的消息传来，这个残暴的老人再也没有了斗志，命儿子贾汗杰尔留守叶尔羌，自己逃往和田。

贾汗杰尔是个胆小怕事的人，根本没有"留守"的信心，父亲逃走五天后，他自己也弃城而逃，并下令任何人都可以随意带走财物。全城军民都开始抢劫，叶尔羌一片混乱。在他逃走后的第四天，萨亦德的先锋火者·阿里率军进入叶尔羌，两天后，萨亦德也率军到达。他派单·阿黑麻攻取和田，并另派军队追击阿巴·乩乞尔。

阿巴·乩乞尔逃到和田后，听说萨亦德的部队正在开来，便再次逃走。沿途丢弃不方便携带的珍宝，仅带细软逃到拉达克（位于喜马拉雅山南沿与克什米尔山谷的东北面），这里本是他的属地，但现在已经不再服从他。阿巴·乩乞尔无奈，只得折返向萨亦德投降，迎面遇上追兵，不等表明来意便被砍掉了脑袋。

1514年9月3日，历经磨难的萨亦德在叶尔羌受众将拥戴，登上汗位，叶尔羌汗国从此诞生。这一年，他只有二十六岁，是名副其实的青年英雄。

所有的将领都得到了丰厚的封

---

① 米尔咱·马黑麻·海答儿著，新疆社会科学院民族研究所译：《中亚蒙兀儿史——拉失德史》（第二编），新疆人民出版社1983年版，第245页。

欧洲人画笔下1868年的叶尔羌城

赏，尤其是赛义德，萨亦德汗赐给他十二大特权，最为重要的是两项，其一，所有的公文都必须赛义德副署后，才能生效；其二，在宴会时，赛义德的侍卫可以随侍在萨亦德汗身边，这是连汗的生命都交到赛义德手中。

权力，是最忌讳和人分享的，可以想见，赛义德获得如此大的特权，君臣之间已经难以如患难相交时那么融洽了。

汗国建立后，萨亦德立即和自己的长兄、东察合台汗满素尔取得联系，他没有记恨这位哥哥当年的斩尽杀绝，而是主动要求和睦相处，并甘愿自称臣属。这样的态度自然获得了满素尔汗的响应，兄弟二人言归于好，东察合台汗国在名义上恢复了统一。

解除了东部的威胁，萨亦德汗开始整理内政，励精图治。废除阿巴·乩乞尔的严刑酷法和横征暴敛，实行公正清明的统治，并为了休养生息，免收赋税六年。到1520年（明正德十五年），汗国出现了"如果一个老妪头上顶着一坛金子在这些路上行走，也不会被人抢"的景象。

但是，要让游牧民族出身又信奉伊斯兰教的萨亦德汗和他的将军们从此安于守成，不再兴兵，那是无论如何也做不到的。

1522年，萨亦德汗开始了对外扩张，从此，汗国历任汗王，都在"圣战"的旗帜下，发动了一次又一次战争。

叶尔羌汗国，成为了圣战者的国度。

4.圣战

伊斯兰教教规中，教徒必须要履行的义务被称为"五功"，也就是念、礼、斋、课、朝。

念，即念诵"清真言"；礼，即礼拜；斋，即每年伊斯兰教历九月（热麦丹月）斋戒一个月；课，即缴纳天课，也就是缴纳宗教税；朝，即朝觐，凡身体健康，旅途方便，并具有经济能力的男女成年穆斯林，一年中至少应去麦加朝觐一次。

这五功相对于佛教、基督教来说，除了朝觐是稍微麻烦了一点，其余的，并不繁琐。而且也没什么侵略性。可是，伊斯兰教从诞生之日开始，便政教合一，用武力将教义推广到阿拉伯半岛，是宗教使统一得以实现。因此，与佛教、基督教早期是凭借僧侣和教士靠着信仰和毅力自下而上一步步传播，逐渐为人们所接受不同，一手拿着《古兰经》，一手拿着弯刀来扩展伊斯兰国土，是穆斯林最行之有效的传教方式。

对于伊斯兰教徒来说，用"圣战"向真主传达敬意，比"五功"更能表现虔诚。

而圣战可以问心无愧讨伐异教徒，可以心安理得地占有战争所获得的财物，可以以此凝聚人心，可以以此巩固国家。对统治者来说，有百利而无一害。

萨亦德汗和他的后继者们，自然不能不对真主表示最崇高的敬意。何况，作为游牧国家的首脑，没有显赫的战功，是不能长久维持下属的敬畏的。

萨亦德汗的第一个圣战目标，是蒙古斯坦。

那本是满素尔汗的领地，但因为在东方受到卫拉特人的进攻，满素尔汗已经没有余力经营这片西部疆土，这里，已经是吉利吉思人的天下。这些游牧部落不信仰伊斯兰教，并经常抢掠费尔干地区。虽然，费尔干现在是乌兹别克汗国的领土，和萨亦德汗没有关系，但想要收复自己的家乡，扩大领土的他仍然宣布"决意不是任何穆斯林受折磨，不让一个异教徒猖狂横行"[1]，开始了长达五年的圣战。

1522年，萨亦德汗命长子拉失德为统帅，阿里·塔海为副帅，在英吉沙尔之战中投效的吉利吉思首领马黑麻为先锋，出兵蒙古斯坦。

早期，在马黑麻的招抚下，吉利吉思人纷纷投效，战局进展顺利。可不久，哈萨克的塔希尔汗介入到了蒙古斯坦的战事当中。相对于半耕半牧的叶尔羌汗国来说，还是纯粹游牧的

---

① 米尔咱·马黑麻·海答儿著，新疆社会科学院民族研究所译：《中亚蒙兀儿史——拉失德史》（第二编），新疆人民出版社1983年版，第315页。

哈萨克汗国对于吉利吉思人更有吸引力，连马黑麻最后都意图投靠塔希尔汗，虽然被萨亦德汗发觉后囚禁，但初期的大好局面再也没有出现过。吉利吉思人的反抗连续不断，哈萨克人也成群结队进入蒙古斯坦定居。1526年底，萨亦德汗不得不承认对于蒙古斯坦的圣战失败，他再也不能回到魂牵梦绕的故乡了。

这次的失败，使得萨亦德汗的威望下降，汗廷内部的权力斗争激烈起来，一些开国元勋如火者·阿里、沙·马黑麻等都死于非命。所幸有着能臣赛义德的鼎力支持和协助，萨亦德汗稳定了局势。为了安抚内部，也为了恢复威望，他又开始筹措下一次的圣战。

1527年、1529年，萨亦德汗分别向博洛尔（在今克什米尔巴基斯坦控制区北部）和巴达克（今日阿富汗东北部和塔吉克斯坦东部）发动战争，均取得胜利，汗的权威获得了恢复。

虽然取得了胜利，但单纯依靠战功稳定汗权让萨亦德汗感到很不安全，为了找到更可靠的支持，他拜纳克什班底教派的第三代教长阿赫拉尔之孙玉素甫为师，希望依靠宗教的力量提升威望。

这位玉素甫号称"和卓"。这

个称呼来源于波斯语，最初用来称呼市民中的显贵，但不知为什么后来专指宦官。几经演变，在中亚和新疆的伊斯兰教用语中意思为"圣裔"，也就是阿拉伯帝国哈里发阿布·巴克尔和乌马尔的后裔，还有说是阿里除和法蒂玛以外的其他的妻子所生子孙的后裔。总之，是代表神圣的血统和身份。

玉素甫的和卓身份是否属实，既没有可靠资料来认证，也没有可靠证据来否定。但在中亚的伊斯兰教徒中，却是对这位"圣裔"深信不疑。萨亦德汗也不能例外，甚至表示愿意放弃汗位追随其去做苦行僧。

希望扩大教权的玉素甫，当然不能让支持自己的汗退位，他对萨亦德汗言道："统治权是接近真主的最佳捷径，……王者一句话所给予的恩赏，比苦行僧终身所给予的恩赏还要高。"①

萨亦德汗接受了老师的话，决定在王者的位置上，对真主更加尽心竭力。他的作为，便是对身边最大的"异教徒"实行征服——进攻藏传佛教的中心乌斯藏。

1532年，萨亦德汗命赛义德的侄子马黑麻·海达尔为先锋，自己统帅主力从和田出发，开始了他最后一次圣

①米尔咱·马黑麻·海答儿著，新疆社会科学院民族研究所译：《中亚蒙兀儿史——拉失德史》（第二编），新疆人民出版社1983年版，第320页。

战。

马黑麻·海达尔便是著名的《拉失德史》的作者，不但史学成就斐然，而且还是卓越的军事指挥官，很快攻下了努布拉。萨亦德汗随之赶到，但

拉萨城

高原气候使他患上了高原病，难以继续进兵。后由马黑麻·海达尔继续前进，自己则前往巴尔提驻扎，收服了那里的头人。

马黑麻·海达尔一路上攻城略地，进入克什米尔地区，1533年攻陷其首府斯里纳加。这里的统治者无法抵抗，只得向叶尔羌汗国称臣，献上大量珍宝，并将自己的女儿嫁给萨亦德汗的次子亦斯干达尔王子。马黑麻·海达尔取得胜利后，率军返回巴尔提，受到萨亦德汗最高规格的奖赏。

此时的萨亦德汗还没有从上次的高原病中恢复过来，继续前往乌斯藏无异于自杀，于是，他将"摧毁卫藏的偶像庙"的任务交给了马黑麻·海达

尔和自己的儿子亦斯干达尔王子，自己返回叶尔羌养病。

在翻越昆仑山的时候，严酷的气候使得萨亦德汗的高原病急剧恶化。部队日夜兼程，希望能够尽快赶到地势较低的地区，可这一回，真主的保佑没有再一次降临到他的信徒身上，1533年7月9日，在离"高原病不大流行的地方"只有不到二十公里的时候，这位戎马一生的可汗撒手人寰，享年四十五岁。[1]

萨亦德汗的一生磨难不断，凭借自己的毅力和百折不回的精神才建立功业。成为可汗后，没有在汗宫中安享清福，而是屡屡亲自领军继续征战，最后英年早逝，马革裹尸。不论

---

[1]米尔咱·马黑麻·海答儿著，新疆社会科学院民族研究所译：《中亚蒙兀儿史——拉失德史》（第二编），新疆人民出版社1983年版，第431页。

他发动的战争正义与否，努力不懈的精神则足以让人钦佩。

因为突然的去世，使萨亦德汗没有时间安排自己的后事，自己的儿子们和汗国的将军们能否将功业继续下去并发扬光大，只能靠他们自己的选择和真主的赐福了。

5.三贤君

萨亦德汗去世时，只有一个名叫阿里·海塔的将军在他身边，而这位将军与萨亦德汗所倚重的赛义德不和。作为唯一一个有机会亲听遗命的人，他趁机假传汗命给萨亦德汗的长子，现任阿克苏总督的拉失德，要他一定要铲除赛义德家族，否则"政权一日不能归于我儿之手"①。

拉失德王子与他的父亲一样，也是从小历经磨难，一出生就和父亲一起坐牢。萨亦德汗起兵后，他一直在父亲身边，参与了许多重要战役，是一个果敢坚韧的人。虽然他知道这道汗命未必就是父亲的遗命，但也知道赛义德是汗国创建的头号功臣，身受父亲所赐的十二大特权，现在不仅官居"兀鲁斯别吉"高位，同时身兼喀什噶尔总督，整个家族在汗国的势力如日中天。何况，自己的弟弟亦斯干达尔王子与赛义德家族关系非凡，现在和勇将马黑麻·海达尔领兵在外，自

己不采取突然手段，继承汗位的便会是自己的弟弟。

拉失德王子以奔丧的名义赶到叶尔羌，而赛义德已经先于他到达，这个智勇双全的人物根本没有想到，自己已经成为拉失德王子必须铲除的目标。7月23日，赛义德到萨亦德汗陵墓前迎接拉失德王子，被拉失德当场下令处死，随后全家被杀。这一切的发生，距他所效忠的萨亦德汗去世，仅十四天。

可以说，没有赛义德，就没有叶尔羌汗国的建立，他的无端被处死实可看作悲剧。但也因为他的死，汗国内乱的种子泯灭，拉失德汗开创了汗国的辉煌时代。

而马黑麻·海达尔在进入乌斯藏后，一路杀向拉萨，沿途缴获甚丰，但也遭到佛教徒们英勇的抵抗，再加上气候严酷，士兵们疲惫不堪。最后，虽然离拉萨只有八天的路程，仍然不得不折返。

当军队行进到拉达克时，新任可汗拉失德汗发来了敕令，要他留原地任职，同时命令解散军队。一夜之间家破人亡的马黑麻·海达尔自然不愿奉命，但士兵们纷纷逃走，亦斯干达尔王子也经受不住磨难返回了叶尔羌。武力对抗已无所依仗，马黑麻·海达尔

---

① 米尔咱·马黑麻·海答儿著，新疆社会科学院民族研究所译：《中亚蒙兀儿史——拉失德史》（第二编），新疆人民出版社1983年版，第434页。

只好流亡到了印度，后来成为克什米尔的统治者。

在克什米尔期间，他撰写了巨著《拉失德史》，详细记载了从1347年到1541年东察合台汗国、叶尔羌汗国的历史，成为研究中亚史的经典著作。虽然拉

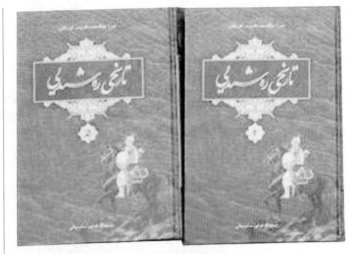

《拉失德史》

失德汗害得他背井离乡，但他仍在前言中写道：将此书献给我祖国的统治者拉失德汗。对拉失德汗的功绩给予了客观评价。

拉失德汗在位二十七年，是一个治国有术，统兵有方，而且能诗会文，擅长音律的可汗。统治期间联合乌兹别克汗国多次发动对哈萨克汗国的圣战，一度占据了蒙古斯坦，并屡屡击败前来挑衅的满素尔汗，摆脱了与东察合台汗国的臣属关系。在国内继续推行父亲的轻徭薄赋政策，使得经济进一步恢复。

除了内政外交上成绩斐然，拉失德汗还与唐朝的唐玄宗李隆基颇为相似，对于音律和诗歌有着极高的造诣，他的诗歌被编纂为《拉失德诗集》和《拉失德格勒则选》，虽然只有残篇流传下来，但也足以让后人感受到他过人的才华。

对于艺术的痴迷，让拉失德汗在生活中甚为多情。一个偶然的机会，他邂逅了平民女子，也是精通音律的阿曼尼莎罕，惊叹于她的美丽和聪慧，便不顾传统，以可汗之尊，在众多大臣陪同下携带聘礼向其求婚。抱得美人归后，夫妻二人琴瑟和鸣，恩爱非常。而阿曼尼莎罕也是一个杰出的女诗人和音乐家，一朝飞上枝头变凤凰，却没有让她迷失自己，仍然痴迷于诗歌和音乐，在宫中创作了大量的诗歌和其他著作，仅流传至今的作品便有诗歌《乃斐斯诗集》，有关女性伦理的《美丽的情操》，有关诗歌、音乐、书法评论的《心灵的协商》等等。维吾尔音乐集大成的《十二木卡姆》便是在她的整理和倡导下，得到拉失德汗的支持，由宫廷

乐师卡德尔罕编纂完成。

可惜，这位奇女子仅活到三十四岁，便因为难产去世。据说，拉失德汗为爱妃的死悲痛不已，从此郁郁寡欢，几乎在同一年也随之

阿曼尼莎罕纪念陵

去世。

拉失德汗一生当中三次微服巡游全国，了解民情，这不但让他治理汗国井井有条，更让他收获了爱情。而成也巡游，亡也巡游，在1560年的第三次巡游时，拉失德汗病逝于和田近郊，享年五十二岁。

拉失德汗的长子阿不都•拉提夫王子在与哈萨克人作战中阵亡，次子阿不都•哈林王子即位。

这位可汗注重文治，强调法制，并宽和多谋。在他即位时，汗国中最有军权的是他的四弟，喀什噶尔总督琐非王子。在他进入叶尔羌被宣布为可汗后，琐非王子领兵来到首都，虽然没有明确的表示，但觊觎汗位的意图昭然若揭。

若是别的君主，面对这样的情况，要么发动内战，要么用阴谋将弟弟置于死地，总之，都是要以血来捍卫自己的宝座。但阿不都•哈林汗则是将弟弟请进汗宫，当着母亲哈尼木太后和众大臣的面，和颜悦色地对他说道："弟弟啊，根据古老的习惯，（人们）把寡人拥上了汗位。如果您希望得到它，那我的国家这就（给您）。寡人乐意和平相处，不会反对您。"

这话看起来柔弱无力，但却暗示弟弟自己即位既符合传统又受到拥护，而且自己并不贪恋，愿意主动让出，这就把琐非王子放在了一旦反对便会为传统和臣下不容的地位上，并且落得个逼人太甚，醉心权位的恶名。

琐非王子身为一地总督，自然不

是有勇无谋的人。哥哥这样的态度给足了自己面子，再要得寸进尺只能让自己彻底被动。于是便向哥哥表示效忠，撤兵回了自己的领地。

而阿不都•哈林汗也没有秋后算账，将自己即位前的领地英吉沙尔城赏给了琐非王子，并指定他作为自己的继承人。

这么一位可汗统治汗国达三十三年之久，致力于发展生产和社会的公平，对于高利贷者盘剥百姓的行为进行严厉打击。在司法方面，所有的案件都由可汗亲自审问，"从来未发生一点很小的错误"。叶尔羌汗国秩序井然，百业兴旺。

当然作为虔诚的穆斯林，阿不都•哈林汗也对外发动圣战，而且获得了祖父和父亲都没有获得的成功，吞并了东察合台汗国。

与蒸蒸日上的叶尔羌汗国相比，东察合台汗国可说是江河日下。萨亦德汗的大哥满素尔汗在拉失德汗时代失去了对叶尔羌汗国的宗主权，虽然在日后多次攻打阿克苏，欲图迫使叶尔羌汗国重新臣服，但最终也未能获得成功。

1543年，六十岁的满素尔汗在遗憾中离开人世，他的儿子沙王子继位。这时，天山草原的卫拉特人屡屡南侵，沙汗没有余力再理会叶尔羌国，全力抵御北部的压力，但最终于1565年战死沙场。贵族们为争夺汗位争执不休，最后由沙汗叔伯弟马速王子自立为汗，局势才稍稍稳定下来。

可这新立的马速汗既不是沙汗的嫡系子孙，又不是长者即位，这下给了叶尔羌汗国东征的借口。

1570年，阿不都•哈林汗提出，马速汗并非按照蒙古传统继承汗位，属于非法。这个指控听起来义正词严，但实际上并不能站住脚，叶尔羌汗国已经不再是东察合台汗国的臣属，两家已成敌国，有什么资格来插手人家的家务事？但强者是从来不给弱者以申辩的机会的，不等马速汗做出任何反应，阿不都•哈林汗便派遣四个弟弟琐非、马黑麻、阿布撒亦和忽来失率军东征。

早已被内外战争折磨得奄奄一息的东察合台汗国根本没有还手之力，东征军一路上拔城夺寨，攻入吐鲁番，将马速汗俘虏，归并了东察合台汗国。

这次征战，不但使得汗国疆域囊括了吐鲁番、哈密、察力失等地，有了空前扩大，同时意味着叶尔羌汗国是察合台汗国唯一，合法的继承人。

至此，叶尔羌汗国疆域固定了下来，东面直至嘉峪关，与明朝邻接；南面以昆仑山、阿尔金山为界；西南以喀喇昆仑山为界，与西藏的拉达克、博洛尔相邻；西面包括整个帕米

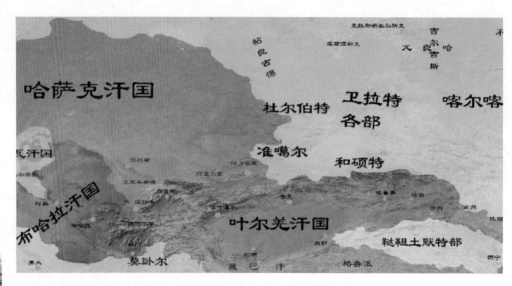

叶尔羌汗国全盛时期形势图

尔及希瓦和瓦罕地区，与莫卧儿帝国相邻，与乌兹别克汗国的边界则是阿赖山；北面，以天山山脉为界，与哈萨克、吉利吉思、卫拉特相邻。也就是说，汗国疆域囊括了今天新疆南部的所有地区，以及甘肃和中亚塔吉克斯坦部分土地。

阳光下总有阴影。在形势一片大好的"阿不都·哈林汗时代"，日后会给汗国带来无尽灾难的病根也在慢慢孕育。

这个病根便是教派之争。

作为伊斯兰教苏菲派一支的纳克什班底教派分裂成为势不两立的黑山、白山两派。其中，黑山派便是在阿不都·哈林汗统治时期进入叶尔羌传教，在贵族和百姓中产生重大影响。

不知什么原因，在阿不都·哈林

汗、琐非王子等汗国政要对前来叶尔羌传教的黑山派的和卓，也就是"圣裔"兼教长伊斯哈克很不感冒的时候，阿不都·哈林汗的五弟马黑麻王子却对其极为礼敬，自愿拜其为师，成为了黑山派信徒。若只是如此，也不过是在汗室成员中多了一个宗教信徒而已。可偏偏阿不都·哈林汗在1592年以六十三岁高龄去世时，他原本指定的继承人四弟琐非王子已经先于他病死。按照长者继位的传统，五弟马黑麻继承汗位。

这样一来，黑山派就成为了可汗的导师，被推崇备至，开始对汗廷施加影响。

马黑麻汗继承了父兄留下的丰厚基业，自己也颇有作为。1595年，乌兹别克汗国阿布达拉赫汗率军十万进攻叶尔羌汗国，马黑麻汗率领军民顽强作战，将其击退。乌兹别克军损失四万余人，惨败回国。在这场卫国战争中，黑山派协助可汗进行爱国宣传，号召了大量志愿军，为胜利立下汗马功劳，从此更加为马黑麻汗所倚重。

击退了乌兹别克汗国的入侵后，马黑麻汗偃武修文，"厚待普通人民，压制高利贷者"。在位的十八年中，使国家达到极盛，"商贾如鲫，百货交汇"①，到处都是繁荣安定的景象。

可正是由于他对黑山派的扶持推崇，到他去世时，黑山派的沙迪和卓（此时伊斯哈克已死）已经拥有了众多的信徒和庞大的财产，对整个汗国事无巨细，都有了发言权。

中亚的统治者往往寿命都不长，到六十岁便已经很是难得，阿黑麻汗可说是难得的寿星，七十二岁高龄才离开人世。临终前，他也许会庆幸自己信仰了黑山派，扶助他们，庇护他们，让他们茁壮成长，自己才会在创造辉煌后得享天年。

遗憾的是，如果真有天堂的花园，在那里看到日后叶尔羌汗国的局面，马黑麻汗必定会后悔的捶胸顿足。

他将看到，自己身后，曾经关在笼子里的教权如脱枷猛虎一般，给汗国造成了一次又一次的混乱。宗教首领染指政权，可汗、贵族、将军们在教权的阴影下自相残杀，汗国在同室操戈的血泊中，迅速走向了衰落。

6.和卓乱政

人是合群的动物，脱离了自己的群体便无法生存。但人又是最善于窝里斗的动物，在大群体里，分成各个小群体互相争斗，小群体里分成更小的还是继续争斗。

宗教也不能超凡脱俗。

伊斯兰教先是有什叶、逊尼、哈瓦利吉、穆尔吉埃等派，逊尼派又分出哈乃斐学派、马立克学派、沙斐仪学派、罕百里学派等。随着

叶尔羌汗国铜币

①鄂本笃著：《访契丹记》，转引自张星《中西交通史料汇编》，第二册，495页。

神秘主义和禁欲主义进入伊斯兰教，又产生了苏菲派，苏菲派又产生出许多小教派，各个教派随着伊斯兰教的传播和阿拉伯帝国的分裂，分布于各个国家。冲突，战争从此而起彼伏。

作为圣战者的国度，叶尔羌汗国也不可避免的陷入其中。

从萨亦德汗时期开始，便信奉苏菲派中的纳克什班底教派，但一直到阿不都·哈林汗时期，宗教总要依附于汗廷，并不能发挥多大作用。纳克什班底教派到第五任教长马哈图木去世后再次出现分裂，长子额敏一派成为白山派，而四子伊斯哈克一派成为黑山派。两派在大本营河中地区争来斗去，都没有什么发展，伊斯哈克另辟蹊径，选择进入叶尔羌。

初来乍到，伊斯哈克便看出未来的马黑麻汗前程远大，便收其为徒，为其出谋划策。待到马黑麻汗正式继位，黑山派在叶尔羌成了最受可汗青睐的教派，受到大力扶持。待到伊斯哈克的儿子沙迪和卓时期，已几乎到了权倾朝野的地步。

马黑麻汗虽然对伊斯哈克自称"最劣等的奴隶"，愿意把"头颅

苏菲派宗师、哲学家、诗人鲁米

作为贡献礼物献给"他。但他在位的时候，仍能牢牢掌握汗权，宗教只能帮忙，不能添乱。可到他去世后，教权就成了脱缰野马，没人制得住了。

1610年，马黑麻汗去世。按照传统，应该是长者继位，众多贵族中，马黑麻汗的幼弟吐鲁番总督阿杜剌因王子，以及他的侄子，和田总督沙·海达尔王子年纪最长，是合法的继承人。可黑山派和卓沙迪联络众多朝中重臣，违背传统，拥立喀什噶尔总督，马黑麻汗长子阿黑麻继承汗位。

遵守规矩的好处，就在于都按着规矩来便会平安无事。

而一旦有人破坏了规矩，就会人人效仿。你可以破坏规矩，谁不可以？

阿黑麻汗刚刚继位，他的表弟，东部重镇察力失的总督哈斯木王子便起兵反叛，并邀请卫拉特人支援。紧接着，有汗位继承资格的吐鲁番总督阿杜剌因王子也竖起反旗。汗国东部一片混乱。

所幸阿黑麻汗有一个骁勇善战的儿子帖木儿王子，率军东征击败叛军，收复察力失、库城等地。但没能彻底消灭叛军，阿杜剌因王子从此不再受中央控制，自行称汗实行割据。而卫拉特人，这个日后汗国的噩梦，开始频频出现。

帖木儿王子在东征胜利后，自恃有功，荒淫暴虐，1615年因意外而死。长子的死不但使阿黑麻汗失去了继承人和重要战将，更使得喀什噶尔局势动荡。他的堂弟喀什噶尔总督沙拉夫·丁王子叛乱，阿黑麻汗迅速将其镇压。派自己的少子拉提甫王子为总督，并让所有贵族派自己的儿子前去辅佐，以此来确定自己的继承人避免再起争端。

可事与愿违，他的侄子兼女婿亦斯干答儿又接着反叛，旋即失败。这使得阿黑麻汗再也不信任自己的同宗，不但已经反叛的或杀或流，一些并没有表现反迹的也遭到流放。萨亦德汗的子孙们枝叶凋零，汗廷宗族势

力大衰，而重臣沙家族乘势占据了权力真空，得以指掌大权。

补了东墙西墙漏。阿黑麻汗又不得不提拔一些身份较低的人担任重要官职对沙家族加以遏制，结果却引来杀身大祸。

1619年，不甘心大权旁落的沙家族开始暗中组织刺杀可汗的队伍。但出于对可汗的忠诚，沙家族的一个成员法尔比赫将这一阴谋告知了阿黑麻汗，但可汗认为自己有大恩惠于沙家族，如果他们要反叛，"至高的真主就是目睹者和见证人"，没有丝毫的防范。

麻痹大意终于酿成恶果。

在一次在游猎时，阿黑麻汗的驻地被沙家族派兵偷袭包围，可汗身边只有少量护卫，无法抵抗，只能保护着可汗退到冰窖里。沙家族的人四处搜索，叫嚷着要杀死所有被他们发现的人。

为了不牵连随行人员，阿黑麻汗高喊："你们要找汗，汗就在这里！"主动将自己暴露。行刺者们闻声而来，刀剑齐下，将他当场杀害。

这位可汗虽然死得很有骑士风范，却留下了烂摊子：沙家族拥立其堂弟忽失歹为汗，可仅九天后，阿黑麻汗的少子拉提甫王子率兵攻陷叶尔羌，杀忽失歹汗，并彻底铲除沙家族。自立为汗后，又将阿黑麻汗的

"纳吉卜"，也就是监军，与黑山派和卓沙迪同属"圣裔"的拉扎克驱逐出境。这样一来，可以制约沙迪和卓的权臣和宗教人士全部清除，黑山派的地位已经无人可以撼动了。

拉提甫汗在位的十二年中，汗国的内忧外患更加严重，割据东部的阿杜刺因屡屡联合哈萨克汗国和卫拉特人入侵中西部地区，使得生灵涂炭，最后拜城丢失，库车也成了实际上的独立地区。朝廷内部，各大臣党争频繁，流血事件此起彼伏。面对如此局面，年轻的可汗忧愤成疾，年仅二十六岁便病逝了。

继位的是拉提甫汗大哥帖木儿王子的次子速檀马黑麻，这又不是"长者继位"，战端再起。他的哥哥，帖木儿的长子速檀马合木起兵反叛，将弟弟驱逐，自己做了可汗。仅三年后，速檀马合木汗便在做礼拜时被沙迪和卓派人暗杀，速檀马黑麻汗复辟。

在他们兄弟相残的时候，1636年至1637年间，天山北部的草原上，卫拉特人几经分化整合，崛起了一个新的汗国——准噶尔汗国。同时，与黑山派势不两立的白山派也在教长玉素布的带领下进入到叶尔羌，在喀什噶尔传教，黑白两派在叶尔羌的土地上开始生死对决。

这两件事，都是对病魔缠身的汗国雪上加霜。

当一切似乎跌到谷底的时候，转机也随之而来。毕竟有一百多年的根基，叶尔羌汗国枯木逢春，迎来了自己的中兴之主。

虽然，这次中兴更像是回光返照。

7.黑白之争

从阿黑麻汗开始便割据东部自立为汗的阿杜刺因王子是拉失德汗第十二个儿子。从竖立反旗开始便在东部经营自己的势力，阿克苏、库尔勒，直到嘉峪关前都成为他的天下。经过四十年的统治，已经根基扎实，兵强马壮。

1635年，阿杜刺因去世，其长子阿卜杜拉哈继位，这是一个骁勇的王子，即位之初便铲除了自己的岳父，企图篡位的库车总督阿布·哈迪，稳定了局势，使得上下归心。

与他相比，居住在叶尔羌城里的速檀马黑麻汗显得庸懦无能，西部的各城大多数贵族倾心于阿布杜拉哈，甚至黑山派也对他极有好感。刚继承父亲的位置，便有了统一汗国的机遇。

1639年，万事俱备的阿卜杜拉哈王子率军西进，一路上所向披靡，降者如云。速檀马黑麻汗第二次下台，逃往国外。阿卜杜拉哈将分裂近三十年的国家重新统一起来，成为全国的可汗。

而迎接阿卜杜拉哈汗登基的不仅仅是礼乐和祝福，还有更大的考验。

还没有来得及享受可汗的生活，北部的强敌便出兵南侵而来——准噶尔汗国的开国汗王巴图尔珲台吉见叶尔羌又换了新君，料定必然内部不稳，派出孔金、色凌、苏迈尔三员大将率军南下。

准噶尔军兵抵和田城下，守将曼苏尔伯克率军抵抗，不敌战死。准噶尔军乘胜前进，大有攻陷和田之势。

然而，此时的叶尔羌已经不再是诸侯林立，政令不畅的乱世，所有的贵族和军队都听命于阿卜杜拉哈汗，绝非一支偏师一次胜利便可以动摇的。阿卜杜拉哈汗的弟弟伊卜喇伊木王子率军继续奋战，各地的援军源源不断开来。准噶尔军大败而回。

顺治皇帝

次年，准噶尔人为了雪耻再次南下兵抵阿克苏城，岂料下场比第一次更惨，被叶尔羌军前后夹击，几乎全军覆没，三员主将中色凌和苏迈尔被俘。

击退准噶尔汗国的进攻使得阿卜杜拉哈汗威望如日中天。凭借这样的威望，他将朝廷的重臣大换血，巩固汗权，并任命自己的弟弟们出任各地总督，消除割据势力，让国家在不断的内乱中缓了一口气。

而为了表明自己是强爷胜祖的强者。稳定了内部的阿卜杜拉哈汗恢复了从马黑麻汗时代便中断的"圣战"。1641年迫使巴达克山重新臣服；1643年率倾国之兵讨伐吉利吉思人，大获全胜，被历史学家载入史册，称为"阿克赛进军"。

1644年，在汗国内呼风唤雨数十年的黑山派和卓沙迪去世，其子玛木特成为和卓，继续支持阿卜杜拉哈汗。同年，中原的王朝从大明换成了大清，阿卜杜拉哈汗派使臣前去进贡，顺治皇帝准许"自此以后，着五年一次来贡"[1]，正式建立了朝贡关系。

---

①《清世祖实录》卷一百三，顺治十三年九月丁未。

可顺治皇帝并不知道，这个主动前来的恭顺之国，没有几个安静的五年来朝贡了。

阿卜杜拉哈汗实现了汗国的中兴，但在吸取前人的教训之下，却矫枉过正。多次用铁血手段清除他所不信任的贵族和亲人，用大肆的杀戮和大批的流放来展示自己的权威。甚至连两个立有大功并忠心耿耿的弟弟——伊卜喇伊木王子和伊斯玛依勒王子都被无端驱逐出境。逐渐，有为之君的光环褪色，而把暴君的帽子戴在了头上，众多总督与他貌合神离，刚继位时的统一局面出现崩坏。

内部不稳，外患便接踵而至。北部的准噶尔汗国自从建立之初，便对叶尔羌虎视眈眈，见阿卜杜拉哈汗流放众多贵族，便支持这些贵族返国进行武力抗争。伊卜喇伊木、伊斯玛依勒都在准噶尔军的支持下，回国对兄长实施报复，全面的内战爆发。

面对兄弟们的进攻，阿卜杜拉哈汗多次进行反击，有胜有败，并没有被伤到筋骨。但在他征战不休的时候，自己的儿子却生乱于肘腋，把他这个父亲搞的焦头烂额。

阿卜杜拉哈汗的长子尤勒巴尔斯因为作战有功，被任命为喀什噶尔总督。喀什噶尔是叶尔羌汗国的重镇，担任总督的人便是日后汗位继承人，尤勒巴尔斯本来可以安心地等着父亲去世后接位便万事大吉。可这时，喀什噶尔成了白山派的大本营，尤勒巴尔斯刚一上任，便被白山派所包围，很快成为白山派信徒。

叶尔羌汗国从马黑麻汗开始，便是黑山派一统天下。汗位继承人成为了白山派信徒，自然是对黑山派极大的威胁。黑山派和卓玛木特开始处处与尤勒巴尔斯作对，竭尽全力动摇他的储君之位。

而白山派的和卓伊达耶提拉也知道，要取得宗教领导权必须有汗廷的支持，而与自己水火不容的黑山派现在是汗廷的支持者。于是，便拼命拥护尤勒巴尔斯反对自己的父亲。

尤勒巴尔斯在白山派的支持下，招兵买马，对父亲步步紧逼，逐渐扩大自己的封地，直到父亲直接控制的领地仅剩下首都叶尔羌城。阿卜杜拉哈汗眼见汗位不保，开始了反击，命自己的次子努尔·丁王子率兵讨伐。努尔·丁王子虽然占领了喀什噶尔，但很快病死，喀什噶尔重新落到尤勒巴尔斯手中；而努尔·丁王子的军队也顺势被他收编。

这样一来，阿卜杜拉哈汗失去了唯一可以依靠的军队，汗位摇摇欲坠。到了关键时刻，黑山派见风使舵，不再支持这位可汗，而是开始支持他的兄弟们。阿卜杜拉哈汗众叛亲离，一筹莫展。

1668年，尤勒巴尔斯率军进逼叶尔羌城，对父亲展开最后一击。面对儿子的大军压境，毫无抵抗能力的阿卜杜拉哈汗以"朝圣"的名义出走麦加，凄凉的结束了自己的"中兴"。尤勒巴尔斯进入叶尔羌宣布自己为汗，开始大肆迫害黑山派教徒。

可树大根深的黑山派决不会如此就范，在阿卜杜拉哈汗出走之后，黑山派便到准噶尔迎回了伊斯玛依勒王子，宣布他为可汗，不承认由白山派拥立的尤勒巴尔斯汗。

双方的军队多次交战，尤勒巴尔斯汗均都失利，危难之中只得求助于宿敌准噶尔汗国。准噶尔汗国的第二任汗王僧格派军队支援，勉强维持了平衡，尤勒巴尔斯汗在外国的帮助下稳定了局势，继续迫害黑山派。

世界上是没有免费的午餐的。僧格派援军来并不是义务帮忙，而是为了颠覆汗廷，吞并叶尔羌。尤勒巴尔斯汗直到准噶尔军协助手下贵族冲入汗宫把刀砍向自己的时候的时候才明白，但已经太晚了。贵族们拥立他的儿子阿卜杜·拉提夫为汗，这仅仅是个傀儡。

驻军在阿克苏的伊斯玛依勒王子听闻汗廷有变，迅速率军前往叶尔羌，用切断水源的方法迫使叶尔羌开城投降，1670年4月2日，被宣布为可汗。准噶尔军在叶尔羌四面楚歌，无

法立足，撤回了本土。不久，僧格在一次宫廷政变中被杀，准噶尔内乱，无力南顾，白山派在国外的靠山也倒了。

黑山派在遭到两年的迫害后，终于扬眉吐气，开始反攻倒算，对白山派进行血腥屠杀。白山派保护阿卜杜·拉提夫汗逃到自己的大本营喀什噶尔，希望在此割据。但黑山派鼓动伊斯玛依勒汗乘胜追击，迅速将之攻陷。阿卜杜·拉提夫汗和所有尤勒巴尔斯汗的儿子全被处死，白山派教徒遭到残酷迫害，和卓伊达耶提拉逃亡到印度。

伊斯玛依勒汗开始了自己的统治，当年他是阿卜杜拉哈汗抑制权贵，加强中央汗权的牺牲品，但在自己当上可汗后，也完全仿照哥哥的做法，限制宗亲贵族的势力，而完全依靠黑山派和卓。

黑山派和卓玛木特重新成为汗国无可争议的大教长，敌人白山派已经元气大伤，连和卓都流亡到国外了，还能有什么作为？

伊斯玛依勒汗和玛木特和卓都可以露出胜利的微笑了。

先露出笑容的人，往往不是胜利者。谁笑到最后，谁就笑得最好。

8.佛徒的征服

伊斯兰教的崛起史，也是众多其他宗教的灭亡、衰落或与之争斗的历

基督教、佛教、祆教等等宗教均受到弯月战刀的强有力打击。祆教最先衰落，但反抗相当激烈，即使是萨珊波斯帝国灭亡后，祆教教徒仍还刺杀了阿拉伯帝国第二任哈立法欧麦尔，为自己的宗教唱响悲壮的挽歌。基督教的抗争更为激烈，不但顶住了征服，还进行过一系列例如十字军东征这样的反征服。到了近代，更是咸鱼翻身，成为所有伊斯兰教国家的噩梦。

只有佛教，命运最为悲惨，非暴力、宽容和出世的佛教在穆斯林的征服面前毫无反抗之力，玄奘法师取经所经过的中亚、印度这些原本佛寺林立、香烟缭绕的地区被扫荡的只剩断壁残垣，佛徒们要么被屠杀，要么流散异邦。佛祖降生之地，佛教反而一蹶不振。

叶尔羌汗国前身的东察合台汗国的佛教原本也很兴盛，库车、哈剌火州、吐鲁番等地还是中亚重要的佛教中心，但随着汗王们信奉伊斯兰教，也付与尘灰了。萨亦德汗建国之后，便对乌斯藏进行了圣战，要不是高原病使得他中道崩殂，藏传佛教的历史恐怕也会改写。

对穆斯林来说，佛教教徒简直就是任自己宰割的羔羊。

但在叶尔羌汗国后期的衰乱中，佛教的信徒准噶尔人频频发动进攻和煽动内乱，无论是可汗、和卓还是贵族将军们都头疼不已。直到伊斯玛依勒汗夺取汗位，将国家安定下来，佛徒们的压力才似乎减少了。

然而，这只是暴风雨之前的宁静，一场世界上唯一的佛教徒对于穆

准噶尔汗国与叶尔羌汗国形势图

中国蒙古族系列丛书〇之五

雄踞欧亚——蒙古四大汗国

斯林的征服战争即将开始。

伊斯玛依勒汗接手的汗国是一个地道的烂摊子，且不说战乱造成的经济凋敝、民不聊生，就是贵族、教派之间的矛盾也是暗潮汹涌。为了安定局势，他重新任命官员，大力打击白山派，避免出现势均力敌的政治和宗教派别。同时，安集流民，修复被毁坏的道路桥梁及清真寺，让百姓们安居乐业。

博硕克图汗 噶尔丹

很快，汗国出现了"小康"局面，与中原王朝的朝贡关系也重新恢复。1673年，康熙皇帝接待了久已不来的叶儿羌汗国的使团，笑纳"西马四，蒙古马十五，璞玉千斤"①的丰厚贡品。在康熙皇帝心目中，这应该是一个恭顺而又富足的国家。

伊斯玛依勒汗尽到了自己最大的努力来复兴国家，他的才能本是足以成为第二个中兴之主，延长汗国的国祚的。

但人要成功，除了智慧、辛劳和不懈的精神之外，最重要的，还要有

些运气。所谓人定胜天，只是人们自大时的幻觉而已。就如历史上那么多马上民族兴起，匈奴的冒顿单于，突厥的颉利可汗，吐蕃的松赞干布赞普都是一时英雄，却没有建立如成吉思汗那么宏大的基业。其原因，便是与他们同时代的，出现了和他们相当或更强的如汉高祖、唐太宗这样的不世雄主。成吉思汗崛起时所有老大帝国都在衰落的千年难寻的好运气没有出现在他们的时代。

伊斯玛依勒汗什么都具备了，就是没有运气，他遇到了十七世纪中亚最为耀眼的明星，让俄罗斯和清朝

①《皇朝藩部要略》卷十五。

两个超级大国都不敢小看的枭雄——准噶尔博硕克图汗——噶尔丹。他有着比自己的父亲、哥哥更为勃勃的野心，是绝不仅仅满足于守成的，作为达赖喇嘛的亲传弟子，又是被指认的活佛，他的理想是建立一个以黄教为国教的大帝国。这样的雄图，是不会允许近在咫尺的伊斯兰国家继续生存下去的。

有了这样的强邻，一些原本不必放在心上的小人物，也就会发挥极大的作用。

白山派的和卓伊达耶提拉便是这个"小人物"。

这位和卓自从逃离叶儿羌汗国后，在费尔干、克什米尔、印度北部以及青海、甘肃地区流亡，虽然也招收了一些信徒，但处境和在祖国当教长相比着实苦不堪言。他一直寻找着回国的办法，寻找帮助自己东山再起的人，可十年之中，这样的人始终没有出现。

直到他来到了乌斯藏。

在拉萨，这个伊斯兰教长拜谒了五世达赖喇嘛。很难想象两个信仰完全不同的人是如何交流的，可以肯定的是，伊达耶提拉一定是卑躬屈膝在达赖喇嘛法座之前，否则是不会获得达赖喇嘛的欢心的。

达赖喇嘛作为藏传佛教最高教主，又是噶尔丹的恩师，他的好恶决定了伊达耶提拉能否达成心愿。达赖喇嘛给了他一封转交给噶尔丹的亲笔信，在信中，达赖喇嘛要求噶尔丹帮助伊达耶提拉确立"在喀什噶尔和叶尔羌的地位"[①]。

早已有吞并叶尔羌汗国之心的噶尔丹在看到老师的信的时候，必定是欣喜的，老师不仅给了自己明确的指示，还送来了进入叶尔羌大门的钥匙。自己还有什么理由再等待下去呢？

1679年，噶尔代派大将阿拉达尔和硕奇率军三万侵入叶尔羌汗国东部，一路拿下哈密、吐鲁番、察力失等城，伊斯玛依勒汗的侄子阿卜杜·里什特王子投降，整个东部地区沦陷。

伊斯玛依勒汗苦心经营近十年，竟然得到了半壁江山转瞬丢失的回报，其震惊与愤恨是不言而喻的。

可这还只是开始。

1680年，噶尔丹亲率十二万大军南征叶尔羌汗国，有伊达耶提拉作为向导，又有白山派信徒的策应，阿克苏、乌什等城不战而降。准噶尔军兵临喀什噶尔城下。

就如萨亦德汗建国时，是以攻陷喀什噶尔为标志，如今，喀什噶尔的

①《瓦立汉诺夫文集》第三卷，127~128页。转引自魏良《叶尔羌汗国史纲》，黑龙江教育出版社1998年版，165页。

存亡也关系到汗国的生死。此时的喀什噶尔总督是伊斯玛依勒汗的长子巴巴克·苏里坦王子，年轻的王子不愿困守危城，率军出城迎战，陷阵而死。喀什噶尔陷落。

伊斯玛依勒汗只剩下了首都叶尔羌，这座都城自萨亦德汗建国以来虽然饱经风霜，但还没有被外敌攻陷的先例。守将伊瓦兹伯克率军死守，但外有数十倍于己的敌军，内有白山派信徒的策应，个人的忠勇是无济于事的。经过激烈战斗，伊瓦兹伯克战死，叶尔羌陷落，留在汗宫中的伊斯玛依勒汗及所有汗室成员全部被俘。噶尔丹将他们送到伊犁监禁。

叶尔羌汗国历经六代十二位可汗，立国一百六十六年，至此寿终正寝。圣战者的国度，最终被佛教徒的"圣战"所征服。

而察合台汗国的王统，至此也彻底终结。

9.和卓续写的故事

噶尔丹并没有强迫伊斯兰教徒们改变自己的信仰，他需要的是一个服从于自己为自己提供军需物资的稳定领地。他扶持伊斯玛依勒汗的侄子阿卜杜·里什特为傀儡可汗，同时封伊达耶提拉为"阿巴克"，也就是"首领"，但伊达耶提拉却把蒙语"阿巴克"改成了波斯语"阿帕克"，就成了"宇宙"的意思，成为了"宇宙大

教长"。

从此，阿帕克和卓便成了天山南麓的实际统治者，每年向准噶尔汗国缴纳十万两白银和二十四万斤麦子的贡赋。

阿帕克和卓横征暴敛地统治了十年，其间更换了两个傀儡可汗，在他死后不到八个月，儿子雅雅和卓便被杀。白山派的统治结束，和卓家族被准噶尔人囚禁于伊犁。他们的死对头黑山派在准噶尔人扶持下掌握大权。

十七世纪末，再没有傀儡叶尔羌汗出现，汗国的尾声也结束了。

1755年，清朝乾隆皇帝派遣大军攻伐准噶尔末代汗王达瓦奇，准噶尔汗国崩溃。白山派和卓波罗尼、霍集占兄弟趁机摆脱囚禁，归附清朝。

在清朝的支持下，波罗尼攻占叶尔羌等地，黑山派和卓加罕及其家属全部被杀，仅有其弟弟阿卜杜拉和两个儿子逃亡。

但清朝是不会再允许独立的宗教政权出现在天山以南的。波罗尼、霍集占兄弟于是于1757年公开起兵反清，史称"大小和卓之乱"。

1759年，兄弟二人最终失败，天山南北全部划为清朝版图。乾隆皇帝以"新辟疆围"之意，将天山南北之地定名为"新疆"。

1820年，波罗尼之孙张格尔由浩罕汗国进入新疆，拉开"张格尔之

乱"序幕，直到1826年（清道光六年）方才以张格尔被擒而告结束。

1865年，波罗尼曾孙布素鲁克在浩罕汗国阿古柏的护卫下回到新疆，成为"哲德沙尔汗国"的傀儡可汗，后在图谋独立失败后被驱逐出境。

随后，阿古柏在新疆建立了"洪福汗国"，与俄、英、中等国周旋十余年，最后被清朝名将左宗棠击败。

但这一切，都不再与"和卓"有任何关系了。

叶尔羌汗国灭亡一百八十五年后，准噶尔汗国灭亡一百一十年后，和卓们续写的故事也到了尽头。

阿帕克和卓墓

第三章：兴也勃焉亡也忽焉——窝阔台汗国

如果按照成吉思汗生前的安排，窝阔台汗国是不应该存在的。

因为窝阔台是成吉思汗指定的继承人，他的封地仅是大蒙古国最高君主的私人领地，无论如何不该成为一个独立的封国，更不可能在日后成为一个独立的汗国。但是，因为窝阔台汗死后一系列的阴谋与纷争，让窝阔台家族失去了大汗宝座，在遭到拖雷家族的严厉打击之后，窝阔台家族几乎要退出了历史前台。

所幸，窝阔台的后代中出现了一位佼佼者海都。这位原本不该成为历史主角的人，从隐忍到勃发，以恢复先人汗位为旗帜，纵横捭阖，终于建立了窝阔台汗国，使窝阔台家族重新在当时的世界上有了一席之地。

然而，海都一生的奋战，虽然一度将窝阔台汗国打造成为首屈一指

的强国，但他面对的主要敌人，却是雄才大略的忽必烈。这使他终究未能恢复祖先的汗位，其生命最辉煌的时刻，也总被忽必烈的光彩所掩盖。而当他含恨去世之后，又因为自己的所托非人，使得窝阔台汗国迅速衰亡。成为一颗在历史天空中发出耀眼光芒，而又转瞬即逝的流星。

一、帝国的第二代大汗窝阔台

公元1227年，大蒙古国的缔造者成吉思汗病逝。在大蒙古国之前，一个游牧帝国，在其伟大的领袖死后，总会出现动荡甚至战乱，但成吉思汗是不会有这个担心的。在他生前，他已经让自己所有的儿子和重臣认可了自己所定的继承人，而这个继承人文韬武略均属上乘，能力与威望都毫无问题。

窝阔台汗

这个继承人，便是他的三子窝阔台。

但是，窝阔台却没有在成吉思汗去世后立即继承汗位，而是在三年之后才成为大蒙古国的第二任大汗。三年中，大蒙古国的执政者，是他的四弟，成吉思汗的幼子拖雷。

按照传统，大汗即位应该召集所有宗王召开"库里勒台"，虽然成吉思汗生前定下了继承人，这个规矩也是必须遵守的。而在"库里勒台"召开之前，按照"幼子守灶"的规矩，拖雷理所当然地可出任监国。

然而，正因为这三年时间，窝阔台和拖雷之间原本亲密的兄弟之情出现了裂痕，这裂痕在之后逐渐扩大，直接导致了拖雷之死，导致了窝阔台家族和拖雷家族的仇恨，导致了大蒙古国汗位之争，也最终导致了窝阔台汗国的出现。

1.窝阔台的艰难即位

1229年8月初，在怯绿连河（今克鲁伦河）的曲雕阿兰之地，大蒙古国决定第二任大汗的"库里勒台"召开了。

成吉思汗诸弟诸子各大家族的贵族以及众多重臣都参加了大会，在进行了三天的欢庆和盛宴之后，大会正式开始讨论立汗问题。

按说，成吉思汗生前已经定下了继承人，只要大会一召开，窝阔台应该很顺利地成为大汗才是。

但是这个大会竟然开了四十天都没有结果，贵族们"每天都换上不同颜色的新装，边痛饮，边商讨国事"[1]

---

[1] [波斯]志费尼著，何高济译：《世界征服者史》（上册），内蒙古人民出版社1980年版，第217页。

好像光专注于吃喝，就是不决定谁来继位。

而原本应该当仁不让的窝阔台，面对诸多宗王的推戴，也在大会上一再地推辞汗位："尽管成吉思汗的命令，实际上是这个意思，但是有长兄和叔父们，特别是大弟拖雷汗，比我更配授予大权和担当这件事，因为按照蒙古人的规矩和习俗，幼子乃是家中之长，幼子代替父亲并掌管他的营地和家室…我怎么能在他活着时，并当着他们的面登上合罕之位呢？"[1]

这就奇怪了，当年成吉思汗确定窝阔台为继承人时，不但术赤和察合台公开宣布愿意服从窝阔台，拖雷更是表示："我愿在父汗指定继位的兄长身边，把他忘记的事情告诉他，在他睡着时叫醒他。作应声的伴从者，做策马的长鞭。应声不落后，前进不落伍。我愿为他长途远征，愿为他短兵搏战"[2]，完全没有以幼子的身份争夺储位的意思。怎么到了这个时候，窝阔台反而拿出幼子守灶的传统，认为拖雷更有资格即位呢？

窝阔台并不是真的谦虚，而是看出了大会上的诡异气氛，那个曾经表示无条件支持自己的弟弟拖雷已经变了，享受了三年至高权力的他已经对自己的即位持保留态度了。而宗王们也"多归心拖雷"[3]，所以才会

拖雷

①[波斯]拉施特著，余大钧、周建奇译：《史集》第2卷，商务印书馆2014年版，第28页。
②余大钧译注：《蒙古秘史》255节，内蒙古大学出版社2014年版，第468页。
③冯承钧译：《多桑蒙古史》，中华书局2004年版，第206页。

四十多天不能议定。窝阔台只能以退为进，用谦逊来稳住局势，同时，他请父亲的老臣耶律楚材出面，去说服拖雷。

耶律楚材是成吉思汗的近臣，专司问卜，成吉思汗对他非常信任，不直呼他的名字，而是以"吾图撒合里"，也就是长胡子的昵称来称呼他。虽然他此时还算不得位高权重，但成吉思汗的儿子们都很尊重他，也敬畏他能够预测天意的本事。

耶律楚材也深知，再这么拖下去，弄不好会酿成大乱，他秘密的会见了拖雷，对他晓以利害："此宗社大计，宜早定"，拖雷还是不太情愿，推脱说："事犹未集，别择日可乎？"耶律楚材道："过是无吉日矣"。

同时，耶律楚材又面见了察哈台，对他说："王虽兄，位则臣也，礼当拜。王拜，则莫敢不拜"。察合台本就和窝阔台亲密，听到此言"深然之"①。

终于，出于对天命的恐惧，也因为二哥察合台属意于窝阔台，拖雷放弃了争夺汗位的企图，主动迎请窝阔台即位，"察合台汗拉着窝阔台合罕的右手，拖雷汗拉着左手，他的叔父斡赤斤抱住他的腰，把他扶上了合罕大位"②。

窝阔台终于成为了大蒙古国第二任大汗，但是，即位的艰难，使他对自己的四弟拖雷产生极大的不满，这种不满逐渐发酵，为大蒙古国的将来蒙上了厚重的阴霾。

2.深肖父躬的武功——绰儿马罕西征

虽然即位饱受波折，但成为大汗后窝阔台却没有反攻倒算，而是继承父亲的遗志，继续大蒙古国的对外征服，他需要用不逊于父亲的武功来证明自己是合格的继承人。

即位的同年，窝阔台汗便发动了"绰儿马罕西征"。

众所周知，大蒙古国曾有过三次西征，成吉思汗针对中亚花剌子模的西征，拔都领导的"长子西征"以及旭烈兀的西征。不过，在第一和第二次西征之间，窝阔台汗还发动过一次规模不小的西征，只是因为这是为了给成吉思汗的西征做扫尾工作，才为人所忽视。

这次西征的统帅是绰儿马罕，蒙古雪尼惕部人，是成吉思汗时代便功勋卓著的老将，参与了第一次西征，还跟随哲别、速不台一直打到东欧。

①[明]宋濂等撰：《元史》卷一百四十六，列传三十三《耶律楚材传》，中华书局2008年版，第3457页。
②[波斯]拉施特著，余大钧、周建奇译：《史集》第2卷，商务印书馆2014年版，第28页。

扎兰丁塑像

他的这次西征，主要目标是欲图恢复花剌子模帝国的扎兰丁。

要说在蒙古帝国强盛时与其对阵的人物中，扎兰丁是相当出类拔萃的。他"勇敢异常，性沉毅，寡言笑"[1]，勇猛坚毅，百折不挠。成吉思汗西征时，花剌子模诸军望风披靡，苏丹摩诃末只知逃跑，而他几乎是独自挑起了救亡的重担，率领为数不多的军队正面迎击，甚至在八鲁湾一战中全歼蒙古军三万余人，取得了辉煌的胜利。在失败后，他又孤身一人流亡印度，等到蒙古大军撤退，便返回故乡，开始了复兴国家的战斗。

但是，扎兰丁是个类似于项羽的人物，他善于指挥作战，具有很强的个人魅力，却是个政治上的白痴。不懂得如何团结各种力量为自己所用，眼光也相当有限。

在八鲁湾的胜利后，他因为战利品分配不公导致将领离心，数万大军一夜星散，失去了乘胜扩大战果的机会。

而在他从印度返回的复国战争中，他的短视也让一切努力付诸东流。

1223年，扎兰丁从北印度前往伊朗南部克尔曼、法尔斯，次年抵达伊朗西北部剌夷城，宣布恢复花剌子模帝国，并树起大旗招募军队。

虽然花剌子模帝国强盛的时间不长，但毕竟也有些根基，再加上蒙古军在各地杀戮甚惨，人心都希望回到花剌子模时期的安定，扎兰丁旌旗所到之处，军队蜂集，很快便有了十几

①冯承钧译：《多桑蒙古史》下册，中华书局2004年版，第444页。

万大军。凭借着武装力量，1225年，扎兰丁攻占帖必利斯，并占领格鲁吉亚首府第比利斯。到1228年，伊朗西部基本上为扎兰丁所占据，他建立了"第二花剌子模帝国"。

但很快，扎兰丁的弱点便暴露无遗。恢复国家后，他毫不考虑蒙古军卷土重来该如何应付，而是忙着与各地统治者争夺地盘、四处杀掠，根本无法团结伊朗反蒙古人的各方力量，导致孤军苦战，疲于奔波。非但如此，扎兰丁对士兵掠夺当地百姓听之任之，拒绝惩处士兵的不法行为。当人民的怨愤，部下进谏时，扎兰丁满不在乎地说："如今我们是为争夺世界而战，而不是统治世界，在征讨世界时不必保护剌亦牙惕（人民）。只有当我们开始统治世界时，才对控告者给予公正裁判。"①

人们之所以支持他，是因为蒙古人的残暴，而他的统治也是残暴不仁，又如何凝聚人心？可以说，一切刚开始，就结束了。

1229年，绰儿马罕率十万大军西征，1230年西行至阿塞拜疆。此时的扎兰丁四面楚歌，甚至拿不出一支像样的军队来做一次真正的抵抗。伊朗西部各地诸侯闻风丧胆，各城邑纷纷降服。"两月之间，蒙古军历陷底牙儿别克儿、美索波达米亚、额儿比勒、起剌特等地。未见一人敢执兵以抗。"②

扎兰丁只身逃往伊朗西北部山区阿米德附近，1231年被当地库尔德人所杀，他的残部溃散。"第二花剌子模帝国"只存在了不到四年便烟消云散。

扎兰丁既死，绰儿马罕继续扩大战果。从1231到1241的十年间，他转战外高加索、亚美尼亚、格鲁吉亚和小亚细亚，并两度侵袭巴格达。

1241年，绰儿马罕病死军中，拜住诺颜继任其职，继续征略叙利亚、小亚细亚、伊拉克等地。小亚细亚的塞尔柱王朝实在抵挡不住，交纳四十万第纳尔的赔款换取安宁，从此变成了蒙古帝国的藩属，安条克王国、亚美尼亚王国也有样学样，向拜住派遣使节求和。

至此，伊朗大部分地区和高加索诸国均为蒙古军所征服。而剩下的地区，则要等到二十年后，旭烈兀的西征来扫平了。

3.深肖父躬的武功——灭亡金朝

绰儿马罕西征后，窝阔台汗又组织了"长子西征"，征服罗斯诸城邦，并残破波兰、匈牙利。这次西征在金帐汗国一章中有过详细介绍，此处不赘。

---

①[波斯]拉施特著，余大钧译：《史集》第三卷，商务印书馆2014年版，第75页。
②冯承钧译：《多桑蒙古史》下册，中华书局2004年版，第447页。

而在与绰儿马罕西征的同时，窝阔台汗亲自领兵，开展了对金朝的灭国之战。

金朝在成吉思汗时代屡遭重创，此时已经迁都南京汴梁（今开封），辽东、山东、河北、山西的大片土地都已丧失，仅剩下陕西、甘肃东南部、河南、江苏和安徽一部，已经处在崩溃边缘。但此时，第九代皇帝完颜守绪已经即位，是为金哀宗。这是一个力图恢复的皇帝，即位后全面否定了自己的父亲金宣宗的错误策略，与西夏、南宋媾和，起

金哀宗完颜守绪

用完颜合达、完颜陈和尚等能战之将，金朝一度颇有中兴气象。

大蒙古国的崛起是以进攻金朝为开端，成吉思汗生前念念不忘的，便是消灭这个世仇。窝阔台汗自然不能坐视金朝恢复元气。1230年，窝阔台汗率大军南下。

1230年8月，窝阔台汗攻陷卫州（今河南卫辉市），但在两个月后，金哀宗派完颜合达、移剌蒲阿二将率兵十万将卫州复夺。11月，窝阔台汗又派军攻打潼关，岂料常胜名将速不台竟然败于完颜陈和尚之手，潼关未能攻克。窝阔台汗斥责了速不台，让

他立功自效，并加大了进攻力度。12月，蒙古军先后攻破了天胜寨（今河北固安县东南）及韩城（山西襄垣县北郊）、蒲城（今山西隰县西北;河南长垣县;河南叶县北）。

到1231年2月，蒙古军攻陷凤翔，使得金朝彻底失去了潼关以西的土地。到5月，窝阔台汗召集诸将商讨灭金策略，定下了"以中军自碗子城南下，渡河，由洛阳进;斡陈那颜以左军由济南进;而拖雷总右军自凤翔渡渭水，过宝鸡，入小潼关，涉宋人之境，沿汉水而下。期以明年春,俱会于汴"[1]的策略。

①[明]宋濂等撰:《元史》卷一百一十五，列传第二《睿宗传》，中华书局2008年版，第2886页。

是年9月，蒙古大军开跋。12月，中路军在窝阔台汗率领下攻陷河中府，河中背靠关陕，南阻黄河，地势重要，被金朝认为是"国家基本所在"，当金朝准备由中都迁都时，有人曾主张迁到河中。在平阳、太原等地相继失守后，河中成了金朝在黄河以北的唯一战略据点。河中府的沦陷，使得金朝所凭依的黄河天险不复存在了。

右路军在拖雷的率领下，越过原由南宋军队据守的险隘饶峰关（今陕西西乡县东北），来至金州（陕西安康）。金州在汉水之南，可以顺流而下直抵襄、樊。但是拖雷没有走便捷的水路，而是由金州向东南方向挺进，进占房州（今湖北房县），然后挥师东进，在均州（湖北均县）、光化一带用皮囊渡过汉水。从而完成了"假道借宋"的战略。

拖雷军转战千里，迂回到金朝的后方，中路军屯兵河中。两者遥遥呼应，对金朝形成腹背夹攻的形势。金哀宗大惊，忙令各路金军南下，金朝最后的主力二十万人会集于邓州（今河南邓县），准备迎击拖雷的右路军。

此时拖雷所部只有四万人，在禹山与金军初战不利，于是放弃强攻，留一部牵制监视金军，而以主力渗透入金军后方，"泌阳、南阳、方城、襄、郏至京诸县皆破，所有积聚焚毁无余"，断掉了金军的后方补给。金军粮草匮乏，又怕蒙古军乘虚偷袭汴梁，只好北撤。而拖雷却采用了速不台"城居之人不耐劳苦，数挑以劳之，战乃可胜也"[1]的策略，命蒙古骑兵沿途骚扰，金军不得休息，又缺军粮，疲饿不堪。

当金军撤退到钧州（河南禹县）三峰山时，窝阔台汗的中路军已经包围了汴梁，并派出口温不花（成吉思汗异母弟别里古台之子）率一万骑兵支援拖雷，堵住了进军的退路。

金军无奈，只得在三峰山与蒙古军决战。此时金军有步兵十二万，骑兵二万，而拖雷所部加上援兵不过五万，若金军能破釜沉舟拼死一战，还有胜利的机会。然而此时金军的士气已经在连日的行军中消磨殆尽，再加上天降大雪，"金人僵冻无人色，几不能军"，已经完全失去了战斗力。拖雷率军猛攻，金军"流血被道，资仗委积"[2]，全面崩溃。

三峰山一役，金军强将锐卒损失殆尽，完颜合达、移剌蒲阿、完颜陈和尚、杨沃衍、高英、樊泽、张惠等能战之将尽数死难，"金事已去

①[明]宋濂等撰：《元史》卷一百二十一，列传第八《速不台传》，中华书局2008年版，第2977页。
②[明]宋濂等撰：《元史》卷一百一十五，列传第二《睿宗传》，中华书局2008年版，第2887页。

十九"①，此后的历史，便是金朝一步步走向死亡的流水账：

1232年正月，蒙古军攻占钧、商（今陕西商州市）、虢（今陕西宝鸡）、汝（今河南汝州）、陕（今河南三门峡市）、洛（今河南洛阳）、许（今河南许州）、郑（今河南郑州）、陈（今河南淮阳县）、亳（今安徽亳州市）、颖（今安

蒙金战争示意图

徽阜阳市）、寿（今安徽凤台县）、睢（今河南睢县）、永（今河南永城县）等州，并不停猛攻汴梁；

12月，金哀宗放弃汴梁，逃往归德（今河南商丘）；

1233年初，汴梁陷落；

6月，哀宗离开归德，先逃向亳州后又至蔡州(今河南汝南县)；

9月，蒙古军与南宋军联合，包围蔡州；

12月，金朝海(今江苏连云港市)、沂(今山东临沂市西)、莱(今山东莱州市)、潍（今山东潍坊市）等州降蒙；

1234年正月初九，在蒙宋联军攻

城日急的关头，金哀宗传位于完颜承麟。初十日，蒙宋联军攻入城中，哀宗自缢身亡。只做了一天皇帝的金末帝完颜承麟战死，延续了119年的大金王朝灭亡。

从1211年成吉思汗首次南下伐金开始，大蒙古国经过二十三年的不断征战，终于在窝阔台汗时代实现了消灭世仇的夙愿。窝阔台汗可以告慰父亲的在天之灵了。

然而，当他告慰父亲时，一定不敢提另一件事——他的四弟拖雷在伐金回军途中死亡。而且，死亡的原因与他有莫大关系。

①[元]脱脱等撰：《金史》卷一百一十二，列传第五十《移剌蒲阿传》，中华书局1990年版，第2475页。

4.巫水之谜

1232年三峰山之战后，金军主力覆灭，接下来的战争已经用不着身为大汗的窝阔台亲临指挥了，窝阔台汗准备返回蒙古本土，拖雷与他同返。而就在是年6月，拖雷死于军中。

关于拖雷的死因，各种史书都记载，是因为"巫水"。

《元史》的记载是："五月，太宗不豫。六月，疾甚。拖雷祷于天地，请以身代之，又取巫觋被除衅涤之水饮焉。居数日，太宗疾愈，拖雷从之北还，至阿剌合的思之地，遇疾而薨，寿四十有阙。"[①]

在《史集》中，记载的内容完全一样，只是过程更为详细生动："合罕（窝阔台）病了几天并开始有了好转，拖雷汗来到了他的床头，珊蛮便按他们的习俗施行了巫术，在一大钵水中洗涤了他的病身。拖雷汗由于对其兄所怀有的炽爱，便拿起了那只钵，诚挚地祷告道：'长生天神啊！你无所不管，并且知道，如果有罪的话，那也是我作得最多，因为在征服各地区之时杀害了那么多人，俘虏了他们的妻子、儿女，使他们痛心。如果你是为了他的善良和英勇要把窝阔台合罕取去，那么，我更善良，也更英勇些，请饶了他，不要召去他，把我召去吧！'他说了这些话后，诚挚地祷告着，喝掉了那洗病的水。窝阔台合罕痊愈了，拖雷汗便在得到允许之后动身了。过了几天，他就得病去世。"[②]

也就是说，当窝阔台汗患病危机之时，出于对他的爱，拖雷向上天祷告，以身代之，喝下了祛病的巫水，结果代替哥哥一病而亡。这是一个有关兄弟之情感人至深的故事。

然而，在《蒙古秘史》中，故事的梗概虽然差不

萨满服饰

①[明]宋濂等撰：《元史》卷一百一十五，列传第二《睿宗传》，中华书局2008年版，第2887页。
②[波斯]拉施特著，余大钧、周建奇译：《史集》第2卷，商务印书馆2014年版，第37页。

多，却多了一些情节："窝阔台……驻营于龙虎台。在那里，他得了病，口不能言。得病难过时，人们让巫师占卜，他们说：'金国的土地神、水神，因为他们的百姓、人口被掳，各城被毁，所以急遽为祟'。占卜时，许神以百姓、人口、金银、牲畜、替身禳之，神不答允，为祟愈急。占卜时，又问神：'可以用亲人作替身吗？'这时，作祟放慢了，窝阔台合罕睁开了眼睛，索取水喝，问道：'怎么啦？'巫师奏禀说：'金国的土地神、水神们，因为他们的地方和水被毁，百姓、人口被掳，急遽作祟，占卜时许神以别的什么为替身禳之，神作祟愈急。又问：可否用亲人做替身，作祟就放慢了。如今听凭圣裁。'窝阔台降旨说：'如今朕身边的宗王有谁？'宗王拖雷正在他身边，就说：'……让我来替我的合罕兄长吧。……我面貌美好，身材高大。可以侍奉神。巫师你来诅咒吧！'说着，巫师就诅咒了，把诅咒的水让拖雷大王喝下。拖雷坐了片刻，说道：'我醉了，等我醒过来时，请合罕兄长好好照顾孤单年幼的侄儿们、寡居的弟媳吧！我还说什么呢？我醉了。'说罢出去，就去世了。"[1]

《蒙古秘史》中多出来的情节有两个，第一是用宗王来代替窝阔台汗去死，是巫师提出，窝阔台汗同意，而拖雷正好在身边，于是成为代大汗而死的人。第二是拖雷并不是如《元史》《史集》中所记载的一段时间之后才病逝，而是喝下巫水后马上就死亡了。

相对而言，《蒙古秘史》成书年代更近，所记载的应该更接近事实。而这事实是极为黑暗与恐怖的。

窝阔台汗如此凑巧的得病，巫师如此凑巧的提出要用大汗的亲人代死，拖雷如此凑巧的正好在窝阔台汗身边，而当拖雷死后，窝阔台汗又凑巧的病愈了。

这一个又一个的凑巧，只能指向一个答案：这是窝阔台汗与巫师自编自导自演的逼杀，拖雷在无奈之下被迫喝下了其实是毒药的巫水，含恨而死。

至于窝阔台汗为什么这么做，原因很简单，拖雷的实力本就过于强大，摄政三年后差点让窝阔台不能即位，而灭金之战中又立了首功，其威望如日中天，即使不会威胁窝阔台汗的地位，也必然会威胁他子孙的地位。那么，用这种方式除去这个隐患，对窝阔台汗来说是最安全也最不容易留下骂名的。

也许会有人说，这是阴谋论，历史明明记载这是兄弟友爱，为什么就不能相信人性之真善美？

①余大钧译注：《蒙古秘史》，内蒙古大学出版社2014年版，第507—508页。

唆鲁禾帖尼

那么，还有其他证据。

拖雷是代替窝阔台汗而死，是对窝阔台汗有救命之恩。何况他留下遗言，希望窝阔台汗要照顾自己的寡妻幼子。那么，窝阔台汗是怎么报答兄弟的呢？

他先是将拖雷家族的逊都斯两个千户以及雪尼惕一个千户拨给自己的次子阔端。后来更是想强迫唆鲁禾帖尼改嫁给自己的长子贵由，以便名正言顺的将拖雷系所有财产、军队划归自己家族管辖。

面对窝阔台汗的步步紧逼，唆鲁禾帖尼首先委曲求全，主动割让逊都斯两个千户以及雪尼惕一个千户，以换取家族的安宁。而当窝阔台汗动

了彻底吞并拖雷遗产的念头后，则绵里藏针地回复说希望能够抚养拖雷的孩子们到成年之后，委婉地拒绝了改嫁。①

兄弟替你而死，而你却欺负他的孤儿寡母，兄弟友爱又在哪里呢？而窝阔台汗并不是一个无端欺凌弱小的人，对唆鲁禾帖尼的逼迫，是削弱拖雷家族的既定方针，而这方针的第一步当然就是除掉这个家族的掌门人拖雷。

拖雷的死，使窝阔台汗除掉了心

腹之患，但是他也给自己的子孙制造了一个可怕的仇敌——拖雷的妻子和儿子们，而仅仅十六年后，窝阔台家族便遭到了严酷的报复。

5.宽厚而纵驰的统治

虽然对弟弟比较心狠手辣，但并不是说窝阔坦汗是一个残暴的人，权力是最能腐蚀人性的，无论什么样的性格，被权力所禁锢，便会干出很多违背自己天性的事。

窝阔台汗其实是一个"有宽宏之量，忠恕之心"②的人，据他身边

①[波斯]拉施特著，余大钧、周建奇译：《史集》第2卷，商务印书馆2014年版，第208~209页。
②[明]宋濂等撰：《元史》卷二，本纪第二《太宗本纪》，中华书局2008年版，第37页。

近侍的记载，他"天容睟表，一类释迦真象，仁厚有余，言辞极寡，服御简素，不尚华饰，委任大臣，略无疑二，性颇乐饮。及御下听政，不易常度。当时，政归台阁，朝野欢娱，前后十年，号称廓廓无事"①。

十三年的执政期，窝阔台汗除了对外征服不逊于父亲，内政上比父亲更进一步。他于1235年在鄂尔浑河岸边建成了哈剌和林城，将之作为大蒙古国的首都，改变了成吉思汗时期没有固定首都的状态。

哈剌和林城南北约四里，东西约二里，蒙古大汗的万安宫在城之西南角，有宫墙环绕，周约二里，"……城里有两个地区：一是萨拉森人区，市场就在这个区里。许多商人聚集在这里，这是由于宫廷总是在他附近，也是由于从各地来的使者很多。另一个是契丹人区，这些契丹人都是工匠。除这些地区外，还有宫廷书记们的若干座巨大宫殿，十二座属于各种不同民族的异教徒的庙宇，两座伊斯兰教寺院，一座基督教徒的教堂。城的周围环绕着土墙，并有四个城门"②。建成之后，这里不但是大蒙古国的政治中心，并成为东西方贸易的重要枢纽，集中在这里的商品种类众多，数量巨大，"来自东方

哈剌和林遗址

①[元]王恽：《杂著》，《全元文》第六册，江苏古籍出版社1999年版，第244~245页。
②[英]道森著，吕浦译，周良霄注：《出使蒙古论》，北京：中国社会科学出版社1983年版，第203页。

和西方，从契丹到鲁木的商品，连同各地各族的货物，堆积如山，分门别类堆放"①，使得蒙古高原的繁荣又进入了新的高度。

同时，窝阔台汗在制度建设上也在父亲的基础上进行了完善，除了保持大断事官制，继续任命公正的失吉忽秃忽为大断事官，还效法汉法，设立中书省，启用耶律楚材为中书令。虽然中书令的地位在大断事官之下，但其掌握着宣发号令、朝觐贡献和敷奏之权，因此权力也很大，这使得耶律楚材充分发挥了自己的治国才能。而窝阔台汗对耶律楚材也是百分之二百的信任，不但让他出任中书令，还在调整赋税户籍制度后，命耶律楚材和牙剌洼赤分别主管中原汉民和西域诸地赋调，又赋予了耶律楚材巨大的财政权。

在耶律楚材、牙剌洼赤等能臣的辅佐下，窝阔台汗治下的大蒙古国，"华夏富庶，羊马成群，旅不匮粮，时称治平"②。

但是，窝阔台汗虽然文治武功不逊乃父，但修身和自制方面就比成吉思汗差远了。比如滥赏和酗酒，便是窝阔台汗终身没能摆脱掉的恶习。

窝阔台汗的滥赏，可以说到了让人匪夷所思的地步。

伊朗史学家拉施特编纂的《史集》中记载，经常有人会到窝阔台汗面前请求钱财，有的说是为了还债，有的说是为了做生意，而且动不动便是数百乃至上千金巴里失，而窝阔台汗总是来者不拒，甚至有人拿了钱转眼挥霍掉了，他也不以为意。尤其是在哈剌和林城修建完成后，窝阔台汗一次巡查国库，看到存有两万金巴里失。便道："我们积蓄这些有什么用？经常都要看守着，去宣布，让那些渴望取得巴里失的人来领取吧"③。于是乎，全城的贵族、大臣、百姓、商人、士兵一人拿一份，皆大欢喜，可国库一下子空空如也。要是有用钱的时候怎么办，窝阔台汗就不管了。另一位伊朗史学家志费尼在自己的《世界征服者史》中写道，"没有人得不到他的赐物或份儿离开他的御前，也没有乞赏者从他嘴里听见'不'或'否'字。"④

滥赏虽然会使国家陷入财政困难，但当时大蒙古国富甲世界，又有

---

①[伊朗]志费尼著，何高济译：《世界征服者史》上册，内蒙古人民出版社1981年版，第302页。
②[明]宋濂等撰：《元史》卷二，本纪第二《太宗本纪》，中华书局2008年版，第37页。
③[波斯]拉施特著，余大钧、周建奇译：《史集》第2卷，商务印书馆2014年版，第94页。
④[伊朗]志费尼著，何高济译：《世界征服者史》上册，内蒙古人民出版社1981年版，第238~239页。

耶律楚材、牙剌洼赤这些能臣治理，还不算太大的问题。但酗酒，便直接关系到窝阔台汗的身体，也关系到国家的稳定了。

窝阔台汗极好杯中之物，"经常喝的酩酊大醉，并且在这方面无所节制"[1]。他的二哥察合台为了控制他饮酒，指派了一名大臣专门监督他饮酒的数量。可窝阔台汗却耍了心眼，将小杯换成大杯，这样数量看似少了，但喝得更多了。他最信任的耶律楚材也屡屡劝谏他戒酒，并指着锈蚀的酒槽铁口说："麹蘖能腐物，铁尚如此，况五脏乎？"[2]可窝阔台汗虽然赞赏耶律楚材的忠心，赐给金帛，但也并没有接受他的劝谏。

酗酒的恶习使得窝阔台汗的身体迅速垮了下来，1241年，在位仅十三年的蒙古第二任大汗窝阔台汗在又一次暴饮之后猝死，年五十六岁。

二、窝阔台家族的衰微

窝阔台是蒙古帝国第二任大汗，成吉思汗在世的时候便确定了他的继承人身份，可说是相当显赫。可就是因为这种显赫地位，使得他在获得封地的时候远远小于其他几位兄弟。

窝阔台的封地，在叶密立（新疆额敏）和霍博（新疆和布克赛尔）地区。这与术赤、察合台和拖雷的封地相比，简直是寒酸。但这并没有什么不公平，这块封地只是为了他在继任大汗之前驻牧而用，性质与其他三兄弟不同。日后整个帝国都是你的，私有财产少点算得了什么？

所以说，在成吉思汗分封诸子之后，术赤汗国和察合台汗国的基础便已经奠定，但窝阔台汗国则连影子都没有，这小小的窝阔台封地并不是日后窝阔台汗国的雏形。

所以，当窝阔台家族失去了大汗汗位后，因为封地的狭小，以至于想要如当年的拖雷家族一般依靠封地实力对抗中央权威都无法做到，窝阔台家族遭受了巨大打击，迅速从历史舞台的中心滑落到边缘。

1.脱列哥那皇后旳擅权

窝阔台汗有七个儿子，长子贵由，次子阔端，三子阔出，四子哈剌察儿，五子合失，六子合丹，七子灭里。前五个儿子是窝阔台的正妻脱列哥那所生，是嫡子，那么按照蒙古传统最具有继承权的，应该是嫡长子贵由和嫡幼子合失。

但是，窝阔台汗也和父亲成吉思汗一样，并不属意于长子和幼子，而是最喜欢第三子阔出，"这个儿子很

---

①[波斯]拉施特著，余大钧、周建奇译：《史集》第2卷，商务印书馆2014年版，第72页。
②[明]宋濂等撰：《元史》卷一百四十六，列传三十三《耶律楚材传》，中华书局2008年版，第3462页。

聪明，生来是个幸运儿，合罕有心让他作自己大位的继承者"①。可惜，阔出年寿不永，先于父亲去世了。悲痛之余的窝阔台汗爱屋及乌，将阔出的儿子失列门养在身边，准备立为继承人。这一安排，"诸王百官皆与闻之"②，但并没有如成吉思汗立窝阔台那样正式宣布。

没有正式宣布，便不算是圣旨，当窝阔台汗暴死之后，隐患就出现了。

原来，皇后脱列哥那最喜欢长子贵由，认为舍子立孙是不对的，而按照蒙古的传统，大汗去世后，在新大汗即位之前，由皇后摄政。脱列哥那皇后便打算趁势将贵由推上汗位。

窝阔台汗去世时，拔都的西征大军还在外征战，脱列哥那一面派出急使召贵由回来，一面开始着手清理朝堂，将自己的反对者除掉。

首当其冲的，是中书左丞相镇海和掌管西域人赋调的牙剌洼赤，但这二人都十分机警，感到事态不对便立即逃亡到窝阔台汗次子阔端处避难。阔端在窝阔台汗在位时，也屡立大功，征服了西藏之地，但母亲却偏向大哥贵由，反而以"病体奄奄"③为理由把他排除在汗位候选人之外，因此早有不满，他将镇海和牙剌洼赤收留下来，不管母亲怎么索要都拒不交人。

镇海和牙剌洼赤虽然逃得一命，但再也不能发挥作用，窝阔台汗的老臣就剩下中书令耶律楚材了。

一向谨慎小心的耶律楚材此时已经年过半百，不愿再退缩，为报答窝阔台汗的知遇之恩，以"自有先帝遗诏在，遵

耶律楚材

---

①[波斯]拉施特著，余大钧、周建奇译：《史集》第2卷，商务印书馆2014年版，第9页。
②[明]宋濂等撰：《元史》卷三，本纪第三《宪宗本纪》，中华书局2008年版，第44页。
③[伊朗]志费尼著，何高济译：《世界征服者史》上册，内蒙古人民出版社1981年版，第294页。

之，则社稷幸甚"①为理由，与脱列哥那皇后针锋相对，"面折廷争，言人所难言"②。但是脱列哥那皇后在清除异己之后，"用巧妙和狡猾的手腕，她控制了一切朝政，并且施给各种小恩小惠，请客送礼，赢得了她的族人的欢心，顺从她和愉快地听着她的吩咐和指令，而且接受她的统治"③，将诸多宗王大臣笼络于身边，耶律楚材独木难支，反而遭到"百计攻讦"，被排挤出朝堂。窝阔台汗去世三年后，耶律楚材也"愤悒而死"④，年五十五岁。

耶律楚材一死，脱列哥那皇后便没有了任何顾虑，虽然术赤家族的家长拔都和贵由不和，不愿参加"库里勒台"，但在其他家族都没有意见的情况下，拔都一人的缺席是不会有什么作用的。

终于，在窝阔台汗去世五年后，公元1246年，在哈剌和林附近的达兰达葩，"库里勒台"召开，贵由毫无争议的被推举上位，成为大蒙古国第三任大汗。

然而，脱列哥那皇后很快便对自己的选择后悔了。贵由汗虽然是母亲一手操作立为大汗的，但却并不是一个甘心被母亲操控的弱势君王。即位不久，他便处死了母亲最为信任的心腹法迪玛，重新启用被母亲逼走的老臣镇海，从母亲手中夺回了统治权，脱列哥那皇后又气又急，贵由汗继位不过一年，她便去世了

而脱列哥那皇后更为后悔的是，贵由汗只比她多活了一年，窝阔台家族也因为贵由汗的死而永远失去了蒙古大汗的宝座。

2.斡兀立皇后的失败摄政

贵由汗在位时间非常短暂，只有两年，而在这两年中他最主要的作为是收拾大蒙古国内部自己的反对势力，稳固自己的汗位。首先，他先对大蒙古国的左翼宗王，也就是成吉思汗兄弟的封国下手。因为成吉思汗的幼弟，东部宗王实力最强的斡赤斤曾在窝阔台汗去世时有过"称兵和林"，抢夺汗位的企图，贵由汗对他进行了严厉的惩处，虽然没有处死斡赤斤，但将他诸多心腹处死。同时，贵由汗还废黜了察合台汗国第二任汗哈剌旭烈，改立与自己友善的察合台第五子也速蒙哥为察合台汗国之汗。

①[元]宋子贞：《中书令耶律公神道碑》，《全元文》第一册，江苏古籍出版社1999年版，第180页。
②[明]宋濂等撰：《元史》卷一百四十六，列传三十三《耶律楚材传》，中华书局2008年版，第3463页。
③[伊朗]志费尼著，何高济译：《世界征服者史》上册，内蒙古人民出版社1981年版，第283页。
④[元]郝经：《立政议》，《全元文》第四册，江苏古籍出版社1999年版，第88页。

而最大的动作，是贵由汗以到西部养病为名，率大军西进，准备偷袭反对自己称汗最激烈的拔都。然而，拔都很快接到了拖雷遗孀唆鲁禾帖尼的警告，先下手为强，贵由汗在行军途中神秘死去。

贵由汗的死使得窝阔台家族顿时陷入了混乱，虽然贵由汗的皇后斡兀立也效法自己的婆婆在丈夫死后摄政，但早已各怀心事的窝阔台家族成员都不拿这位新任大家长当回事。

斡兀立皇后打算将窝阔台汗所指定的继承人失列门扶上汗位。但是，贵由汗的几个弟弟，

蒙哥汗

窝阔台家族最有实力的阔端，最善于打仗的合丹，以及哈剌察儿、灭里等人，都已经倒向了拖雷家族，暗中准备支持拖雷的长子蒙哥。而贵由汗的三个儿子，长子忽察与次子脑忽都认为应该由自己继承汗位，他们完全无视斡兀立皇后的权威，各自为政自行其是，而三子禾忽则知道自己没有争位的希望，也倒向了拖雷家族。

窝阔台家族这种四分五裂的局面，给了拖雷家族充分的机会。唆鲁禾帖尼先后拉拢了术赤家族和左翼诸王各家族，形成了强大的政治联盟，然后，在术赤和拖雷两大家族强大武力的护卫下，在斡难—怯绿连地区召开了"库里勒台"。

大会上，完全是一面倒的局面：拖雷家族自然是谋求自家夺得汗位，术赤家族以拔都为首，全部支持拖雷的长子蒙哥继承汗位，察合台家族的家长也速蒙哥虽然支持窝阔台家族，但以哈剌旭烈为首的贵族因为贵由汗曾经的废立之举而支持蒙哥，窝阔台家族中也有半数人支持蒙哥，成吉思汗四个弟弟的家族也全部支持蒙哥。斡兀立皇后和她所想推举的失列门可说是毫无机会，忽察、脑忽二人更是连提都没有人提。

蒙哥成为大汗已经是无法挽回的了，但如果斡兀立皇后、失列门、忽察、脑忽等人能够参加大会，顺水推舟，也能在新任大汗治下获得一份荣华富贵，可他们不甘失败，不但拒不参加大会，反而准备发动兵变，以武力袭击大会，强行推举失列门为汗。

1251年7月1日，拖雷的长子蒙哥在诸王的推戴下，成为大蒙古国第四任大汗。就在他进行即位的宴饮之时，失列门、脑忽率领的部队逼近了会场。然而，拖雷家族久经策划要夺取汗位，怎么会不对自己的反对者多加留心呢，蒙哥和拔都的重兵早就埋伏在会场周围，失列门等人的部队尚未展开行动，便被包围缴械，失列门、脑忽被押送会场看押起来。

大蒙古国的"库里勒台"是极为神圣的，有什么矛盾可以争论可以吵闹，但带兵袭击大会，这是大逆不道的。这给了刚登基的蒙哥汗一个极佳的借口进行大清洗，窝阔台家族的灾难开始了。

3.蒙哥汗的大清洗

《世界征服者史》的作者志费尼曾有一句著名的话："谁要种下枯苗，谁就绝无收获，可是，谁要是种下仇怨的苗，那大家一致认为，谁就将摘取悔恨的果实"[①]。当年窝阔台汗利用巫水将拖雷置于死地的时候，恐怕不会料到自己的子孙将会遭到什么样的报复。

1252年初夏，蒙哥汗开始了对"谋逆"诸人的审判。因为证据确凿，审判极为顺利。失列门、脑忽被判处从军，数年后，失列门仍被处死。忽察被流放高丽。斡兀立皇后被要求觐见蒙哥汗，只要她从命，便可免罪，但这位皇后反而对使者言道："你们这些宗王们曾经允诺并做出过保证，大位将永远属于窝阔台合罕家，任何人也不得与他的儿子们对抗，现在你们却不守信用！"[②]

这样的强硬，使得蒙哥汗大为恼怒，立即下令将斡兀立皇后和失列门的母亲哈答合赤一起抓捕，在进行了严酷的审判后，以"厌禳"的罪名将两个女人扔进水中处死。

察合台家族的家长也速蒙哥以及察合台的孙子不里，在这次议定大汗的"库里勒台"上支持失列门，蒙哥汗自然不会放过他们，下令废黜了也速蒙哥察合台汗国可汗的汗位，将他处死。不里被交给与他一直有矛盾的拔都，被拔都处死。哈剌旭烈重新被册封为察合台汗国之汗。

---

①[伊朗]志费尼著，何高济译：《世界征服者史》上册，内蒙古人民出版社1981年版，第93页。
②[波斯]拉施特著，余大钧、周建奇译：《史集》第2卷，商务印书馆2014年版，第261页。

对于至亲骨肉都如此无情，对于普通大臣就更是鹰击毛挚，失列门、脑忽等人的臣属按只歹、爪难、合答曲怜等七十七人，忽察的臣属不合台豁儿赤、哈儿哈孙等人，也属蒙哥的臣属密兰、速蛮豁儿赤等人，贵由汗的老臣镇海、合答、宴只吉台等人，无一幸免，尽数被杀。

从大蒙古国建国以来，国家内部还从没有发生过如此大规模杀戮，这是一场极为彻底的大清洗，窝阔台家族赖以维系自身权利的势力被一扫而空，从此一蹶不振。

而对于支持自己的窝阔台家族成员，蒙哥汗则予以怀柔。阔端保留了自己的封地，合丹分得了原属察合台汗国的别失八里地区，灭里得到也儿的石河地区，哈剌察儿的儿子脱脱分得叶密立，合失的儿子海都分得了海押立（今哈萨克塔尔迪库尔干与伊犁一带）。

在做了诸般安排后，蒙哥汗感到可以高枕无忧了。他开始了自己的大汗生涯，整顿朝政，重委官吏，继续遣兵出征四方，大蒙古国在他的治下继续着强大。

不过，正所谓天道循环，蒙哥汗是借着窝阔台家族内部的分裂而获得汗位的，可当他去世后，拖雷家族也发生了内讧，窝阔台家族一个后起之秀也趁势而起，重建了家族的荣耀。

这个后起之秀，便是窝阔台汗第五子合失的儿子，被分封到海押立的海都。

三、窝阔台汗国的建立

窝阔台汗国开国汗王海都，在蒙古历史中是一个很难评价的人物。他桀骜、坚强、有权谋，以一己之力重兴了的窝阔台家族。他一生都在以维护大蒙古国的法统为己任，但也是造成大蒙古国分崩离析的责任人之一。有人说他是逆历史潮流而动的人；有人说他是"仍忠实于老传统"，并且因为这种坚持而"具有个性和大无畏的魄力"[1]。

其实，海都与忽必烈、旭烈兀、别儿哥一样，是大蒙古国在经历了一次次内部斗争而终于在蒙哥汗去世后处于分裂边缘时，趁势而起自主创业的豪杰。大蒙古国就如一个大型的股份公司，其股东便是大大小小的贵族，从成吉思汗到蒙哥汗，这间大股份公司都是在董事长的带领下经营、创业。而当蒙哥汗去世后，再没有一个被所有人承认的董事长了。各家分公司有的想成为董事长，有的想独立创业。忽必烈想成为董事长，但他没能成功，最终成就了大元王朝；旭烈兀和别儿哥分别成就了伊儿汗国和金帐汗国，而海都更是将濒于倒闭的窝

---

[1][法]勒内•格鲁塞著，蓝琪译：《草原帝国》，商务印书馆1998年版，第370–371页。

阔台分公司迅速做大，并力图使之重新成为大蒙古国的董事长。

在这样的竞争之下，很难说谁具有先天的正义性，而谁则注定是错误的。

何况，相对而言，海都重兴窝阔台家族，并希望重建以窝阔台家族为中心的大蒙古国，在法统上更有合法性；只不过，这种合法性被刻意地隐瞒，以至于让后世的人们难以看清其真相。

这个合法性便是，成吉思汗生前是否确定大蒙古国的大汗世世代代都由窝阔台家族继承？

1.《蒙古秘史》中的秘密

在《蒙古秘史》中，有关成吉思汗选定窝阔台为继承人的记载中，当窝阔台已经被确定为将来的大汗后，曾经和父亲成吉思汗有过这么一番对话：

窝阔台说："如果今后我的子孙中出了尽管裹上草，牛也不吃，裹上油脂，狗也不吃的不肖子孙，出了麋鹿敢在他面前穿越，老鼠敢跟在后面走的无能子孙，那又怎么办？"

成吉思汗的回答是："窝阔台的子孙中如果出了即便裹上草，牛也不吃，即便裹上油脂，狗也不吃的不肖子孙，难道朕的子孙中连一个好的也不会有

吗？"[1]

这番对话，成为日后拖雷家族抢夺汗位的合法性基础，既然圣祖成吉思汗都说，如果窝阔台的子孙中没有成器的，可以有其他子孙中选出大汗，那么在窝阔台家族人才凋零之际，拖雷家族挺身而出，岂不是遵照祖训，顺理成章吗？

不过且慢，如果仅有《蒙古秘史》，这就没什么问题，但把其他史书中的记载和《蒙古秘史》一对照，问题就出来了。

在《史集》中，有多处的记载与《蒙古秘史》不同，尤其在写到蒙哥继承汗位时，忠于窝阔台家族的札剌

《蒙古秘史》

---

[1] 余大钧译注：《蒙古秘史》，内蒙古大学出版社2014年版，第468页。

亦儿部贵族额勒只带的质疑时，更是直接与《蒙古秘史》完全相反。

在看到诸多宗王推举蒙哥为大汗，额勒只带站出来反对，说道："你们曾全体一致决定并说道：直到那时，只要从窝阔台合罕诸子出来的，哪怕是一块臭肉，如果将它包上草，牛不会吃那草，如果将它涂上油脂，狗不会瞧一眼那油脂，我们仍要接受他为汗，任何其他人都不得登上宝位。为什么你们另搞一套呢？"虽然蒙哥的支持者们对这样的指责不以为意，但也承认额勒只带的话是真实的，忽必烈便回答："是有过这样的约言……"①

也就是说，在窝阔台汗登基之时，各家族宗王所发下的誓言，是永保窝阔台家族的汗位永固的。《史集》的作者拉施特是伊朗人，是伊儿汗国的宰相，虽然伊儿汗国与元朝休戚与共，但他所效忠的伊儿汗廷并不是大汗之位的直接受益者，因此也就没有为尊者讳而故意篡改历史的必要，所以能够记载下对拖雷家族不利的"证言"。

用这条证据，我们可做如下推理：

首先，额勒只带作为臣子，绝不敢在各宗王面前伪造成吉思汗的遗训，忽必烈更不会承认，因此可以推定，额勒只带的话是真实的。

其次，如果说额勒只带所说是真实的，那么《蒙古秘史》中的记载便不真实了，因为如果成吉思汗指出可以由其他家族的子孙来代替窝阔台家族，那么所有宗王在窝阔台登基时所发的誓言便是违背圣祖遗训，这对将成吉思汗视为神明的蒙古人来说是不可想象的。

再次，窝阔台汗即位时，其实力与拖雷相比是处于劣势的，他绝不敢也没有力量让所有人违背成吉思汗遗训来向自己发誓。

于是，可以得出结论，《蒙古秘史》中成吉思汗指认继承人的记载，是被篡改了的。而篡改者，便是夺取了窝阔台家族汗位，并进行了大清洗的蒙哥汗。

那么，蒙哥汗为什么可以被定为"犯罪"嫌疑人呢？因为《蒙古秘史》的结束年份。

《蒙古秘史》的最后一章，写道"汇聚一起举行了极为隆重盛大的最高国事会议后，鼠儿年七月……写毕此书"。这个鼠儿年，曾被认为是1240年，也就是窝阔台汗去世前一年。但这一年大蒙古国并无大事发生，拔都的西征大军还远在欧洲，根

①[波斯]拉施特著，余大钧、周建奇译：《史集》第1卷第一分册，商务印书馆2014年版，第155页。

本不可能召开国事会议。那么，还比较合适的鼠儿年便只有1252年，这一年正是蒙哥登基为汗的年份，在他登基的"库里勒台"结束后，《蒙古秘史》也结束了。为了汗位不惜对窝阔台家族大施辣手的蒙哥汗，在记载自己祖父言行的史书中篡改一点内容，又有什么不可理解的呢？

不过，书面的东西可以篡改，可以蒙蔽千百年之后的后人，但却无法掩得住当时人们的悠悠之口，更无法阻挡窝阔台汗的子孙为夺回本该是自己的权位而不懈奋斗。

海都的崛起便是以这个理由为旗号的。

2.海都的蛰伏

因为与元朝和伊儿汗国都是敌人，所以无论是在中国的《元史》还是伊朗的《史集》中，对海都的描写都很不堪。在《元史》中，海都是被称为"叛王"，且性情"狡谲"，《史集》中海都则被说成是"奸诈而狡猾"的。

虽然评价不好，但凡是白手起家而成就一番事业的人，哪一个不是狡猾的呢？

海都是窝阔台汗嫡幼子合失的儿子。合失出生时，正值成吉思汗征服西夏。蒙古人称西夏为"唐兀惕"，而汉语则称西夏为"河西"，蒙古人则误读为合失。为纪念胜利，成吉思汗为这个孙子起名为合失。合失因为酗酒而早逝，成为孤儿的海都在太爷爷成吉思汗身边长大。

成吉思汗是很看重孙子们的长相的。在忽必烈出生时，成吉思汗抱着这个孙子便曾说出："我们的孩子都是火红色的，这个孩儿却生得黑黝黝的，显然像他的舅父们"[1]。忽必烈的母亲是克烈部人，克烈部是突厥人后裔，以皮肤黝黑著称，成吉思汗明显对忽必烈的肤色不满意。而海都"在外表上无异于典型的蒙古人"[2]，应该是能够得到曾祖父的喜欢。

因此，他的幼年是在无忧无虑，高高在上的环境中度过的，在成吉思汗身边，也学到了很多治国和治军的本领。成年后，他参加了由窝阔台汗发动、由拔都率领的"长子西征"，更锻炼了自己的才干，终于成了一个"很聪明、能干而又狡猾的人"[3]。

当然，若是窝阔台家族能够一直保持大位，海都即使再能干、再狡猾，也不过是在更多的战争中崭露头角，成为诸多蒙古名将中的一个，并以亲王之尊获得一块封地，享受荣

①[波斯]拉施特著，余大钧、周建奇译：《史集》第2卷，商务印书馆2014年版，第289页。
②[俄]巴托尔德著，张锡彤、张广达译：《蒙古入侵时期的突厥斯坦》（下册），上海古籍出版社2011年版，第570页。
③[波斯]拉施特著，余大钧、周建奇译：《史集》第2卷，商务印书馆2014年版，第12页。

华，了此一生。

然而，贵由汗死后的众多变故，不但使得窝阔台家族发生惨变，也让海都的命运跌倒了谷底。他被分封到海押立，虽然名为分封，但一无兵马，二无治权，与流放无异。

在大势已定的情况下，窝阔台系其他宗王只求自保，不敢反抗。而海都却桀骜不驯。对他来说，在祖父窝阔台汗、伯父贵由汗登基之时，所有宗王都曾宣誓，蒙古汗位要世代传承于窝阔台家族，拖雷系宗王也在其中。伯父尸骨未寒，拖雷家族便违背誓言夺取汗位，这是严重的背叛行为。因此，在被迁到海押立之后，海都暗中联络同系宗王，随时准备掀起反旗。

但是，蒙哥汗是一个"刚明雄毅"的君主，在位时牢牢掌握着整个帝国，海都的反叛只能停留在计划上而没有机会实施。他必须和当年的拖雷家族一样，默默地忍耐，等待对手出现变故和分裂。

海都等待的时间并不长，只有七年。

1259年7月，大蒙古国第四任大汗蒙哥在南征南宋之时暴死于重庆金剑山温汤峡。随着蒙哥汗的死，他的二弟忽必烈与幼弟阿里不哥立即开始了争夺汗位的争斗，一直以来团结一心的拖雷家族也终于分裂内斗了。

3.大乱中的崛起

蒙哥汗突然去世，他的儿子们并无显赫功勋，因此无继位资格。功勋卓著而有实力的弟弟们中，旭烈兀远赴西亚，不可能尽快赶回。于是，统兵南征南宋的忽必烈和在蒙古故地留守的阿里不哥便成为唯一的候选人。

若按传统，大汗去世，在外统兵的贵族们都要撤兵回到本土，然后召开"库里勒台"，推举新汗。可是，忽必烈和阿里不哥都对对方有着极大的戒心，阿里不哥惧怕忽必烈拥兵自重，蒙哥汗一死便派出使臣抽调忽必烈兵马，而忽必烈则惧怕阿里不哥在哈剌和林的势力，不敢回去开会。于是，大蒙古国出现了建国以来第一次两汗并立的局面：1260年3月，忽必烈在开平称汗；一个月后，阿里不哥在哈剌和林称汗。

两位大汗很快便开始了兵戎相见，原本并肩作战的各路人马各归附于双方麾下，开始残酷的厮杀。

蒙古本土已经打成了一锅粥，对于中亚的管控便自然放松了。海都立即开始了自己的行动，"设法从各处征集了二三千军队"[1]。

这点军队实在太过弱小了，但海都并不只是依靠武力，他开展了外交手段，说服了自己的叔叔，封地在叶

---

①[波斯]拉施特著，余大钧、周建奇译：《史集》第2卷，商务印书馆2014年版，第12页。

叶密立古城遗址

密立的禾忽站在了自己一边。

禾忽是贵由汗三个儿子中唯一没有被蒙哥汗处置的，而且成为了窝阔台家族的大家长。当忽必烈和阿里不哥开始争斗时，禾忽本来打算投归忽必烈，但海都说服了他，让他与自己一起支持阿里不哥。虽然我们不知道海都用了什么样的手段和言辞，但应该不外乎历数拖雷家族对窝阔台家族的不仁不义，指出趁乱夺回原有权位的可能性之类。而禾忽终于被自己这个堂侄说服，与海都一起宣示支持阿里不哥。

而从支持阿里不哥一事中，也可看出海都的战略眼光。若按军事实力

而言，阿里不哥不如忽必烈，窝阔台家族的兵马支持忽必烈，便形成了东西两路夹击阿里不哥的态势，阿里不哥很可能迅速败亡，那海都还有什么机会呢？而支持阿里不哥，则会延长拖雷家族内讧的时间，海都也就可以从容布局了。

果然，阿里不哥在战场上不是忽必烈的对手，屡战屡败，但因为有着西方诸王的支持，还是和忽必烈拉锯了四年之久。而在这四年之中，海都"通过施展奸谋、夺取政权和征战，将窝阔台合罕的一部分兀鲁思抓到了自己的手中"[1]。所谓的一部分，也就是除了河西的阔端（窝阔台次子，封地

①[波斯]拉施特著，余大钧、周建奇译：《史集》第2卷，商务印书馆2014年版，第20页。

在凉州)其后人,哈剌和林的原属窝阔台的斡耳朵之外,窝阔台家族在西方的各处封地,如别失八里地区、也儿的石河地区,尽为海都掌握。

当然,海都的创业也并非一帆风顺,蒙哥汗死后,趁势而起的不仅有他、忽必烈和阿里不哥,察合台家族、术赤家族的各方势力,都在为自己的利益最大化而奋斗,之间的争斗也是纷乱复杂。

为了和忽必烈抗衡,阿里不哥将与自己亲厚的阿鲁忽(察合台第六子拜答儿之子)派回察合台汗国夺取了察合台汗国的汗位。然而阿鲁忽可不是个甘居人下、不识大势的人,当他看到阿里不哥斗不过忽必烈时,便又倒向忽必烈。发兵吞并了支持阿里不哥的金帐汗国在中亚的领地。

海都从开始在封地谋划叛乱时,最大的幕后支持者便是金帐汗国,别儿哥即位后更是非常关注海都的所作所为。在阿里不哥和忽必烈的争位战争尚在相持阶段时,别儿哥便与海度常有使臣往来,如今河中领土沦丧,自己又无法亲征,而海都也急于扩充自己的势力,正好可以利用。于是,别儿哥派人给海都送去大量给养辎重,请他出兵攻打阿鲁忽,并许诺,只要海都打败阿鲁忽,自己便承认海都对察合台汗国的统治权,以他为察合台汗国之汗。

海都本就不承认拖雷的子孙来当蒙古的大汗,虽然别儿哥要封自己为察合台汗的做法属于僭越,对他来说完全无所谓,能够得到物资支援,在这个大混乱的时代建立自己的霸业

金帐汗国、察合台汗国、阿里不哥、忽必烈相峙形势图

才是最重要的。在得到补给后，海都迅速采取了行动，向着阿鲁忽的背后狠狠的刺了一刀，发兵猛攻察合台汗国。

阿鲁忽还没从捡便宜的喜悦中缓过神来，便遭到打击，恼怒之下率军迎击，与海都大战两场，先败后胜，算是打成了平手。

1664年，阿里不哥拜服于忽必烈军门，大蒙古国双汗并立的局面结束，但各大汗国自立的趋势也越发明显。1264至1266年之间，金帐汗别儿哥、伊儿汗旭烈兀和察合台汗阿鲁忽相继病逝，时间差不超过一年。他们的位置分别被别儿哥的侄子忙哥帖木儿、旭烈兀之子阿八哈和阿鲁忽继子木八剌沙所继承。除了阿八哈，其他的人都不愿服从忽必烈。

忽必烈为了彰显自己的权力，从离得最近的察合台汗国下手，派自己身边的察合台长子木秃坚之孙八剌，回察合台汗国夺取木八剌沙的权力。而八剌是一个堪比海都的枭雄，在夺取察合台汗国之后，立即唯我独尊，先是夺取了元朝西北重镇斡端（今新疆和田），后又向海都宣战。

海都在木八剌沙统治察合台汗国时，欺负其无能，先后占领了察合台汗国阿里麻里、塔剌思、肯切克、讹达剌等锡尔河东岸地区，实力愈发壮大。见八剌前来挑衅，立即出兵迎击，双方战斗于呼阑河畔。海都在木八剌沙执政时期占足了察合台汗国的便宜，没把八剌放在眼里，岂料八剌用计设伏，一举把海都所部打得大败亏输。

这是海都平生的第一次失败，在主力损失惨重之下，他只得向金帐汗国求援。金帐汗忙哥帖木儿本就对察合台汗国蚕食自己中亚领土极为不满，现见自己的盟友海都战败，察合台汗国锋锐更盛，哪里还能坐视，立即派自己的叔叔别儿彻儿率大军五万前来助拳。

而这次援助，最终造就了窝阔台汗国。

4.窝阔台汗国的建立

金帐汗国的五万生力军加入战团，使得海都立即扭转了不利局势。八剌没有想到金帐汗国会这么快派来援军，结果双拳难敌四手，被打得大败，"军队死伤了许多人"，沿着呼阑河沿线以西一泻千里，一直退到阿姆河以西，才"重新聚集起溃散的军队"[1]。

海都失败了可以向金帐汗国求援，可八剌失败了却无法向元朝求援，因为他曾抢夺了元朝的斡端，而且就算元朝不咎既往，现在正在全力南征消灭南宋，也不会有多余的力量

①[波斯]拉施特著，余大钧、周建奇译：《史集》第3卷，商务印书馆2014年版，第112页。

来帮助他。眼看就要遭受灭顶之灾，八剌决定破罐破摔，命令对撒马尔罕、不花剌等大城市进行彻底的破坏——避免这些富庶之地落入海都、忙哥帖木儿之手。

听闻八剌竟然要进行焦土政策，海都连忙制止了要继续进兵的别儿哥彻儿："如果他（指八剌）获悉了要去追他、把他驱逐走的消息，他会及早动手，造成更大破坏。我们不如派遣急使去劝告他，同他讲和。[①]"于是，海都派自己的弟弟钦察（窝阔台之第六子合丹之子）向八剌表达"和平团结"之意，约他和谈。八剌正处在困境，见到这么好的机会，自然不会拒绝，当即满口答应。

随着钦察在之间穿针引线。1269年春，八剌、海都还有代表金帐汗的别儿哥只儿在窝阔台汗国的塔剌思河流域的塔剌思、肯切克草原举行会盟，召开了没有拖雷系宗王尤其是没有"大汗"忽必烈参加的库里台大会。金帐、窝阔台、察合台三汗国签订盟约，瓜分阿姆河以北地区，并立誓维护蒙古传统，反对背弃了传统的忽必烈以及伊儿汗阿八哈。这便是世界史上著名的"塔剌思联盟"。

除了宣示和平团结，三方还划分了势力范围，阿姆河以北的河中地区，八剌得三分之二，忙哥帖木儿和海都一起分得三分之一。看起来八剌比较得便宜，而实际上此时的察合台汗国的领土已经比阿鲁忽时代缩水了近一半，而金帐汗国则拿回了部分当初被阿鲁忽夺走的土地。最有好处的便是海都，他占据的土地在会议上得到承认，并被推举为盟主，尊称为"阿合"，也就是大哥。

很多史家认为，塔剌思联盟的成立，标志着蒙古帝国决定性的分裂。其实，这不过是帝国分裂后各个国家进行的一次重新分配组合，"决定性"是说不上的。即使没有这一联盟，帝国分裂的状况也没有可能挽回。但这个联盟，确定了海都的最终崛起，也标志着窝阔台汗国的最终建立。

窝阔台家族在贵由汗之后，终于又有人可以称汗了，虽然这个汗仅是窝阔台汗国之汗，但在海都心中，这是大蒙古国的大汗。他一定可以消灭元朝和伊儿汗国，制服金帐汗国和察合台汗国，实现大蒙古国的重新统一。

而似乎上天也愿意给他机会，很快他的愿望便达成了四分之一——察合台汗国中衰，成为了他的附庸。

5.一主二国——控制察合台汗国

塔剌思会盟之后，海都虽然成

①[波斯]拉施特著，余大钧、周建奇译：《史集》第3卷，商务印书馆2014年版，第112页。

为盟主，但并不能对参加会盟的其他两国颐指气使，尤其是察合台汗国，不但仍有一定实力，且近在咫尺。但是，八剌的一次军事行动失败，使得海都一举掌控了察合台汗国，从而出现了中亚数十年间一主二国的局面。

八剌在会盟中吃了亏，自然有着翻本的打算。按照会盟的决定，他可以向东冲元朝发难，或者向西南对伊儿汗国动兵。向东是不可能的，元世祖忽必烈虽然正在全力南征，打算消灭南宋，但对于西北边疆也并没有放松警惕。十数万大军陈兵西北，严防死守，这个时候和元朝动武，是自找苦吃。而伊儿汗国三面受敌，北有金帐汗国，南有埃及马木留克王朝，再加上东北方向的自己，一定会顾此失

彼。于是，八剌积极准备向伊儿汗国动兵。

1270年，八剌率五万大军进攻伊儿汗国。结果中了伊儿汗国的阿八哈汗的埋伏，被打得大败。

这场失败让八剌元气大伤，不但人马损失无数，自己也因为中风得了"瘫痪症"，察合台汗国的宗王们也对这位可汗彻底失望，纷纷"寻找借口离开他"。八剌咬着牙，乘着轿子带兵征讨这些背叛者，但怕难以胜利，便派自己的兄弟牙撒儿前去向海都求援。

海都早已了解察合台汗国的窘境，知道这是自己扩大势力的机会，他以嘲笑的口吻对前来求援的牙撒儿说道："如今八剌安达身体有病，又

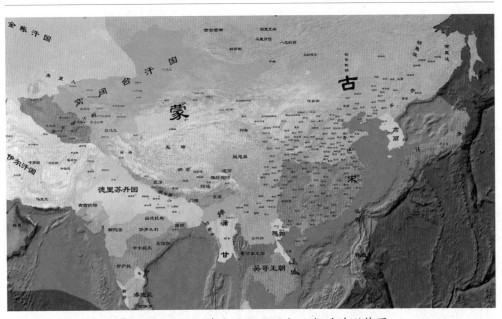

窝阔台汗国控制察合台汗国后与元朝对峙形势图

无军队，虚弱无力地躺在轿子里，怎么能夺取王国呢？"[1]他将牙撒儿扣押起来，对外谎称只派数千军队支援，而亲自率领两万大军直奔察合台汗国。

当海都的大军逼近八剌的驻地时，八剌已经消灭了叛军，本以为可以缓口气了，得知海都大军压境，知道来者不善，连忙派出使节劝阻海都："海都安达也请回去吧，等我恢复健康后，咱们互相再相会。"

海都本就是来趁火打劫，岂能就这么回去，他笑道："八剌死到临头还不忘施展诡计，他想狡猾地离去，不见我们"[2]。立即下令包围了八剌的营地。

八剌本就病体支离，听闻海都竟把自己包围，不禁又气又急，终于油尽灯枯，一病而亡。

八剌一死，察合台汗国更是群龙无首，以木八剌沙、出拜、合班为首的察合台宗王自知难以与海都抗衡，率领全体万夫长和千夫长跪在海都面前乞降："从今以后海都阿合是我们的君主，他的一切命令，我们都俯首听从。八剌在世时压迫我们，夺取了继承的和获得的东西。如果海都阿合保护我们，我们只要活着就将自愿地竭心尽力为他效劳"[3]。

从此，察合台汗国被海都所控制，而以拥护蒙古传统为旗号的海都自然不能断掉察合台家族的传承，他开始扶持傀儡察合台汗，将察合台汗国变成自己的附庸。

1271年，海都立察合台孙聂古伯（察合台子撒班之子）为察合台汗。但聂古伯在1273年因想复兴察合台汗国被海都处死。1274年，海都又立察合台孙不花帖木儿为察合台汗，而不花帖木儿在即位的当年也因不顺从海都而被处死。

1274年，海都立八剌之子笃哇为察合台汗。笃哇吸取两位前任的教训，表现得极为恭顺，终于坐稳了傀儡汗位。此后的二十六年间，笃哇成为海都忠实的马仔，与他一起与元朝展开了旷日持久的拉锯战。

6.与元朝的拉锯

虽然通过控制察合台汗国，海都成为了"中亚细亚事实上的合罕和真正的主人"[4]，但这点成就对于海都来说实在太小了，他要想成为真正的大蒙古国大汗，必须将蒙古本土掌握在手里，必须消灭另一位大汗忽必烈。于是，他开始接连不断的东征，向元朝发起挑战。

可元世祖忽必烈也是一位雄才大略的君主，他的元朝又是当时世界上

---

①[波斯]拉施特著，余大钧、周建奇译：《史集》第3卷，商务印书馆2014年版，第138页。
②[波斯]拉施特著，余大钧、周建奇译：《史集》第3卷，商务印书馆2014年版，第139页。
③[波斯]拉施特著，余大钧、周建奇译：《史集》第3卷，商务印书馆2014年版，第140页。
④[法]勒内•格鲁塞著，龚钺译：《蒙古帝国史》，商务印书馆1996年版，第261页。

最富庶、人口最多的国家，哪里是那么容易便能得手呢？早在1265年，忽必烈便"敕徙镇海、百八里、谦谦州诸色匠户于中都"，1266年又设忽丹八里局。在听闻"塔刺思联盟"之事后，更是派太子真金驻兵称海（今蒙古科布多东南），派万户伯八、断事官刘好礼镇守吉儿吉思、谦州等处以为防备。1271年，又派嫡幼子、北平王那木罕驻军阿力麻里，建立幕廷，全面掌控西北防务。1275年，进一步派中书右丞相安童率领大量军队和辎重前往阿力麻里协助那木罕镇守。

元朝在西北地区打造了铜墙铁壁一般的防御体系，海都与笃哇多次率兵进攻，都在元军的强力反击下铩羽而归，始终无法越过伊犁河谷。

然而，似乎如天降洪福一般，正当海都几乎对战争的前景绝望的时候，元朝西北军团却发生了一场重大变故。随同那木罕镇守边疆的蒙哥汗之子昔里吉，蒙哥汗之孙撒里蛮，忽必烈庶弟岁哥都之子脱黑铁木儿，阿里不哥之子明里帖木儿、玉木忽儿，察合台之子撒儿班等宗王突然发动叛乱，劫持那木罕和安童，推举昔里吉为帝，并派出使者与海都和笃哇联系。

海都和笃哇大喜过望，立即出兵趁火打劫，元朝的西北防线全面崩溃，

十余万精锐全部丧失，万户伯八战死于谦州，窝阔台汗国占领了伊犁河谷。

忽必烈虽然依靠名将伯颜历时六年平定了昔里吉之乱，但到1282年时，元军的前哨后退到斡端一带，塔里木西部已被窝阔台汗国控制。

已经尝到甜头的海都并不满足，在消化了吞并的土地之后，再次发动猛攻，于1285年，与笃哇率大军十二万攻打元朝西域重镇哈刺火州（今吐鲁番东），哈刺火州统治者火赤哈儿的斤被迫将女儿送给笃哇，换得解围后东撤到哈密力（哈密），但海都仍乘胜追击至哈密力，火赤哈儿的斤战死。

虽然屡屡得胜，但海都从多年的战争已经感到，自己的经济实力和元朝相差太远，仅凭一己之力是无法将其打垮的。既然元朝内部因为内讧让自己向东扩展大片土地，那为什么不再利用一次呢？

海都开始和元朝的东部宗王们进行了秘密联系。东部宗王也就是成吉思汗兄弟们的后裔，本都是支持忽必烈最为中坚的力量。但是，这些宗王仗着自己是皇亲国戚又立有大功，势力不断膨胀，并恣意弄权。史载，"辽东境土旷远，诸王营帐泊诸部，种人杂处其间，恃势相凌。"[1]忽必烈

①[元]王恽：《大元故正议大夫浙西道宣慰使行工部尚书孙公神道碑》，《全元文》第六册，江苏古籍出版社1999年版，第516页。

不得不对东道宗王们有所抑制，1286年3月，元廷罢山北辽东道、开元等路宣慰司，改置为东京等处行中书省(今辽宁省辽阳市)。翌月，又北徙东京省治于咸平府(今辽宁省开原北)。东京等处行中书省的设立，严重压制了东道宗王们的权势，东道宗王们日益不满。而海都在这个时候与他们联系，自然很容易得偿所愿，和成吉思汗幼弟斡赤斤后裔乃颜、二弟合撒儿后裔势都儿以及三弟哈赤温后裔合丹组成了"反忽必烈联盟"。

1287年，乃颜等人正式向忽必烈掀起反旗，海都也率兵东进与之呼应。这对于元朝是一个极大的考验，忽必烈此时已经七十二岁高龄，也不得不御驾亲征，攻打乃颜叛军。忽必烈宝刀不老，仅用了两个月便将乃颜击败，并迅速以重兵防守蒙古故都哈剌和林。海都没想到乃颜等人失败的如此神速，未能取得更多的进展。但乃颜的主力虽然被迅速击败，其余众继续抵抗，直至1292年才被元廷彻底平息。这牵扯了元朝大量兵力，给海都的再次东进创造了机会。

1289年，海都发兵十余万，大举进犯漠北。首先吞并吉尔吉斯，之后长驱东进，进逼蒙古故都哈剌和林。忽必烈的嫡长孙甘麻剌率军迎击，结果战败被围，所幸有大将土土哈舍命

乃颜起兵之地遗址

救援，才突围而走，海都趁势占据了哈剌和林。

对哈剌和林的占据，是海都对元朝作战中取得的最大胜利，蒙古故都掌握在了自己手里，更可以彰显自己作为大汗的合法性了。可忽必烈自然也不能坐视故都的沦陷，再次亲征讨伐。双方在哈剌和林展开大战，"双方士兵都极为勇猛，他们彼此砍杀，毫不退让，以致战场上尸陈如山，血流成河。……这是鞑靼人之间发生的最惨烈的战役之一。"[1]双方难分高下，但海都后援不济，而元军则源源不断开来，无奈下，海都撤走，但元军

伯颜

也已筋疲力尽，无力追击，只能收复哈剌和林后休整兵马。

哈剌和林的得而复失，使海都大受打击，但没有气馁。他相信，元朝可以和自己抗衡的只有忽必烈而已，但这位叔叔已经古稀之龄，是不可能总是亲征的，只要不断兴兵，必然能打开缺口。

于是，在休整了三年后，1292年，海都再次率兵攻打和林。

这一回，已经七十七岁的忽必烈确实无法再御驾亲征了。但海都却遇到了更可怕的对手，1289年哈剌和林

之战后，忽必烈也感到不能总是亲自对付海都，而子孙们怕也不是海都的对手，于是将自己麾下第一名将，灭亡南宋、平定昔里吉之乱的伯颜任命为金紫光禄大夫、知枢密院事，出镇哈剌和林。

伯颜可说是忽必烈的韩信，极有韬略，他见海都气势汹汹，便示之以弱，命主力不停地退却，引诱海都不断深入。

如果伯颜的诱敌之计能够成功，海都很有可能战败被擒。然而伯颜因为功高震主，一直被忽必烈猜忌，现

①梁生智译：《马可·波罗游记》，中国文史出版社1998年版，第190页。

在这种保守的战法更受到了朝中政敌的攻击，有人向忽必烈进谗言，说伯颜保守不进，是与海都通好。忽必烈再次对伯颜起了疑心，将之召回，命御史大夫玉昔帖木儿代替其职。

玉昔帖木儿也是一员名将，但临阵换将是兵家大忌，伯颜为了完成自己的战略，遣人对正在路上的玉昔帖木儿说道："公姑止，待我覉此寇而来，未晚也。"自己领兵去迎海都。

双方交战，伯颜连续七天且战且退。众将都认为伯颜胆怯，围着伯颜道："果惧战，何不授军于大夫（御史大夫，指玉昔帖木儿）！"伯颜道："海都具军涉吾地，邀之则遁，诱其深入，一战可擒也。诸军必欲速战，若失海都，谁任其咎？"[1]这已经明说是想诱敌深入，但被免职的他威望已经不足，诸将都请战。无奈之下，伯颜只好率军反攻。过于深入的海都原本以为伯颜不堪一击，哪想到被狠狠地杀了个回马枪，顿时大败而走。然而因为包围圈尚未完成，海都还是逃出生天。

这次失败，让海都出了一身冷汗，他不知伯颜很快便被调走，不敢再轻易兴兵，整整蛰伏了六年。

1294年，元世祖忽必烈病逝于大都，临终仍念念不忘那个不听话的侄子海都对于自己的威胁，而凑巧的是，忽必烈的两员名将伯颜和玉昔帖木儿也在老皇帝去世一年后相继病故。新继位的元成宗铁穆耳一时无将可用，便命自己的叔叔，忽必烈第六子宁远王阔阔出镇守哈剌和林。

宁远王阔阔出没什么才能，且贪杯好酒，元朝西北的防务开始出现问题。而海都经过多年经营，也恢复了元气，在1298年与笃哇一起率兵再次东征。

海都和笃哇大兵压境之时，阔阔出和其他宗王不但毫不知情，还终日宴饮。诸军之中，只有忽必烈的女婿，汪古部宗王阔里吉思发现了敌情，一面率军抵挡，一面催促阔阔出出兵。可阔阔出喝得大醉，连马都上不去，根本无法赴援。阔里吉思连续三次击退联军，但终因寡不敌众，在第四次交战时被俘。不过，海都这次虽然取胜，但等到阔阔出酒醒，由伯颜、玉昔帖木儿经营的防御体系便发挥了作用，海都终究无法取得更多的进展。

元成宗时代，元朝已经改变了世祖时四处用兵的政策，对于安南、日本的攻略都停止了下来，终于可以全力对付西北的压力了。1299年，元成宗铁穆耳罢免了阔阔出兵权，任命自己侄子海山出镇漠北，驻地为按台山，筹划反攻事宜。

---

[1][明]宋濂等撰：《元史》卷一百二十七列传十四《伯颜传》，中华书局2008年版，第3115页。

海山是元成宗二哥答剌麻八剌之子，也是日后元朝的第三任皇帝元武宗。此时他年仅十八岁，血气方刚，精明强干。上任之后厉兵秣马，很快便展开了对窝阔台、察合台两汗国的反攻。

1300年，海山出兵西征窝阔台汗国，与窝、察联军会战于阔别列之地，虽然击退联军，但却被海都夜袭了辎重，导致军粮不济，未能乘胜扩大战果。成宗于是派大哥晋王甘麻剌取代海山指挥元军。

见元朝转守为攻，让海都感到了前所未有的压力，他也不得不以攻代守。1301年，他召集窝、察两国几乎倾国之兵，发动了规模最为庞大的一次东征。而也已经枕戈待旦的元军也进行了强有力的反击，双方展开了著名的"帖坚古山会战"。

这场会战，终结了海都与元朝数十年的拉锯，改变了当时的世界格局，也结束了海都的生命和他矢志不移的大汗之梦。

7.迷雾中的谢幕——海都之死

1301年的海都已经六十八岁了，曾经风华正茂的青年奋战至今，已经垂垂老矣。他也和自己的叔叔忽必烈当年一样，感到了时不我待。因此，这一次东征，他与笃哇率窝阔台、察合台两系诸王四十多人，统领大军二十余万，拼尽全力发动了自己人生中最大的一场会战。

当海都率兵越过阿尔泰山，猛攻元朝戍北大本营按台山时。元军也在甘麻剌、海山等人的指挥下大举反击。双方在帖坚古山（今蒙古巴彦乌列盖省德龙以西图格雷格）一带展开鏖战。

因为笃哇驻地遥远，海都率军到达帖坚古山时，笃哇所部还未赶到。海都首战与元军大将床兀儿交锋，因为兵力不足，被床兀儿突破阵形，海都受了伤，被迫后退。二日后，笃哇率军赶到，窝、察两军回军力战，元军失利，危急关头，海山"挥军力战，突出敌阵"[1]，并在混战中箭伤笃哇，终于保住主力后撤。

三日后，窝、察联军再次西进，与元军战于兀儿秃之地，元军大将床兀儿"独以其精锐驰入敌阵，戈甲戛击，尘血飞溅，转旋三周，所杀不可胜计"[2]，海都、笃哇没能挡住这位猛将的突击，只得后撤。

经此大战，双方兵马损失都相当之大，元军虽小胜，却也无力再战。在甘麻剌、海山率领下撤退。而海都、笃哇虽都在战斗中负伤，但为了能重创元军，都忍痛率军兜后追击，一度逼近哈剌和林，哈剌和林的宣慰司官员惊慌失措，竟然烧毁府库逃走。可窝、察联军也已到了强弩之末，未能进攻哈剌和林便撤退了。

中国蒙古族系列丛书〇之五

雄踞欧亚——蒙古四大汗国

元成宗铁穆耳

"帖坚古山会战"至此结束，双方互有胜负，都没有取得实质性胜利。而元军动用兵马数十万，皇帝的兄弟、侄子等亲贵统兵，却打得很不光彩。再加上最后的哈剌和林大溃逃，更是丢尽了脸面。元成宗大怒，把在哈剌和林不战而逃的官员、军士都发配云南谪征。

不过，元成宗很快便转怒为喜——他得到了消息，让自己和祖父都寝食难安的海都在回军途中离世了。

关于海都的死因，《史集》中所言前后矛盾，有伤重不治和因病而死两种说法。《元史》中仅说"不得志"而死，《瓦撒夫史》和《完者都史》则记载是因病而死。以当时海都的年龄来说，即使不受伤，经过鞍马劳顿，也有可能发病而死。俄罗斯著名学者巴托尔德在自己的《七河史》中，认为海都应该是得病而死，日本的加藤和秀，中国的刘迎胜等学者也都持此

说[1]。

海都的一生几乎都在战争中度过，他给人们留下的印象，似乎也是一个穷兵黩武的武夫。而实际上，海都在个人操守上律己极严，他吸取祖父窝阔台和伯父贵由的教训，从不饮酒，所以即使常年鞍马劳顿仍能够得享高龄，近七十岁时"九绺白须，身材中等而健壮"[2]。而且，他很有治国

① 参看巴托尔德著，赵俪生译的《七河史》，中国际广播出版社2013年版，第56~57页。刘迎胜著的《察合台汗国史研究》，上海古籍出版社2006年版，第311-314页。
② [波斯]拉施特著，余大钧、周建奇译：《史集》第2卷，商务印书馆2014年版，第18页。
③ [波斯]拉施特著，余大钧、周建奇译：《史集》第3卷，商务印书馆2014年版，第114页。

才能，在塔剌思会盟之时，海都便和与会诸人约定，将军队"迁到山地和草原上，不再在城市周围游荡，不再将牲畜赶到庄稼地里，也不再对耕种土地的剌亦牙惕（农民）提出不合理的征索"[1]，以保证经济发展。在将察合台汗国纳为附庸之后，整个中亚几乎都在他的控制之下，一时也能出现"有着永不枯竭的源泉，潺潺流水的江河，广阔而茂盛的草原，肥沃和富饶的土地"这样欣欣向荣的景象。

但是，他终究不能把精力完全用在保境安民上，他有自己的宏图大志要实现，所以他不得不终生在战争的漩涡中打转。而他所面对的敌人也是非武力所能战胜的，他最终成为一个壮志未酬的悲情人物。法国历史学家勒内·格鲁塞曾给过他一段精彩的评价，或可总结其一生功过：

"窝阔台家族的这位最后一位伟大的王子，在他身上具有君主的才能。……在整个亚洲，他是唯一能够左右忽必烈命运的人，忽必烈甚至在其权利的鼎盛时期也没有战胜他。……他的厄运在于他生不逢时，当时忽必烈已在中国牢固地建立起国家，成吉思汗的其余各支已经半中国化，半突厥化，或者半伊朗化了。中亚的这位末代汗在很多方面也是蒙古

人的最后一位君主。"[2]

四、窝阔台汗国的灭亡

海都去世前，将后事托付给了自己半生的盟友和附庸、察合台汗国之汗笃哇。海都也许认为，笃哇与自己并肩作战近三十年，生死与共，祸福同享，既是同志又是战友，是可以信任的。

然而海都却忘了，自己与笃哇有着杀父之仇，夺国之恨。笃哇的父亲八剌正是在自己的逼迫之下一命而亡，而察合台汗国也完全被自己控制，予取予求形同奴仆。笃哇对他的顺从，不过是"十年生聚十年教训"的忍辱负重，现在自己将国家托付给笃哇，无异于开门揖盗，窝阔台汗国因为这个托付，走上毁灭之路。

1.所托非人的遗嘱

海都有九个儿子，长子察八儿，次子阳吉察儿，三子斡鲁斯，四子忽达兀儿，五子速儿合不花，六子李巴黑失，七子忽里勒，八子也苦不花，九子月鲁帖木儿。

其中第三子斡鲁斯"聪明、谨慎、有才能、英勇而又忠实"，是海都属意的继承人。但在回军途中，所有的儿子都不在身边，海都在弥留之际，将后事托付给了察合台汗国之汗笃哇，说道："命运之手已向我发出

①[波斯]拉施特著，余大钧、周建奇译：《史集》第3卷，商务印书馆2014年版，第114页。
②[法]勒内·格鲁塞著，蓝琪译：《草原帝国》，商务印书馆1998年版，第426页。

了启程的信号,逝去的时刻就要临近了。在与我志向相同的诸王内,笃哇为最年长者,他诚实且贤明。他在目前比谁都忍受了更多的苦难,能处理危机。我在自己一生的统治中,曾给之以许多帮助。他一定不会拒绝报答我的家族。"①

然而,笃哇可不是一个值得信任的人,他将对海都的仇恨深深埋在心底,就是等待着报仇雪恨的一天。如今,海都已经死了,笃哇正要将窝阔台汗国一举倾覆,怎么会按照海都的遗愿,立一个有才能的汗来阻碍自己的计划呢?

海都尸骨未寒,笃哇便否决了海都意思,宣布立海都的长子察八儿为窝阔台汗国之汗。察八儿是一个"十分瘦削,长相难看的人"②,才能有限而且常生病,笃哇立他为窝阔台汗,其居心是不言而喻的。

1303年5月,在笃哇的扶持下,察八儿正式即位。可被无端剥夺了继承权的斡鲁斯哪里能善罢甘休,他率领自己的军队,向大哥掀起反旗,窝阔台汗国的内战爆发了。

这样的内战,对于笃哇来说是再好不过了,窝阔台家族四分五裂,察八儿必须依靠着他,他更可以随心所欲了。

但是,笃哇还不能马上对窝阔台汗国下手,他还有更要紧的事情办——与元朝约和。

海都的死,不仅为元朝去一大敌,更给各国结束战争状态带来了契机。数十年不断的战争,已经让各国不堪重负,即使国力最强的元朝,因财政紧张而对西北用兵十分头疼。笃哇没有海都一般的野心,他只想做一个中亚霸主就满足了,何必再劳师糜饷呢?何况,要消灭窝阔台汗国,笃哇需要外力的援助。

于是,在扶立察八儿后不过两个月,笃哇向元廷遣使求和,元成宗铁穆耳非常高兴,不但许和,还提出笃哇有权向窝阔台汗国索取曾被海都夺占的土地。当年察合台从成吉思汗手里所获取的封地,仅是从畏兀儿之边延伸到河中的草原之地,并不包括突厥斯坦与河中的城郭农耕地区。忽必烈与阿里不哥争位之时,阿鲁忽夺取了这块辽阔的地域。海都兴起后,整个河中和突厥斯坦为察合台和窝阔台两家所占。元成宗很清楚海都死后察合台、窝阔台两汗国之间的实力对比的变化,他精明地利用笃哇请和之际,重提海都侵夺察合台汗国控制下的土地的历史,并许诺让笃哇占有从窝阔台汗国夺回的土地。这等于允诺了笃

---

①刘迎胜著:《察合台汗国史研究》,上海古籍出版社2006年版,第315页。
②[波斯]拉施特著,余大钧、周建奇译:《史集》第2卷,商务印书馆2014年版,第14页。

哇，元朝将成为他削弱窝阔台汗国的后盾。

笃哇在得到这个允诺后，诱骗察八儿也参加和解，察八儿哪里知道笃哇和元朝的密约，他事事都要依靠笃哇，自然不会反对。于是，察、窝两国一起遣使元朝求和。元成宗大喜，厚赐以金币，并派出使臣和窝、察两国使臣一起前往西方面见伊儿汗和金帐汗，希望各国全部罢兵修好。

1304年9月19日，三国使臣到达伊儿汗国陪都蔑剌哈，向伊儿汗完者都宣读约合诏书，完者都也积极响应。次月，完者都在阿塞拜疆的木甘草原会见金帐汗脱脱的使臣，两国罢兵修好。

于是，由大蒙古国脱胎而出的五个国家实现了和平，元成宗铁穆耳也完成了爷爷忽必烈所未能完成的任务，在名义上成为了所有蒙古国家的宗主。

和平之下，各国都喜气洋洋，而窝阔台汗国的灾难则从此开始，没有了后顾之忧的笃哇要对窝阔台汗国下手了。

2.步入灭亡

笃哇首先向察八儿发出了领土要求，他指出："呼罗珊和突厥斯坦之地，为察合台及其家族之收地。因此，这些地方应由我来继承。然而汝父海都依靠压迫和征服的手段，把这些地方夺去了。为了盟约、友情与和

海都死后察合台汗国吞并窝阔台汗国大片领土形势图

睦，〔向你〕提出如下要求：把这些地方交还给我，权力归其所。如果你有力量和能力的话，去夺回汝曾祖父窝阔台合罕曾经拥有过的，作为其夏营地和冬营地的哈剌和林"①。

这样的要求对察八儿来说简直是匪夷所思，如果将笃哇所要求的土地交还给笃哇，窝阔台汗国就只剩下叶密立、霍博等一隅之地。而笃哇所说去夺取哈剌和林，更是不可能的，那里并不是窝阔台的份地，而是大蒙古国的政治中心，窝阔台只是因为戴有蒙古大汗的头衔，才得以为营地。现在自己又哪里有力量去夺取哈剌和林呢？

理所当然，察八儿完全拒绝了笃哇的要求，而笃哇也不再客气，开始逐步夺取窝阔台汗国的领土。

1306年，笃哇派自己的长子也先不花占领了窝阔台汗国西部的哥疾宁。同时，笃哇暗中支持察合台长子木秃坚的孙子牙撒兀儿攻击窝阔台汗国掌控的撒马尔罕到忽毡等地，而在双方打得难解难分时，笃哇主动遣使察八儿，提出这是"年轻人轻率"，应该议和。待到议和时，笃哇暗中命令牙撒兀儿偷袭窝阔台汗国军，将之彻底击溃。就这样，窝阔台汗国的土地一块块被吞并，军队一支支被消灭。到1308年，河中至哥疾宁之地陆续被笃哇控制。

在如此局面下，窝阔台汗国之汗察八儿也不是不想反抗，但他根本抽不出手来。原来，在笃哇开始吞并各地领土之时，元朝也开始了对窝阔台汗国的清算。1306年7月，元成宗派海山率军从按台山方向威胁窝阔台汗国的侧背，察八儿预计他与元之间的兵端有可能再兴，遂率十万大军从也儿的石之地出动，到按台山与之对峙。海山曾与海都作战，常有斩获，察八儿远不如乃父，如何是海山的对手？很快便一败再败，最后十万大军溃散，全部投降了海山。察八儿仅剩数百骑逃走，无奈之下只得投奔笃哇，成为了笃哇的附庸。

已经是笃哇的附庸，察八儿自然不可能对之有任何反抗，只能眼睁睁看着父亲留下的土地被步步蚕食。非但如此，在他归附笃哇后，自己的兄弟和大臣也被一一抓获处置，甚至连海都的陵墓都遭到侵扰——海都生前有一个最疼爱的女儿忽秃仑·察合，一直都没舍得将她出嫁。直到海都去世后，忽秃仑·察合才嫁给了美男子阿卜塔忽勒，与之生下两个儿子，一起守护着海都的陵寝，"过着简朴的生活"②。岂料，笃哇的侄子完泽帖木儿

①刘迎胜著：《察合台汗国史研究》，上海古籍出版社2006年版，第323页。
②[波斯]拉施特著，余大钧、周建奇译：《史集》第2卷，商务印书馆2014年版，第19页。

竟然进攻海都陵寝之地，忽秃仑•察合的丈夫和儿子被杀。这个苦命女人的遭遇充分展现了窝阔台汗国已经到了灭亡的边缘。

待到彻底降服了窝阔台家族大小贵族后，笃哇更进一步，于1307年在阿力麻里附近的忽牙思草原召集"库里勒台"，当着与会宗王三百六十余人之面，历数察八尔之"罪状"，宣布废黜他，另立海都次子阳吉察儿为窝阔台汗国之汗。这种废立程序实在太过司空见惯，不过是为了彻底吞并做个铺垫而已。

然而，笃哇并没能最终将窝阔台汗国消灭，在废黜察八儿不过几个月，笃哇病逝。而因为他的死，给了窝阔台汗国苟延残喘的最后两年时间。

3.悲惨的终局

笃哇死后，其子宽阔仅在位一年便也随之去世，旁系宗王塔里忽篡夺了汗位。而笃哇另一子怯别在贵族们的支持下与塔里忽争位，察合台汗国发生内乱。而已经对前途无望的察八儿看到了机会，他联合一些贵族，发动了对怯伯的攻击，打算一举攻灭察合台汗国的核心力量，光复故国。

然而，察合台汗国此时正是蒸蒸日上之时，虽然有了内乱，却并没有伤筋动骨。怯别很快攻杀了塔里忽，并正面迎战察八儿。察八儿一度占据

上风，但察合台各贵族纷纷率兵前来支援，怯别反败为胜，察八儿所部几乎全军覆没。怯别借此战，拥立自己的哥哥也先不花成为了察合台汗国之汗。

如此，察八儿已经穷途末路，再留下来只有死路一条。所幸，此时元成宗铁穆耳已经去世，继承其位的是元武宗海山。海山虽然曾和察八儿打过仗，但他对笃哇擅自废黜察八儿的举动很不满，所以曾遣使安抚过察八儿。察八儿此时只能前去投奔元朝了。

在出发之前，察八儿也撺掇自己的二弟，被笃哇所立的窝阔台汗国之汗阳吉察儿和自己一起出逃。阳吉察儿也认为在察合台汗国这头猛虎之侧是无法安睡的，于是和察八儿一起，于1309年率七千余人归附元朝。

察八儿和阳吉察儿这一走，窝阔台汗国本已经所剩不多的领土，也儿的石河以西之叶密立、阿力麻里附近和塔剌思河流域，被察哈台汗国彻底并吞。窝阔台汗国灭亡。其国祚如果从海都起兵的1260年开始算起，是四十九年，若从塔剌思联盟海都称汗算起，则只有四十年。

而察八儿和阳吉察儿的命运在日后也有天渊之别。阳吉察儿是笃哇所立的窝阔台汗国之汗，元武宗海山对他很不放心，当他们一行刚到达大

都，阳吉察儿便被鸩酒毒死了。察八儿则受到很好的安抚，被授予封地。元武宗去世后，其弟弟爱育黎拔力八达即位，是为元仁宗，元仁宗封察八儿为汝宁王。元朝王爵分为六等，第一等是"金印兽钮诸王"，都是一字王，其余五等分别为金印螭钮、金印驼钮、金镀银印驼钮、金镀银印龟钮、银印龟钮。汝宁王是金印螭钮诸王，属于二等王爵。这对于战败来降的"叛王"来说，已经是很高的恩典了。

察八儿从此便留在元朝，在他之后，他的儿子完者帖木儿，孙子忽剌台继领汝宁王，整个家族在元朝享受着富贵而安然的生活。

只是，当他们闲暇之时，登高西望，会不会想到自己的先人海都，想到那个烜赫一时的窝阔台汗国？

第四章：甘为臣属的西亚强国——伊儿汗国

　　在蒙古四大汗国中，伊儿汗国最为年轻，当其他汗国已经传了数代，在领地内站稳脚跟的时候，他才刚刚诞生。

　　他的寿命也不长久，刨除早期便被兄弟国家吞并的窝阔台汗国外，金帐汗国国祚长达二百六十七年，察合台汗国虽然屡屡分裂，竟绵延四百五十三年之久，相对而言，他九十一年的生命，太短了。

蒙哥时代大蒙古国疆域图

在称号上，伊儿汗国的可汗们也很"委屈"，其他汗国，虽然也在名义上是大蒙古国的屏藩，但在帝国崩溃后，各自独立发展，"金帐汗""察合台汗"的头衔也看不出什么低人一等。而"伊儿汗"却明确表示了藩属地位，意思是"附属的汗""臣属的汗"①，无论如何强大，都挂着个臣仆的帽子。

但是，伊儿汗国又是很幸运的，在他灭亡之后，并没有随着时间流逝而被人所淡忘或者唾弃。在伊朗人心中，它是可以和上古波斯帝国、萨珊波斯帝国一样被承认并值得骄傲的政权，是"伊朗诸朝代中的一个组成部分"②。

除了他的宗主元帝国之外，没有一个汗国享受到这个评价。

伊朗比中国有着更为悠久的历史，也曾经有过显赫的辉煌，在蒙古西征时，他们也遭受惨痛的苦难。

但他们为什么会承认这个外来的政权？那片古老而神秘的土地，在旭烈兀及其子孙统治期间，都发生了什么？

一、蒙古帝国的第三次西征

大蒙古国从立国之初，便与战争结下了不解之缘。草原上原本松垮散漫的游牧部落，在成吉思汗的领导下成为了统一的国家，也因其高效而严苛的军事管理，被打造成一架必须运转不停的战争机器。即使是皇族，虽然有着高贵的血统，但若没有值得称道的战功，也会被人轻视。

到了第四任大汗蒙哥时，大蒙古国的疆域西到东欧，西南抵达伊朗高原，北部囊括大部分西伯利亚，东部直到库页岛，南部则与南宋以淮河为界。已经是当时世界上幅员最辽阔的国家了。但蒙哥汗仍开始了进一步扩张，因为他是成吉思汗的孙子，他必须以更大的战功来彰显自己是祖父合格的继承人。

1.蒙哥汗的雄心

任何朝代的帝王，都希望继承者能够"甚肖朕躬"。这是一种让自己的功业能够在后人身上继续发扬光大的渴望和期盼。而继成吉思汗之后的蒙古可汗，要说最"肖"他的，恐怕要算两任之后的蒙哥汗了。

窝阔台汗虽然也是一位雄才大略的君主。但他过于嗜酒，也太过滥赏，在位期间大蒙古国的财政状况一直处于寅吃卯粮，入不敷出的窘境。而贵由汗也继承了窝阔台汗的嗜酒和滥赏，因为身体不好，在位期间国政

① 《中国大百科全书·元史》，中国大百科全书出版社1985年版，第130页。
② [伊朗]阿宝斯·艾克巴尔·奥希梯扬尼著，叶奕良译：《伊朗通史》下册，经济日报出版社1997年版，第536页。

混乱。

而蒙哥则与成吉思汗非常相像，是个性格"刚明雄毅，沉断而寡言，不乐宴饮，不好奢靡"[1]的人，年少时便很受窝阔台汗的器重，一直留在身边"养以为子"[2]。

在母亲的精心操作以及叔伯哥哥拔都的鼎力支持下成为可汗后，蒙哥汗立即便扭转了窝阔台汗晚期及贵由汗在位时财政窘迫、政出多门、中央软弱无力的局面。不但控制滥赏，整顿财政，而且事必躬

蒙哥汗

亲，"凡有诏旨，帝必亲起草，更易数四，然后行之。"[3]这样的勤政，中国历史上恐怕也只有秦始皇、明太祖和清世宗可以相比。很快，窝阔台汗晚年和贵由汗时代衰微的汗权得以巩固，蒙古帝国再次焕发了成吉思汗时代的雄浑之气。

但是，蒙哥汗却有着难以排解的郁闷：自己没有可以媲美父祖的战功。

蒙古在还是小部落时，便是用战功来衡量一个统治者是否称职的。成吉思汗时代，近乎所有的大型战役，可汗本人都要亲临阵前。成吉思汗缔造了一个无往不胜的"战神传说"。窝阔台汗亲自指挥了灭金之战，并发动了对欧洲的"长子西征"。贵由汗也曾独立指挥征伐辽东之地，擒获东

①[明]宋濂等撰：《元史》卷三，本纪第三《宪宗本纪》，中华书局2008年版，第54页。
②[明]宋濂等撰：《元史》卷三，本纪第三《宪宗本纪》，中华书局2008年版，第43页。
③[明]宋濂等撰：《元史》卷三，本纪第三《宪宗本纪》，中华书局2008年版，第54页。

夏国主蒲鲜万奴。

以此相较，蒙哥汗便相形见绌了——在长子西征中，他率领着拖雷家族军团参与其中，虽也不乏战功，但并没有独立指挥战役。而且在占领罗斯诸城邦后他便被召回本土，后面攻破波兰、匈牙利等国家的硬仗自己没有参与。

如前所述，蒙哥的汗位是经过激烈斗争获得的，如果没有足以超越先人的功业，他终究难以安心。

因此，他从即位之初便酝酿了一个宏大的征服计划，其一，是要灭亡南方的南宋王朝，其二，则是发动再一次的西征，征服西亚诸国。

灭亡南宋的任务，蒙哥汗留给了自己，正如他自己所说："我们的父兄们，过去的君主们，每一个都建立了功业，攻占过某个地区，在人们中间提高了自己的名声。我也要亲自出征，去攻打南家思（南宋）！"①

西征，蒙哥汗交给了自己的五弟，旭烈兀。

而有意思的是，除了对外扩张，继续祖先功业外，蒙哥汗要亲弟弟西征，还有一个不那么拿得上台面的理由。

那便是，他害怕被暗杀。

在伊朗，有一个神秘而可怕的刺客之国，对蒙哥汗的生命有着极大的威胁，曾经派出四百人②的超强刺客团欲图刺杀蒙哥。

在蒙古铁骑战无不胜的时代，竟然有人敢刺杀自己，蒙哥汗既担心又愤怒。

2.刺客之国

蒙哥汗时代的西亚，诸国林立，曾经横跨欧亚非三洲的阿拔斯王朝早已衰败，但它的统治者哈里发仍以穆斯林的"教皇"自诩。伊斯兰英雄萨拉丁所建立的阿尤布王朝，此时也只保留了叙利亚的疆土，其埃及的领地已经被马木留克王朝所占据。

在蒙古大军横扫中亚之后，曾经几乎征服世界的伊斯兰文明仅剩下这最后的地盘了。

而在这些国家之间，还隐藏着一个神秘的刺客之国。

这个刺客之国，阿拉伯语称为"木刺夷"（意为"迷途者"），汉文史料译作"没里奚"或"木乃奚"，是伊斯兰教的亦思马因教派。在叙利亚的亦思马因派被称为阿萨辛派，算是什叶派的极端中的极端。

要说起这阿萨辛派的来历，也算是源远流长。

---

① [波斯]拉施特著，余大钧、周建奇译：《史集》第2卷，商务印书馆2014年版，第265页。
② 《鲁布鲁克东行纪》第32章所载，阿萨辛派40人进行刺杀，道森编《出使蒙古记》记载则是400人。

伊斯兰教的创始人，"先知"穆罕默德去世后，围绕着哈里发的继承问题，伊斯兰教逐渐分裂成逊尼派和什叶派两大派别。逊尼派长期占据主导地位，对什叶派大加镇压。

压力之下，为了图存只能寻找出路，很自然的，什叶派内部发生分化，形成了两个主要分支：塞德派与伊玛目派。其中塞德派比较温和，也比较接近逊尼派，得以生存。而伊玛目派则比较激进也较为神秘化，坚决反对逊尼派，从中又逐渐演化繁衍出十二伊玛目派、亦思马因派和阿萨辛派，这几派一派比一派神秘、一派比一派激进。

伊玛目是教长之意，十二伊玛目派不承认穆罕默德身后的艾布·伯克尔、奥玛尔、奥斯曼三人的正统性，他们认为，穆罕默德以后正统的教长是十二代，以阿里开始，然后是哈桑、侯赛因、阿里·宰尼·阿比丁、穆罕默德·巴格尔、扎尔法尔·撒迪格等等。此教派认为阿里的继承人遗传了阿里身上的一部分神性，故继阿里为教长者不会犯有罪孽，并通晓人类所不可知的神秘，是拯救灵魂的唯一导师。

到了第六代伊玛目扎尔法尔·撒迪格的时候，继承问题出现了麻烦。扎尔法尔·撒迪格曾指定其长子亦思马因为其继承人，后因其沉湎于酒不能自拔而废黜，另立次子穆萨。

但是，有不少教徒谨遵前面的教义，认为教长既受安拉之感应而行事便不会有误，不得反悔，应该以第一次的指定有效。于是十二伊玛目派遂告分裂，其追随亦思马因的一派不承认穆萨的正统地位，奉亦思马因长子穆罕默德为第七代教长，这便是亦思马因派。

公元八世纪到十世纪，在阿拔斯王朝的统治下，亦思马因派作为什叶派异端的一种，处境非常艰难，只得转入地下，到叙利亚北方的安萨里耶山区秘密活动。

九世纪末，亦思马因派首领欧贝杜拉·麦赫迪派遣传教士到北非活动，经过多年经营，于909年在北非的突尼斯建立了法蒂玛王朝，公元968年，又占领埃及，迁都开罗，自号哈里发。

法蒂玛王朝的哈里发曾秘密派遣传道师前往波斯，故在波斯也有相当多的亦思马因派教徒。从而出现了让人闻风丧胆的"山中老人"哈桑·萨巴赫，以及他所建立的刺客之国。

哈桑·萨巴赫原本是阿拉伯也门地区霍麦伊尔部落人，后迁徙到波斯的雷伊城（今伊朗之德黑兰），在此信奉了亦思马因派，成为一方教长。

为了履行其教职，哈桑在波斯各地旅行多年，最后到可疾云城（今加兹尼）安顿下来，并派遣传道师四处宣扬亦思马因派教义，信徒日众。

随着势力庞大，1090年亦思马因派从塞尔柱王朝手中夺取阿刺模忒堡作为大本营，并以此为中心，在里海以南山区险隘处筑百多座城堡，形成一个地势险要、与世隔绝、防范严密、独立的宗教王国。

哈桑持己甚严，严守《古兰经》训教，决不逾越。他的两个儿子，一个因刺杀一名身为库希斯坦长官的亦思马因派教友，另一个子因行为放荡，都被他亲自杖毙，可见其性格之极端。为了保持教派的"纯洁性"和生存空间，哈桑大行刺杀之风，对不利于本教派的权贵，全都采用暗杀手段，致使远人畏伏。

为了培养高效、忠诚和毫不畏死

山中老人哈桑

的刺客，哈桑发明了一种让人拍案叫绝的教育方式。

他在与世隔绝之处修建城堡，其中到处是宫殿、奇珍异宝、美酒佳肴，花园中的美女终日琴瑟歌舞，如同仙境一般。

当受训的刺客即将执行任务前，便会被麻药麻醉后送到这里，醒来则被告知是处于"天堂"，在一周当中，他们纵情享受，极尽欢娱。一周过后，便又被麻醉带出。享受到这样的极乐，刺客们自然想重返"天堂"。哈桑便会告知他们，只要勇于牺牲便能重返。

因而，刺客们无不争先恐后的完成任务，死不旋踵。其效率之高，可说无坚不摧。

也许是因为这种"麻醉教育法"，叙利亚的亦思马因派又被称为"阿萨辛"，阿萨辛是一种干草，可用于酿造麻药酒。

塞尔柱王朝、阿拔斯王朝都曾经派兵围剿，但都未能将之消灭，反而被他手下的刺客团刺杀多名高级官员和将领。无奈之下，只得与之和平相处，默认这个宗教国的存在。

1124年5月23日，哈桑·萨巴赫去世，传位于旧友兰巴撒尔堡统将乌米德。

这个乌米德比哈桑有过之而无不及，掀起的暗杀之风更为凛冽，塞尔柱王朝的宰相阿布·纳希尔，阿拔斯朝的两任哈里发莫斯忒尔、拉施德均被乌米德派人暗杀。以至于从此以后，阿拔斯朝哈里发再也不敢在公众面前露面。

乌米德之后，亦思马因派又经过穆罕默德、哈桑、穆罕默德 、扎刺勒丁·哈、阿剌瓦丁·穆罕默德、鲁克赖丁·库沙几任教主。凶悍的刺客团一直横行无忌，甚至伊斯兰历史上著名的英雄，阿尤布王朝的创始人萨拉丁，灭亡耶鲁撒拉冷王国，为穆斯林夺回圣城，并迎战欧洲三名王，威名赫赫，也两次险些命丧刺客团刀下。

可能是横行惯了，到鲁克赖丁·库沙任教主时，面对极盛的蒙古帝国，所有国家都噤若寒蝉，只有亦思马因派敢于捋虎须，派刺客刺杀蒙哥汗，把这个可说是当时世界上最强大的君王彻底激怒了。

3.历史选择了旭烈兀

为了光大父祖的功业，为了消灭威胁自己的敌人，更是为了证明自己，公元1252年，蒙哥汗展开了大蒙古国历史上最大一次的对外征服：

成吉思汗为忽必烈和旭烈兀进行初猎仪式

241

"秋七月，命忽必烈征大理，诸王秃儿花、撒立征身毒（即印度），怯的不花征没里奚（即亦思马因人），旭烈（即旭烈兀）征西域素丹诸国。"①

时年三十七岁的旭烈兀被委以西征重任。

旭烈兀与蒙哥汗、忽必烈、阿里不哥是同母兄弟，虽然一母所生，但性格却千差万别。蒙哥汗刚明雄毅，忽必烈度量弘广，阿里不哥倔强而有计谋，旭烈兀则最具军人气质，刚勇果决，还有一点鲁莽。

这样的性格，在旭烈兀小的时候便表现得很充分：1224年，成吉思汗结束了西征，在返回途中路过了爱蛮-豁亦（今新疆额敏县附近），在这里举行了一次狩猎。时年七岁的旭烈兀和九岁的忽必烈一起来迎接祖父，并平生第一次参加了狩猎。两个孩子成绩不错，旭烈兀射杀了一只山羊，忽必烈射杀了一只兔子。按照蒙古传统，孩子第一次狩猎，长辈要在他们的拇指上擦拭油脂作为祝福。成吉思汗不顾征途劳累，亲自为两个孙子拭油。孙子见到祖父，总要表示亲昵。但表示的方式可就大相径庭了，忽必烈只是轻轻地抓住成吉思汗的大拇指，而旭烈兀却狠掐了祖父的拇指，让身经百战的成吉思汗都疼得叫了出声②。

蒙哥汗的弟弟中，最受他信任的，除了三个同母弟之外，只有异母弟末哥。忽必烈已经南下征服大理国，阿里不哥作为幼子要留守都城，末哥要作为副将协助自己攻打南宋，那西征只能由旭烈兀来完成。

但蒙哥汗对旭烈兀的性格还是有所不放心，在出征前，他对旭烈兀进行了语重心长的教导，要他"对顺从你的命令和禁令者要赐予恩惠、礼物，而对于固执顽抗、桀骜不驯者，要把他们连同妻妾、全家老少和族人一起推倒在受暴力压制和屈辱的沙漠中……你还应在一切事情上以真知灼见为准绳。在一切情况下都要警惕、慎重。"③

尤其，蒙哥汗也并没有打算在旭烈兀征服西亚后便把那里赐封给他，而是要旭烈兀："你完成这些大事后，就返回本土来吧"④。

对于大哥的教导，旭烈兀表示一定会听从，至于完成任务后回来，他也不以为意，只要有战功，封地还会缺吗？得胜还乡，也是荣耀的事。

---

①[明]宋濂等撰：《元史》卷三，本纪第三《宪宗本纪》，中华书局2008年版，第46页。
②[波斯]拉施特著，余大钧、周建奇译：《史集》第1卷第2分册，商务印书馆2014年版，第347页。
③[波斯]拉施特著，余大钧、周建奇译：《史集》第3卷，商务印书馆2014年版，第31页。
④[波斯]拉施特著，余大钧、周建奇译：《史集》第3卷，商务印书馆2014年版，第32页。

1253年，旭烈兀的先头部队两万
骑兵开拔，正式开始了征程，踏着祖
父曾走过的足迹出发了。

他可能不会预料到，这一走，他
将不会再回到故乡，不会再见到自己
的大哥蒙哥，并成为蒙古扩张史上最
后一个汗国的创始人。

4.擒拿刺客之王

对于历史的误读，总会产生很多
神话。

当人们津津乐道蒙古帝国时期，
蒙古帝国军战斗力惊人的时候，总是
爱拿旭烈兀西征来举例子——他率领
着两万人马便横扫西亚。

实际上，当时的蒙古帝国幅员辽
阔，动员力惊人，蒙哥汗希望旭烈兀

铲除亦思马因派，希望他征服阿拔斯
王朝甚至埃及，决不会仅给弟弟这么
点人马，即使相信弟弟的能力和蒙古
军的战斗力也不会。蒙哥汗不是查士
丁尼大帝，对为自己开疆拓土的将军
各啬得要命，他给了弟弟所能给的全
部支持。

旭烈兀所率的直属部队，是原镇
成克什米尔和印度的蒙古探马军两万
人。在蒙哥汗的命令下，一直留镇在
阿塞拜疆的拜住和绰儿马罕的西征军
约三万人也归旭烈兀调遣。

同时，按照传统，成吉思汗诸
子、诸弟和诸侄的也派部队组成从征
军。

成吉思汗次女扯扯干别吉派出自

甘为臣属的西亚强国——伊儿汗国

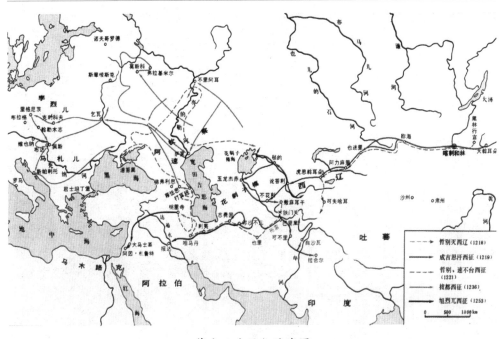

蒙古三次西征路线图

243

己的儿子不花帖木儿和大将阔阔亦勒该率部队作为西征军右翼。察合台汗国的台古歹儿斡兀立率军组成左翼。金帐汗国别儿哥汗也派出自己两大藩属的部队：白帐汗斡儿答之子忽里，蓝帐汗昔班之子八剌海、秃歹儿斡兀立率大军帮助。

此外，蒙哥汗还为旭烈兀准备了一支由汉人组成的炮手、弩手、火焰喷射手千人队。

思忽惕以及诸将军也前来拜见，赠送礼物。

两年后，大军抵达渴石（今沙赫里夏勃兹），阿姆河等处行尚书省阿儿浑及呼罗珊诸将军夹道迎接。

直到1256年，旭烈兀率大军渡过阿姆河，战斗才真正开始。

是年9月，旭烈兀大军逼近亦思马因派诸堡，并开始进攻。刺客之国虽然暗杀之技天下无双，但要明刀明枪的两军对垒，如何是蒙古大军的对手，仅凭着各堡垒的险要勉强据守。

各路大军陆续开拔，旭烈兀西征可以调动的军队达到十五万之众。①

只不过，旭烈兀出发时，先头部队只有两万人，便给人错觉而已。

有了祖父当年打下的根基，旭烈兀最初的进军如外出旅游一样轻松惬意。

在阿力麻里，他受到察合台汗国统治者兀鲁忽乃监国的热情款待；在别失八里等处，行尚书省行政长官马

蒙古军攻打亦思马因派城堡

---

① 彭树智主编《中东国家通史·伊朗卷》考证出除阿塞拜疆驻军外，旭烈兀的部队达12万人。商务印书馆2002年，171页。

为了避免部下伤亡，旭烈兀遣使劝谕教主鲁克赖丁·库沙毁堡投降。鲁克赖丁·库沙知道这次无法硬抗，派弟弟请降，但要求缓期一年出堡。

这样的缓兵之计自然瞒不过旭烈兀，他拒绝请降，分三路于10月同时发起进攻。首先围攻鲁克赖丁·库沙的宫府麦门底司堡。亦思马因派教徒虽然勇敢，但无法抵挡蒙古军先进的攻城武器，抵抗一个月后，鲁克赖丁·库沙被迫出降，旭烈兀下令将该城堡彻底夷平。

教主投降，其他教徒自然不再抵抗，各地城堡相继开城。旭烈兀斩草除根，将一百余座城堡全被毁掉，所有亦思马因派教徒全部屠杀。之后，派兵送鲁克赖丁·库沙去蒙古帝国都城哈剌和林（今蒙古国后杭爱省额尔德尼召北）面见蒙哥汗。鲁克赖丁·库沙到哈剌和林后，蒙哥汗拒见，下令将其送回波斯，在途中，这个刺客之国末代君王被押送士兵所杀。

有很多人说亦思马因派是现代恐怖主义的创始人，对其大为挞伐。但却没有看到，亦思马因派算是伊斯兰世界的小教派，备受欺压打击，其激进和极端，很多是被逼出来的。何况其暗杀的目标，都是达官显贵，不是哈里发便是苏丹，最次也是地方总督或者将军，对蒙哥汗的刺杀也应算是

反抗侵略。绝不像现在恐怖分子动不动拿老百姓开刀，看起来义正词严，不过是屠杀黎庶的小人而已。与亦思马因派相比，相差何止以道里计。

亦思马因派宗教国覆灭，西征的一大目标已经达到，旭烈兀继续向着另一个目标——阿拔斯王朝前进了。

5.陷入血海的巴格达

在出征前，蒙哥汗曾对旭烈兀说，对于阿拔斯王朝的哈里发，如果其"打定主意效忠听命的话，就不要以任何方式得罪他，而如果他骄傲自大，心中想的、说的不一致，那就把他归入并到其他敌人中"[1]。因此，1257年九月，旭烈兀遣使至巴格达，劝告哈里发出降。

此时的阿拔斯王朝，是第三十七代哈里发谟斯塔辛统治，虽然早已衰败，但也算是做了五百年伊斯兰世界的中心，虎死余威在，对异教徒的傲慢丝毫不减。谟斯塔辛回信道：你要来进攻巴格达，只会尝到失败。

既然对方拒绝投降，便刀剑上见真章。11月，旭烈兀再次兵分三路杀向巴格达。

阿拔斯王朝的军队在蒙古军面前不堪一击，纷纷溃败，很快，左路军便占领了罗耳大部分地区；右路军也渡过了小达曷水（通幼发拉底河和底格里斯河之渠）。

---

①[波斯]拉施特著，余大钧、周建奇译：《史集》第3卷，商务印书馆2014年版，第31页。

旭烈兀率领的中路军到达额塞德城后，再次遣使召哈里发来营投降，虽然已经到了山穷水尽的地步，谟斯塔辛仍然坚持：见面可以，但蒙古必须退兵。旭烈兀大怒，下令决堤放水，巴格达城外的阿拔斯军统帅哈剌辛豁儿和一万余名士兵被淹死，副掌印官艾伯克率领残军退入城中。

随后，蒙古三路大军进抵报达城郊，将巴格达包围。为了迫使城中投降，旭烈兀在底格里斯河两岸筑堡、修渠，封锁了巴格达的水陆交通。

旭烈兀攻陷巴格达

1258年1月30日，三路大军同时发起进攻，谟斯塔辛征集城中能战之兵七万人死守，双方反复绞杀，战况激烈。经过数日战斗，阿拔斯军损失惨重，巴格达东门又被炮石击毁，渐渐不支。

2月10日，阿拔斯军已经伤亡几尽，城破只是时间问题。谟斯塔辛无奈，只得带领儿子、官员、贵族三千余人出城投降。当初的强硬换来了残酷的惩罚，旭烈兀将哈里发家族全部处死，并纵兵大掠，阿拔斯王朝积蓄五百年的奇珍异宝各种财富被抢掠一空，"一千零一夜"的巴格达人头翻滚，血流成河。

想当年，阿拔斯王朝西击拜占庭帝国，东败唐帝国，雄霸世界。都城巴格达是和君士坦丁堡、长安齐名的国际大都市。正是因为其强盛和发达，伊斯兰教在埃及、叙利亚、伊拉克、波斯、北非、中亚等地为大部分居民所接受，从而成为世界三大宗教之一。

在最后残酷景象下，这个王朝

终于宣布灭亡。但他所推广的伊斯兰教却反过来征服了蒙古人——伊儿汗国、金帐汗国、察合台汗国都成为了伊斯兰国家，到了今天，当年的征服者和被征服者早已无所分别。

在历史长河当中，胜与负，又有谁说得清楚？

巴格达的陷落使伊斯兰各国震惊不已，尤其是相距最近的叙利亚阿尤布王朝更是肝胆俱裂。为了避免战祸，苏丹纳昔儿派其王子与国相到旭烈兀行营请求臣服。

此时的旭烈兀顺风顺水，一般意义上的臣服已不能满足，他将使者遣回，要求纳昔儿纳土归降。臣服只是做儿皇帝，纳土就连儿皇帝都做不成了，纳昔儿咬紧牙关，决定抵抗。

这个结果正是旭烈兀所希望看到的，于是继续挥兵西进。1259年9月，蒙古军进入叙利亚，先后攻占美索不达米亚北部诸城，渡过幼发拉底河，包围叙利亚北部最大的城市阿勒颇。1260年1月，在激烈的炮火下，阿勒颇城陷落，守军被歼十余万。

此次大胜，使得叙利亚其余城市相继不战而降。4月，蒙古军占领阿尤布王朝首都大马士革，毁城过半。纳昔儿逃奔埃及马木留克王朝，叙利亚全境平定。

现在，蒙古军已经站在亚洲和

阿勒颇卫城

非洲的路口上，再往前，便要进入非洲，将蒙古帝国变成"横跨欧亚非三洲的帝国"了。为了扫除后顾之忧，旭烈兀派军扫荡小亚细亚，击败巴尔干诸国联军。同时，命汉将郭侃渡海，攻陷富浪（即塞浦路斯岛）。

然而，正当旭烈兀准备跨国西奈半岛，进入非洲的前夜，帝国的中心传来消息——蒙哥大汗在攻打南宋时去世。

作为前方统帅，又是蒙哥汗的亲弟弟，旭烈兀立即下令班师回国，只留下两万军队交给大将乞忒不花，镇守叙利亚，并负责攻略巴勒斯坦和埃及。

由于消息不畅，旭烈兀此时还不知道忽必烈和阿里不哥已经各自称汗并大打出手，他的返回，有着明确的回国争取即位的目的。

随着他的撤军，蒙古的扩张时代随之结束，帝国的铁蹄再也没能踏上非洲。而旭烈兀还不知道，从这一刻起，蒙古帝国的分裂已经不可避免，他将永远地留在西亚，建立一个载入蒙古史册，也载入伊朗史册的伊儿汗国。

二、伊儿汗国的建立

可以想象，从叙利亚班师，风尘仆仆向故乡前进的旭烈兀心中，悲伤、兴奋、焦急，种种情绪五味杂陈。

蒙哥汗对他来说，既是同父同母的大哥，又是有着提拔重用之恩的君主，在其去世时却未能见上一面，怎能不悲伤；自己此次西征，功勋卓著，以武功立国的蒙古，声望已不会比任何兄弟差，在"库里勒台"上，自己应该是重量级的大汗候选人，这让他如何不兴奋；然而，蒙哥汗死后，帝国的中枢会发生什么，他一无所知，又如何不焦急？！

此时的旭烈兀，归心似箭。

但是，他没有想到，故乡早已不是自己离开时的模样，自己的命运也完全超出了自己的预测。

1.蒙古征服巨浪的退潮

随着蒙哥汗的死，蒙古帝国的征服巨浪迅速退潮。

在东方，攻打南宋的三路大军全部陆续北返：蒙哥汗攻略四川的军队护送着他的灵柩，缓缓北归；率军包围鄂州的忽必烈在得到南宋的议和承诺后撤退（其实此次议和是南宋权臣贾似道的私人行为并非南宋政府的承诺，日后成为忽必烈灭亡南宋的借口之一）；从云南经广西北上进至潭州（今长沙）城下的兀良合台也返回了云南。

在西方，旭烈兀放弃了进入埃及的打算，率大军东返。

然而，当他进入伊朗的时候，一个消息给他当头一棒，比蒙哥汗去世更让他难以接受——他的另一位哥哥忽必烈和他最小的弟弟阿里不哥已经分别称汗，并且已经两军对垒，打得不可开交。

而作为帝国西北屏藩的金帐、察合台、窝阔台三大家族，已经明确表示支持阿里不哥了。

统一的蒙古帝国现在已经不复存在，自己作为前方将领和前任可汗的弟弟，该如何抉择？旭烈兀相当矛盾。

从感情上来说，无论是阿里不哥还是忽必烈，都是自己的亲兄弟；从法统上来说，两个兄弟都不那么名正言顺，阿里不哥没有召集所有宗王贵族召开大会，而忽必烈更是在汉地召开大会，支持他的宗王贵族更少。

何去何从？

不能排除旭烈兀就没有率兵继续东归，以自己的实力参与到纷争当中的打算，毕竟自己兵力雄厚，有这个实力。

但是，在他返回伊朗的同时，后院却起了火——叙利亚遭到了埃及马木留克王朝的袭击。

马木留克王朝此时已经成为伊斯兰文明最后的希望，他们的苏丹忽都思起倾国之兵，以"圣战"的名义汹汹而来，发誓要击退蒙古军，光复伊斯兰的神圣国土。

旭烈兀顿时陷入到进退两难的境地。

2.艾因贾鲁之战

"马木留克"是阿拉伯语，意为"奴隶"。从公元九世纪起，阿拔斯王朝的哈里发就开始从亚细亚和高加索地区购买奴隶即马木留克组建成骑兵部队，成为哈里发直接指挥的卫队。

马木留克的训练极为严格。在经过挑选后，体格健壮的马木留克依据各自种族和部落的特征被送至拥有训练体制的军事学校学习。这种军事学校被称为"塔巴卡"，在里面新兵们首先学习阿拉伯语和《古兰经》，以培养对君主的绝对忠诚和宗教的绝对虔诚。然后，学员们进行系统化的身体和军事技能训练，包括熟练使用弯刀、长矛和弓箭等武器，以及骑兵应该具有的基本骑术、长矛刺杀、格斗等技术。在这些基本军事技能精通熟练后，便开始对其进行战术训练，演练实战中进退迂回的各种队形和互相策应的基本战术，直至他们的技术变得非常熟练。

待到学员们学成毕业，都已经成为优秀的战士，君主会给他们配发武器装备，并发放解放证书，他们的身份便不再是奴隶，而是绝对效忠于君主的士兵。

由这些马木留克组成的军队，勇敢、坚毅，富有牺牲精神且绝对忠

诚。成为阿拔斯王朝对外扩张的一把利剑。因效果卓著，为阿拉伯其他国家的苏丹也纷纷效仿，相继组建自己的马木留克部队，其中阿尤布王朝的萨拉丁组建的马木留克军队最为著名。

不过，任何制度在实行一段时间后，总会偏离原先的轨道。当马木留克军团的实力和作用在王朝中愈来愈重的时候，他们便开始染指政权了。埃及的马木留克王朝便是篡夺阿尤布王朝形成的。

马木留克王朝的奠基人名叫艾伊贝克，本是阿尤布王朝的一位马木留克将领。阿尤布王朝末代苏丹撒利哈于1249年去世后，他奴隶出身的妻子舍哲尔扶持撒利哈的儿子突兰沙即位。但是，突兰沙在即位前一直在美索不达米亚，因此在掌握权力以后，不重用马木留克卫队，而是信任他从美索不达米亚带来的兵士。1250年，在突兰沙试图削弱马木留克的势力时，马木留克将军艾伊贝克与舍哲尔合谋，将其杀害。

舍哲尔自称穆斯林的女王，独揽政权。但一个女人要想获得马木留克的效忠是不可能的，仅八十天后，艾伊贝克便在自己部下的拥戴下成为苏丹，娶舍哲尔为妻。埃及的马木留克王朝从此建立。

马木留克本身是奴隶出身，既

无贵族血统，又无宗教权威，全凭武力上位，因此从王朝建立之初，便是"武力至上"，谁有实力谁便任苏丹。艾伊贝克在位七年后被暗杀，他的副手忽都思扶持其子阿里即位，不过两年，忽都思便废黜阿里，自任苏丹。

可忽都思刚登上苏丹宝座，蒙古大军便进入了西亚，亦思马因宗教国、阿拔斯王朝、叙利亚阿尤布王朝相继灭亡。而蒙古军虽然因为蒙哥汗的死而退军，但也在叙利亚留下了部队，旭烈兀还给忽都思写了一封劝降书。

忽都思召集将领们商议，将领们都认为不可讲和，尤其一位名叫奔都黑答儿的将领更是主张正面迎击，"无论我们战胜或阵亡，都能得到人们的谅解和感激！"①

忽都思终于下定决心，率领十二万大军进兵叙利亚。半路上，有的将领胆怯了，不愿再前进。忽都思发表了激动人心的演讲："伊斯兰的埃米尔们，你们久食国禄，却怯于圣战。我誓死一战，愿者随我进，不愿者可离我去，安拉对他们是明察的。伊斯兰妇女如受凌辱，责在他们。"于是，愿战者宣誓效忠，不愿战者也改变态度，随军出征。

此时，旭烈兀的主力已经回到了

---

①[波斯]拉施特著，余大钧、周建奇译：《史集》第3卷，商务印书馆2014年版，第82页。

伊朗，留在叙利亚的是他麾下第一骁将乞忒不花和两万蒙古军。乞忒不花在西征中攻城夺寨，所向无敌，虽然知道马木留克军多于自己，也并不惊慌，率军迎战。

1260年9月3日，两军相遇于约旦河左岸贝桑附近的艾因贾鲁。

忽都思为了万无一失，将主力埋伏，率中军向蒙古军进逼。乞忒不花见马木留克军并不如传说中人多势众，于是指挥全军攻击。在蒙古军如飞蝗般的箭雨攒射之下，马木留克军伤亡惨重，忽都思下令撤退。

马木留克骑兵

乞忒不花不知敌人有埋伏，以为胜券在握，率军紧追，结果陷入马木留克军的埋伏之中，被重重包围。双方的肉搏战从清晨持续到中午，蒙古军的人数劣势显现出来，他们逐渐抵敌不住，开始溃退。

乞忒不花原本有机会逃走，但他拒绝了部下的建议，慷慨言道："人不免一死，与其卑鄙地逃跑，不如光荣的死去。最后当我军将士中有人去觐见君王时，请禀告我的话：乞忒不花不愿可耻地回来，他在竭心尽力中牺牲了美好的生活。务必不让君王幸福的心灵为蒙古军的阵亡忧愁。让他这样设想：就算他的士兵的妻子们一年未曾怀孕，他们的马群的母马未曾怀驹子。祝君王幸福！既然高贵的君王健在，一切折损的战士都可以补换，像我这样的奴仆存在与否，实在是微不足道的。"[1]

言罢，他率领仅剩的千余亲军冲

①[波斯]拉施特著，余大钧、周建奇译：《史集》第3卷，商务印书馆2014年版，第82页。

入敌阵，奋勇砍杀，最终力竭被擒，被忽都思处死。

埃及军乘胜进击，占领了叙利亚全境。各地区的蒙古官员被杀，留在叙利亚的一般蒙古居民退到鲁木（亦译鲁姆、鲁迷，今小亚细亚）。

忽都思成为了拯救伊斯兰的英雄，但他享受荣耀不过一个月，便在返回埃及的途中，被自己麾下大将拜伯尔斯杀死。拜伯尔斯成为新一代的马木留克苏丹，这个比忽都思厉害得多人物日后成为了旭烈兀后代的噩梦。

听到乞忒不花战死，旭烈兀大为悲伤，哀叹道："我从哪里还能找到面对死亡表现的如此忠贞的臣下呢？"[1]下令厚赐乞忒不花的遗孤。

叙利亚的丢失，让旭烈兀打消了东归的念头。

现在后方不稳，回乡又前景叵测，不如留下来。旭烈兀审时度势，做出了明智的抉择——驻兵伊朗，静观其变。

在西征的时候，蒙哥汗给了旭烈兀相当丰厚的军事资本，而在1256年他正式开始战斗的时候，已经以"伊儿汗"为名义发号施令，伊朗、阿塞拜疆、小亚细亚的总督和将军们都服从于他，"其势足以自帝一方"[2]。

旭烈兀与他的王后

①[波斯]拉施特著，余大钧、周建奇译：《史集》第3卷，商务印书馆2014年版，第84页。
②郝经：《复与宋国相论本朝兵乱书》，《钦定四库全书会要·陵川集》卷38，吉林出版集团2005年版，第454页。

忽必烈和阿里不哥都遣使向这位兄弟寻求支持，但旭烈兀都不为所动——竞争大汗之位已经不可能，那么，只能从两位大汗中选一个来遵奉。至于尊奉谁，就看你们谁更厉害了。你们去斗吧，有结果通知一声就好了。

3.自帝一方

旭烈兀开始在自己的势力范围内营造独立王国，虽然他没有得到汗廷的册封，虽然在各地还有着应当直属于大汗的行政长官。但现在天下大乱，一切，都听命于我"伊儿汗"吧。

从成吉思汗开始，蒙古帝国虽然实行分封，各子都有自己的汗国。但各汗国的封地仍由大汗委以长官统管，诸子在其封地上只享有一定数量的赋入。其行政权、军事权很大程度还属于中央直辖。若不是这样，帝国的分裂恐怕早就难以遏制。

现在，先大汗没了，新任大汗还没决定。当初的一切行政关系全都乱了套。金帐、察合台、窝阔台各汗国的汗王们一跃而成为自己封地的真正"国家首脑"。原本是大汗的各级官吏，都成了他们的臣属。

而旭烈兀掌握的土地是自己新打下来的，所有的官署、驻军都是自己委派，那么自立建国比其他汗国更为方便。很快，东起阿姆河，西至地中海，包括小亚细亚大部分地区，北自高加索，南抵印度洋的广大土地，都服从了自己的新主人——伊儿汗旭烈兀。

因为他从1256年便开始自称"伊儿汗"，很多史家把伊儿汗国的建立定在这一年，但这有些牵强。直到1260年，旭烈兀还没有真正算是建立了一个国家，最多只是一个雏形。

这么个尴尬的政权自然不会被人承认，金帐汗国别尔儿汗首先发难，向旭烈兀讨要阿塞拜疆。理由相当充分：蒙古帝国所有的国土都是属于整个黄金家族的，人人有份，除非大汗亲自册封才算是你的。何况，你西征的时候，我金帐汗国出兵相助，总不能白忙。

旭烈兀此时等于是没了家长的野孩子，别说一个堂兄，在两个兄弟决出胜负之前，大汗的话都不听。何况，阿塞拜疆历经蒙古四任大汗派官员经营多年，土地肥沃，城镇繁荣，还有水草丰美的木甘草原，怎能拱手让人。

于是，当忽必烈、阿里不哥一对亲兄弟在帝国东部打得你死我活的时候，别儿哥汗和旭烈兀两个堂兄弟也在帝国西部大打出手。

1262年，别尔哥汗首先派遣那海率军三万在打耳班与旭烈兀交战，大败而归。而不久，那海折回突袭旭烈

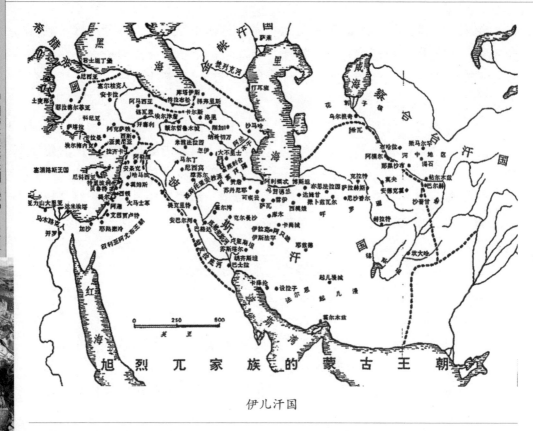

伊儿汗国

兀渡河的部队，旭烈兀的士兵被杀和落水溺毙的不计其数。

这次失利，让旭烈兀"情绪低落、抑郁不欢"，但他还是迅速"着手弥补损失"[1]，收拢部队，扼要地守要冲，坚壁清野，不给别儿哥汗以继续扩大战果的机会。

别尔哥汗虽然获得了正面战场的胜利，却无法攻克旭烈兀的一个个城池，折腾半天，阿塞拜疆还是没有到手。两个兄弟乃至他们的子孙从此结下深仇，在以后的一个世纪中，战争

频起，马木留克王朝、拜占庭帝国也被他们拉到各自阵营壮声势。

1264年，忽必烈和阿里不哥的汗位之争终于落下帷幕，阿里不哥战败，沦为阶下囚。忽必烈成为了蒙古帝国第五任大汗。

可是，这个大汗所能控制的区域仅剩蒙古本土、中原汉地和西藏等领土，金帐、察合台和窝阔台三大汗国全都不予承认，这么一来，忽必烈能不能保住面子，就看旭烈兀的了。

刚把阿里不哥囚禁起来，忽必烈

---

[1][波斯]拉施特著，余大钧、周建奇译：《史集》第3卷，商务印书馆2014年版，第96页。

便派出敕使，正式册封旭烈兀为"伊儿汗"，指出："从质浑河岸（即中亚阿姆河）到密昔儿（即埃及）的大门，蒙古军队和大食人地区，应由你，旭烈兀掌管，你要好好防守，以博取我们祖先的美名"[1]。

毕竟是一个母亲的儿子，血浓于水，旭烈兀立即承认了忽必烈的大汗地位，并庄重地接受了他的册封。在蒙古帝国崩溃的时刻，他至少在名义上留在了帝国版图之内。

4.英年早逝

1264年，四十七岁的旭烈兀在获得了兄长的册封后，名正言顺地建国立号，成为伊儿汗国第一任"伊儿汗"，定都于蔑剌哈城（今伊朗马腊格）。

解决了自己的合法性问题，旭烈兀终于可以安心治理自己的国家了，他将全国分为二十四个州[2]，各州既是行政单位，也是军事镇戍区，每州设一个州长，名为"哈乞木"，州下设县，县下设村，分为三级管理。而各州按宗亲关系疏密、统将功劳大小，交给诸子、诸弟、诸将管理，以万户长、千户长为官位，他们主要负责各地的军队，而并不负责民政。

在首都，旭烈兀设立了以宰相为首席行政官的政府，并任命波斯人苫思丁·志费尼为自己的第一任宰相，"让他全权决定、主宰、安排和掌管国事"[3]。

苫思丁·志费尼从此成为伊儿汗国三代汗王的宰相，他在历史上并不出名，不过他的弟弟阿老丁·志费尼却是大史学家，名著《世界征服者史》的作者。

在安排行政军政之余，旭烈兀"特别喜爱大兴土木"，在汗国内部到处修建各种建筑，"他在阿剌答黑建造了一座宫殿，并在豁亦建造了庙宇"[4]。尤其是在蔑剌哈城西山冈上建造了一座规模宏大的天文台，配备有精密的观测仪器，设有藏书四十万册的图书馆，并聘请波斯历史上著名的天文学家、数学家、哲学家纳绥尔丁·图西做天文台的主管。

有了自己的国家，旭烈兀从战士

①[波斯]拉施特著，余大钧、周建奇译：《史集》第2卷，商务印书馆2014年版，第309页。
②按照徐良利先生的考证，伊儿汗国24个州区是：1.阿拉伯伊拉克。2.波斯伊拉克。3.大罗耳。4.小罗耳。5.阿塞拜疆。6.阿儿兰和木甘。7.失儿湾。8.古昔塔思非。9.古耳吉斯坦和阿布哈思。10.鲁木。11.大亚美尼亚。12.迪牙别克儿和迪牙剌壁阿。13.库尔德斯坦。14.胡齐斯坦。15.忽希斯坦。16.沙班卡剌。17.克尔曼和莫克兰。18.锡斯坦。19.法尔斯。20.呼罗珊。21.古尔干。22.祸楼答而。23.剌夷。24.吉兰。
③[波斯]拉施特著，余大钧、周建奇译：《史集》第3卷，商务印书馆2014年版，第98页。
④[波斯]拉施特著，余大钧、周建奇译：《史集》第3卷，商务印书馆2014年版，第97页。

转变为了一位建设者，他正当盛年，还有更多的事情要做。

然而，命运总是会捉弄人，正式成为"伊儿汗"仅一年，原本很健康的旭烈兀突然病倒了。

1265年1月，旭烈兀举行了数天的宴饮和狩猎，在洗完澡后，他突然发病中风，昏迷不醒。

旭烈兀的葬礼

在昏睡中度过了一个月之后，2月8日，年仅四十八岁的旭烈兀与世长辞。

他还没来得及将国家进一步稳定，没来得及出兵埃及为乞忒不花报仇，这一切都要交给他的长子阿八哈了。

三、内斗不息

旭烈兀去世后，伊儿汗国仅在他儿子阿八哈时代保持了团结。在阿八哈之后迅速陷入到了家族争权夺位的漩涡，数任可汗都死于非命。伊儿汗国也在无休止的内战和不间断的对外战争中，民生凋敝，财政枯竭。人们都在盼望，能有一位贤明的君主结束

这一切，而最终，这个艰巨的任务落在了旭烈兀的第四代子孙身上。

1.左支右绌的阿八哈汗

继承旭烈兀汗位的，是他的长子阿八哈。其人勇敢多谋，在旭烈兀西征时一直在中军跟随父亲，屡立战功。是一个"深肖朕躬"的继承人。

而难得的是，阿八哈也和父亲一样，是一个坚定维护蒙古大汗权威的人，坚持伊儿汗国是蒙古帝国的一部分。当旭烈兀去世，众臣拥戴他登基继位时，阿八哈说："忽必烈合罕（大汗）是长房，怎能不经他的诏赐就登临（汗位）呢？"[1]

---

①[波斯]拉施特著，余大钧、周建奇译：《史集》第三卷，商务印书馆2014年版，第106页。

于是，在长达五年的时间中，阿八哈在未取得忽必烈大汗册封认可前，只以"摄政"之名君临伊儿汗国。

五年后，蒙古大汗兼大元王朝皇帝忽必烈的特使抵达伊儿汗廷，"带来了赐给阿八哈汗的诏旨、王冠、礼物，让他继承自己的光荣的父亲成为伊朗地区的汗，沿着父祖的道路前进。"[①]

有了最高指示，阿八哈于1270年11月正式举行登位庆典，"将无数钱财、珍宝和珍贵的服装分赐给后妃、宗王和异密们，以至所有的士兵们都分沾到了好处。"[②]

为了便于统治，阿八哈汗将首都从蔑剌哈迁到帖必利斯城（今伊朗大布力士），以蔑剌哈为陪都。

伊儿汗国正式进入了阿八哈时代，一个并不美妙的时代。

旭烈兀生前的作为，给阿八哈汗留下了两条"既定路线"：

第一，坚决支持忽必烈的大汗汗廷，与反对忽必烈的察合台、金帐、窝阔台三汗国对立；

第二，坚决与埃及马木留克王朝为敌，誓要夺回叙利亚并且征服埃及。

这两条方针，把阿八哈汗紧紧拴在了战车之上，无论他是否愿意，他都必须面对这一次又一次的战争。

1265年，阿八哈汗刚开始"摄

阿八哈汗（中间骑马者）

①[波斯]拉施特著，余大钧、周建奇译：《史集》第三卷，商务印书馆2014年版，第140~141页。

②[波斯]拉施特著，余大钧、周建奇译：《史集》第三卷，商务印书馆2014年版，第106页。

政"，金帐汗国的别儿哥汗便挑起战火，骚扰伊儿汗国西北边陲，所幸那里原本就是伊儿汗国的防御重地，没有让别儿哥汗得逞。

1270年，阿八哈刚从忽必烈手中得到册封，察合台汗国的八剌汗便率五万大军进攻呼罗珊，兵锋直指伊儿汗国属地马鲁察叶可，沿途不停地焚烧庐舍，劫掠人畜财物，破坏农田庄稼。伊儿汗国的东北边陲一片大乱，损失惨重。

这八剌汗是察合台的曾孙，从备份上来算，是阿八哈汗的堂侄。察合台汗国从察合台去世后汗位动荡，八剌原本是在忽必烈的支持下成为察合台汗的，但在座稳宝座后，迅速倒向了反忽必烈的窝阔台汗海都、金帐汗别尔哥一方。并与海都相约，共分伊儿汗国领土。

阿八哈汗亲自率数万军队迎击，双方对峙于八忒吉斯草原。

伊儿汗国北有金帐汗国，南有马木留克王朝，现在又要面对东北的压力。为了避免决战，阿八哈汗派出使者，希望能和八剌汗和谈，并主动地提出，割让哥疾宁、起尔曼直到申河的土地。

这些土地早年已经被察合台汗国吞并，阿八哈汗此举只是做一个示弱的表示，希望堂侄能够知难而退。

可八剌汗根本不相信阿八哈汗亲自迎战，并且也不满足于既得利益，对于和谈一口回绝。

阿八哈汗无奈，只得打起精神，准备决战。他看出八剌汗轻敌和不明真相，在也里布置包围圈，不时派出间谍麻痹察合台军。为了让堂侄上当，他还使出类似"蒋干盗书"的计策，抓获八剌汗哨探，故意让其得知伊儿汗国军士气低落，阿八哈本人不在军中的情报，然后将其放回。

八剌汗不知是计，率大军长驱直入，到达也里时，发现阿八哈汗早已为他们布下了埋伏圈，"无穷尽的原野上由于有许多军队，就如一望无际的海洋般波浪起伏"。八剌汗这才"高兴变为烦恼"，但已经晚了。

阿八哈汗见到敌人已经中伏，对将领训话道："我以审慎和机智已将八剌捕捉到网中。如今，为了你们的生命，为了你们的妻子儿女，为了荣誉，并感激我们的父祖们的旧日的恩典，你们应当同心同德，齐心协力地去作战，抛掉心中的顾虑和犹豫，鼓起全部的劲儿来吧，因为光荣的战死胜于敌人的侮辱和幸灾乐祸。我指望神，只要我们齐心协力地同八剌作战，我们就会战胜和制服他，胜利和光荣的回去！"[①]

全军被阿八哈汗的话所鼓舞，无

---

①[波斯]拉施特著，余大钧、周建奇译：《史集》第三卷，商务印书馆2014年版，第129页。

不奋勇出击，对察合台汗国军强攻猛打。

察合台军远来疲敝，又毫无决战的准备，很快便被击溃。八剌汗麾下大将麻耳忽里阵亡，自己也丢失战马险些被擒，靠着卫士拼死保护才逃出重围。

阿八哈汗为了报复，顺势侵入花剌子模、河中地区并一度深入察合台汗国的首都不花剌，趁机对河中地区大肆破坏。

这场战争，伊儿、察合台两汗国因为相互的烧杀掳掠遭到极大损失。

堂叔侄之间的争权夺利，遭殃的却是无辜百姓。

阿八哈汗虽然胜利，可也不能粉碎东北方向的军事压力，三面受敌的状况仍不能改变。

北部和西北的战事刚刚平息，南面又燃起战火。1277年，一直以光复伊斯兰世界为己任的埃及马木路克王朝苏丹拜伯尔斯进攻鲁木，在阿布鲁斯坦战役中又重创蒙古军。阿八哈汗连忙亲自赶到南线，处死临阵脱逃的将领，率领军队反击，才勉强稳定了局势。

可拜伯尔斯是马木留克王朝历任苏丹中最为骁勇善战的一个，虽然不能一举击败阿八哈汗，但却连年累月地进攻伊儿汗国的属国亚美尼亚王国，并与另一个属国小亚细亚塞尔柱王朝暗通款曲，严重影响着伊儿汗国的利益。

作为"伊儿汗"，阿八哈汗自然不能干挨打不还手。1281年，阿八哈派弟弟忙哥·帖木儿率四万大军攻入叙利亚，亚美尼亚国王尼奥三世也亲率三万军队协助。大军前进到歆姆司时与马木留克王

拜伯尔斯

朝军遭遇，双方立即开始绞杀。

蒙古军一度将马木留克军击溃，占据主动，"杀军中奴仆义兵无数"[1]，眼看便要胜利。岂料，马木留克苏丹拜伯尔斯却想出了一条毒计，派将领阿思迭迷儿诈降，要求见伊儿汗国军主帅忙哥•帖木儿。

忙哥•帖木儿不知是计，为了表示宽待降人，亲自接见。岂料，阿思迭迷儿突然暴起发难，将忙哥•帖木儿击伤。伊儿汗国军见主将落马，不禁军心大乱。马木留克军趁势全军进击，伊儿汗国军全线崩溃，大将撒马合儿死于乱军之中，兵士更是战死无数。艾因贾鲁战役后，蒙古军再一次惨败于马木留克军之手。

阿八哈汗原本希望自己能够圆父亲重夺叙利亚之梦，没想到却重温了父亲的耻辱。但他面对金帐和察合台两线的压力，这次失败，使他再也没有余力发动南线的战事了。

阿八哈汗任"摄政"五年，任"伊儿汗"十一年，可说是过着人不解甲，马不卸鞍的生活，东挡西杀连年征战。这已经让他不堪重负，而平日里经常性的酗酒，更让他的身体迅速垮了下来。1282年，四十九岁的阿八哈汗因暴饮猝死。

因为是猝死，伊儿汗国的内乱不可避免地开始了。

2.叔侄相争——帖古迭儿汗与阿鲁浑汗

阿八哈汗留给继任者一个巨大的问题，他是猝死的，没有留下传位诏书。

虽然"伊儿汗"的继位名义上要蒙古大汗的册封，并要有"库里勒台"的推举。但从旭烈兀开始，已经有了前汗指认继承者的制度，传位诏书是至关重要的。

阿八哈汗既然没有指认继承者，有实力的亲人们便只能明争暗斗了。

有汗位继承资格的，是阿八哈汗的两个弟弟帖古迭儿和忙哥•帖木儿以及阿八哈汗的儿子阿鲁浑。朝中的重臣，各地的总督，领军的将军们分别归于三人麾下。

眼看要上演"三国演义"，忙哥•帖木儿倒是很体谅弟弟和侄子，很快便"追随"自己的大哥阿八哈汗，猝死了。

这样一来，帖古迭儿和阿鲁浑这对叔侄提前进入了"决赛"。在争取各方面支持上，帖古迭儿因为常年领兵，军事游牧贵族大多倾心于他，凭借着"枪杆子里出政权"，终于击败侄子而登基，成为第三任"伊儿汗"。

1282年，帖古迭儿在首都帖必利斯城举行了盛大的继位典礼，为了获

①冯承钧译：《多桑蒙古史》下册，中华书局2004年版，第708页。

中国蒙古族系列丛书○之五

雄踞欧亚——蒙古四大汗国

取人心，他大慷其慨，将"储存的财宝取来，分赐给后妃、诸王、异密们和贫困者们，在全体军队中每个士兵分得一百二十第纳尔。"[1]

这么丰厚的赏赐，汗国从上到下都一片欢腾，但有一个人却高兴不起来，这便是阿鲁浑。

身为阿八哈汗的儿子，阿鲁浑有一万个理由认为父亲是要把汗位传给自己的，只不过因为猝死而没有交代，结果让叔叔捡了个便宜。

自己虽然不如叔叔有实力，但也有足够的本钱争一回。阿鲁浑拒绝朝祝帖古迭儿继位庆典，并开始积极准备力量以武力相争。

一年后，认为准备就绪的阿鲁浑举兵反叛，和叔叔兵戎相见。可是，大多数将领本就支持帖古迭儿汗，再加上他当初的巨额赏赐，没有人愿意帮助阿鲁浑。势单力孤的阿鲁浑勉强挣扎几下，便战败被擒。

支持帖古迭儿汗的将军们都强烈要求处斩阿鲁浑，以绝后患。但帖古迭儿汗感到杀死自己的侄子是很不仁慈的行为，犹豫不决，只是把阿鲁浑囚禁起来。

政治斗争一向都是你死我活，留下敌人不但对自己将来不利，更会让追随者感到不安：要是以后阿鲁浑东山再起，我们怎么办？

诸将或怨或愤，开

阿鲁浑汗（怀抱者是他的儿子日后的合赞汗）

①[波斯]拉施特著，余大钧、周建奇译：《史集》第三卷，商务印书馆2014年版，第168页。

始对帖古迭儿汗离心离德。

而帖古迭儿汗并没有感到自己坐在了火山口上，还以为内乱平息，开始进行对外邦交。做出了一个惊人的决定：与埃及的马木留克王朝修好，结成同盟。

这对帖古迭儿汗来说，是顺理成章的。因为他已经改信伊斯兰教，自称阿合马。既然都是"穆斯林兄弟"，为什么不能和马木留克王朝和好呢？

可这个决定对其他蒙古贵族来说，无异于晴天霹雳：当初，就是马木留克王朝杀死了乞忒不花将军和两万将士，夺走了叙利亚，后来又屡屡挑衅，打败忙哥·帖木儿的讨伐军，杀死了很多蒙古人。你怎么可以因为信仰便忘记这个深仇呢？

几乎是一夜之间，帖古迭儿汗成为蒙古社会的众矢之的，没有人再愿意服从他了。

帖古迭儿汗的失误，使得原本已经注定终身与铁窗相伴的阿鲁浑有了出头之日。支持他叔叔的将军们都将他视为结束帖古迭儿汗"倒行逆施"的希望，大将不花首当其冲，将他释放，并自愿帮助他夺回汗位。

1284年，阿鲁浑再次举兵叛乱，这一回，形势逆转，所有的将军都站在他一边。在位仅两年零三个月的帖古迭儿汗众叛亲离，成为阶下囚。阿鲁浑不像叔叔一样有妇人之仁，下令将帖古迭儿汗处死。

杀了叔叔，阿鲁浑便是新的"伊儿汗"了。但他和祖父、父亲一样，在得到蒙古大汗诏封之前，坚决不肯继位，仅用"摄政"之名执政。直到两年后，元世祖忽必烈的使者"带来诏敕如下：册封阿鲁浑继承其父为汗"①，阿鲁浑才正式以"伊儿汗"之名行使统治权。

新官上任三把火，阿鲁浑汗首先任命了犹太人撒菲·倒剌为宰相，整顿财政。在他之前，伊儿汗国的宰相是苫思丁·志费尼，是历旭烈兀、阿八哈、帖古迭儿三朝的老臣，德高望重。但对于竭泽而渔式的统治方式并没能有效地阻止，始终难称得上是一个合格的宰相。而撒菲·倒剌却是一代名相。上任后，他禁止军事将领们轻视法庭的判决，抑制粮食征收官吏对人民过度的征收，并增加慈善机构的基金，鼓励和资助文人学士。尽一切努力用正规的民政管理来代替纯军事统治。

阿鲁浑汗对这位宰相极为信任，将一切行政都交给了他，自己则专注于对外关系。

有了叔叔的前车之鉴，阿鲁浑汗全面恢复对马木留克王朝的敌对，获

①[波斯]拉施特著，余大钧、周建奇译：《史集》第三卷，商务印书馆2014年版，第199页。

取贵族和将军们的支持。但是，西北的金帐汗国，东北的察合台汗国给他的压力一点不比给他父亲的压力小。为了对付马木留克王朝，他必须有自己的盟友。

从旭烈兀西征开始，蒙古人便不自觉的和欧洲的基督教国

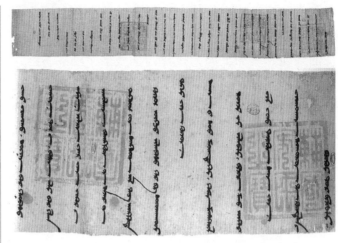

阿鲁浑汗给法国国王腓力四世的信

家成为了"盟友"。安条克、亚美尼亚等基督教国家都成为其藩属，一起对伊斯兰世界开战。可严格意义上的盟约关系却没有建立。

阿八哈汗时，教皇克勒门四世、格列高利十世、尼古拉斯三世都派来使节前来修好。但只是希望伊儿汗国的蒙古人皈依天主教并保护东方的基督教徒，而对于与伊儿汗国缔结军事联盟共同打击马木留克王朝的倡议并未响应。

两者有着共同的敌人，但却不能共同进退，而马木留克王朝的盟友金帐汗国却实实在在给了伊儿汗国极大的压力。

阿鲁浑汗决定把这个境况扭转过来。

1285年，阿鲁浑汗致函教皇霍诺里乌斯四世，向西欧基督教国家提议两面夹攻马木留克王朝，没有得到回音。

见书信不能表达诚意，1287年，阿鲁浑汗派出景教徒拉班·扫马和麻古思正式出使西欧，向法王腓力四世、英王爱德华一世以及新任教皇尼古拉斯四世呈递礼物和书信，倡议西欧基督教国家共同行动进攻马木留克王朝。为了谈判成功，阿鲁浑汗甚至承诺：只要伊儿汗国和西欧同盟军攻占耶路撒冷，他就接受洗礼，改信基督教。

可是，教皇和各国国王除了给了使节应有的礼遇，并回赠了很多礼物之外，没有一个人答应阿鲁浑汗的请求。和欧洲联盟的希望彻底成为泡影。

阿鲁浑汗无奈，只能用守势面对马木留克王朝，终其一生也没能起兵

攻入叙利亚。这也是他命运不济，此时西欧的教皇和国王们早就没有了东征的兴趣，再加上因为拔都西征残破俄罗斯、波兰、匈牙利，早就对蒙古人不放心的他们自然不会响应阿鲁浑汗的请求。

这个死结，阿鲁浑汗注定无法解开。

在统治汗国的七年中，阿鲁浑汗除了内政外交，最关心的还有一件事，那便是修习瑜伽方术，以求长生不老。为了这个目的，他在众多方士的指引下，每日服食金丹。

在中国的历史上，为了长生而吃仙丹最后导致暴死的帝王不胜枚举，可惜阿鲁浑汗远在伊朗，不知道这些典故。结果也走上了同样的道路，在盛年便被金丹搞的体虚多病。

1290年，只有三十二岁的阿鲁浑汗便重病不起，一直反对他内政方针的将军们趁机发动政变，逮捕处死了宰相撒菲•倒剌。而在同一年，金帐汗国的忙哥帖木儿汗率军一万由打耳班攻入伊儿汗国进行骚扰。

虽然内忧外患，可已经病入膏肓的阿鲁浑汗对这一切都已无能为力。

1291年，三十三岁的阿鲁浑汗因金丹淤毒而死，国家的烂摊子，只能交给后人来打理了。

3.否极——乞合都汗与拜都汗的统治

阿鲁浑汗暴死，宰相撒菲•倒剌又在政变中身亡，伊儿汗国的中枢顿时混乱不已。

混乱的中枢，必然导致汗位的传承再度晦暗不明。

为了帖必利斯城中的那个宝座，阿鲁浑汗的弟弟乞合都、拜都和他的儿子合赞形成三大阵营，再次掀起血雨腥风的斗争。

以能力来说，乞合都、拜都二人都是庸懦无能，沉溺酒色之徒，而合赞在父亲在位时任呼罗珊总督，治军严谨，为政持重，是个非常有能力的王子。

有能力本是好事，但在争位上反而成了弊端。那些发动政变的将军们所希望的，并不是一个有所作为的明君，而是希望一个能让他们随心所欲胡作非为的庸主。他们都"畏合赞之性严，亦不欲奉之为主。"[1]

合赞首先被淘汰出局，剩下便是乞合都和拜都了，而从实力的强弱来看，拜都势单力弱，乞合都是小亚细亚的总督，相对实力更强。

于是，乞合都便在这种荒唐的竞争下，以他的无能和昏聩获胜，成为伊儿汗国第五任"伊儿汗"。

这样获胜，属于意外之喜，乞合都汗依俗在宫廷宴乐一月，大发赏赐，以至于宫中府库"至是因赏赉为之磬。前此诸汗所保存之珍宝，概为乞

---

①冯承钧译：《多桑蒙古史》下册，中华书局2004年版，第673页。

合都分赐诸可敦妃主。"①

宴饮之后，乞合都汗便开始了骄奢淫逸的统治。他将一切政务都委托给宰相撒都只罕，自己只顾着寻欢作乐，四处搜寻美女充填后宫，甚至强暴大臣的妻女，以至于贵妇人们噤若寒蝉，都不敢靠近宫殿。

而撒都只罕作为宰相，大权独揽，卖官鬻爵，收受贿赂，培植私党。朝堂上一片乌烟瘴气。

这对君臣各取所需，都很快乐。但这时的伊儿汗国，经济已经到了崩溃的边缘。

从旭烈兀建立伊儿汗国开始，所奉行的财政政策只能用四个字来概括，那便是"涸泽而渔"。

在土地税上，租额为收成的五分之一、四分之一、三分之一、三分之二不等。同时，对游牧民每年每种牲畜征收的百分之一税，也被扩大到伊朗和阿塞拜疆定居的农民和市民之中，变为人头税。以往阿拔斯王朝规定的仅非穆斯林缴纳人头税，而伊儿汗国在伊朗和伊拉克所有男丁中一律征收人头税。

正税已经如此苛刻，其他赋税也多如牛毛，如非常税、军需税、供养驿使税、官吏开支税以及果园税等等，大大小小竟有四十五个赋税名称。

除税率高、税目多之外，更重要的是，伊儿汗国的税制不稳定。经常一年内几次强征同一赋税或者提前征几年的赋税。

再加上伊儿汗国实行原始的"扑买"制即包税制，它的实行使包税者肆意课敛、巧立名目、专横跋扈。很多税收没等到到达国库，便先进入了包税者的腰包。

阿八哈汗、帖古迭儿汗时内外战争频仍，需要大笔军费，自然不能改变这种制度。阿鲁浑汗时，任用宰相撒菲·倒剌，对此财政制度进行了相当整顿，但撒菲·倒剌并不能真正改变这种境况，只能使之缓解一下而已，随着他的被杀，一切都回到了原样。

到了乞合都汗，登基时的滥赏已经把国库掏空，他自己又挥霍无度，当时国家收入每年为一千六百万第纳尔，日常开销需要七百万，剩下的全部归他使用仍然不够。国家只能靠举债度日，宰相撒都只罕一上任，便借债五百万以度过危机，到后来，已经到了不借债连可汗日常饭食都不能保证的地步。

财政即将崩溃，外患又接踵而至。马木留克王朝苏丹阿失剌甫于1291年攻克十字军在西亚的最后一个据点，将叙利亚的西欧人完全驱逐出境，并引兵进攻蒙古军在亚美尼亚据守

①冯承钧译：《多桑蒙古史》下册，中华书局2004年版，第682页。

的哈剌特罗堡，驻守在这里的蒙古军全部战死。

与此同时，察合台汗国也攻入呼罗珊地区，伊儿汗国军只能驻守城池，听任敌人在乡间烧杀抢掠。

面对如此局面，必须缓解财政危机，才能整军备战，御敌于外。宰相撒都只罕想出了一条妙计：效法元朝，发行纸币——也就是"钞"。

这个想法告知了乞合都汗，这位可汗也拿不准是否可行。便向此时留驻伊儿汗国的元朝丞相孛罗咨询，孛罗如实相告，说"钞"就是盖着皇帝大印的纸，可以用来做货币使用，而将金银

元朝的纸币

收归国库作为"钞本"，只要钞本保持不动，"钞"就相当坚挺，和金银一样。

乞合都汗和撒都只罕并没听懂"钞"的运作流程，但听说可以拿纸当钱用，又可以把大量金银收归国库，便大喜过望，决定发行纸币。

1294年7月23日，乞合都汗宣布诏令，印造纸钞。9月12日在帖必利斯城发行纸钞，同时颁布诏令：凡拒绝纸钞者立即处死。

伊朗的人们本就习惯了用银币，从来没见过"钞"，但因为害怕被处死只好接受。

发行纸币，本应以社会经济发展的需要为前提。乞合都汗因财政枯竭，强制推行纸币，只是为了聚敛金银。这种饮鸩止渴的财政新法，纯属超经济强制的财经掠夺。因而新币甫行，国内市场即现乱局：纸币泛滥、通货膨胀、商业萧条、物价飞涨、市民骚动。

市场上，人们拿着纸币，什么也买不到。为了生存，暗地里仍用银币购物，但一旦被发现便会被处死，市场贸易又退回到原始的物物交换状

态。为了逃避使用纸币，首都帖必利斯的居民大量逃亡，城市几乎荒废。

看到这种情况，乞合都汗无奈，只好停止了发行纸币，新钞法仅仅施行两个月便以失败而告终。

经过这场闹剧，乞合都汗的声望更下一层楼，原本支持他的将军们也希望这位庸君早日下台了。

1295年4月21日，乞合都汗在木甘草原"巡幸"时，被将领脱合察儿所杀，在位不到四年。他的弟弟拜都在部分将领的拥戴下于同月即位。

拜都汗只是一个傀儡，根本稳定不了哥哥留下的乱局，伊儿汗国更加衰乱。

在乞合都汗胡作非为而拜都汗无所作为的时候，他们的侄子，阿鲁浑汗之子合赞一直在积蓄力量，并着手镇压河中地区行政长官阿儿浑之子捏兀鲁思的叛乱。

当乞合都汗被杀拜都汗继位的动乱时刻，合赞已经平定了捏兀鲁思之乱。捏兀鲁思甘心为他服务，帮他夺取汗位。呼罗珊、河中、小亚细亚等地都已经为合赞所控制，作为阿鲁浑汗之子，他已经没有理由再让汗国的动乱和衰落继续下去而坐视不管。

拜都汗的宝座还没有坐热，合赞便兵进伊拉克和阿塞拜疆，10月攻克帖必利斯城，拜都汗在逃亡路上被杀，只做了不到六个月可汗。

踏着叔叔的尸体，合赞成为伊儿汗国第七任"伊儿汗"。这样的景象，伊儿汗国的臣民早就习以为常。他们并不在乎可汗是如何登基的，他们只关心，新可汗会给他们带来什么？

四、"蒙古统治的最优秀的典范"——合赞汗时代

伊儿汗国之所以能够成为伊朗史家所认可的正统王朝，是因为一个人，那便是合赞汗。他所推行的改革，将衰乱的伊儿汗国带向了繁荣与安定，使饱经战乱摧残的伊朗大地重新焕发了生机。他不仅是伊儿汗国的英雄，也是伊朗的英雄。

1.历史的车轮要用血来润滑

坐在帖必利斯城的宝座上，合赞汗的心境与他的前任大不相同。

从阿八哈汗开始，历任伊儿汗与其说是一个国家的首脑，不如说更像军事统帅。他们并不关心国计民生，而只关心战争，进攻的或防御的战争。只有在国库空虚的时候，他们才会考虑如何更多地榨取民脂民膏。

再这样统治下去，旭烈兀家族还能走多远？

合赞汗知道，自己必须要改变这一切，他注定要成为一个前所未有的伊儿汗。

成为这片土地真正的统治者和管理者。

合赞汗

这需要一场彻底的改革，而在向拜都汗发起挑战之前，他就已经考虑到这一点了。

以合赞的军事和政治实力来看，能在几个月时间便打败叔叔夺取汗位原本是不可能的。

政治上，拜都汗是被众将拥戴而成为可汗的，在法统上毫无问题；军事上，合赞远不能控制绝大多数军队，更多的将军并不倾向于他。

可他偏偏成功了，而且相当迅速。

奥妙，就在于1295年6月19日，在剌尔谷地进行的一次受洗仪式。

在这个仪式上，合赞，这个地道的蒙古人，原本的佛教徒，宣布信仰伊斯兰教，成为穆斯林。

这一举措，使得合赞改变了伊朗人心中"我们被异教徒统治"的观念。外来政权的统治者，从他开始，接受本土的意识形态。

对于人口百分之九十以上都是穆斯林的伊儿汗国来说，臣民们早就希望有一个穆斯林君主来统治他们。合赞汗正是看中了这一点，他"从来都不是一个认真的虔诚的穆斯林，但他的确从这个皈依中看到了实质性的政治利益。"[1]

―――――――――――――

①[美]鲁克•克文顿：《游牧帝国》，中亚史丛刊,(2)，111页。

而拜都汗在这个问题上棋差一着，他是个基督教徒，并且一继位便委派了很多基督徒官吏。

可想而知，当合赞向着帖必利斯城进军的时候，会是何等的众望所归，而拜都汗又会是何等的众叛亲离。

进入帖必利斯之后，合赞汗第一件事，便是宣布以伊斯兰教为国教，不再奉行历任伊儿汗所推行的宗教宽容政策，排斥基督教、佛教、犹太教大臣。拆毁帖必利斯、巴格达和汗国其他各地所有的基督教堂、犹太教堂和佛教寺庙。甚至毅然拒绝哈敦和异密们的劝告，毫不留情地毁掉其父阿鲁浑汗修建的供有阿鲁浑画像的佛教殿宇。

一时间，汗国各地，伊斯兰教徒们欢欣鼓舞，而其他宗教的教徒则备遭迫害。尤其是基督徒，伊儿汗国大主教麻古思年事已高，在阿鲁浑汗时代很受尊重，出使过欧洲。现在也被逮捕遭到毒打，幸亏亚美尼亚国王海屯二世求情才留下一命。主教尚且如此，至于普通的基督徒更是惨不堪言。

称汗不到一年，合赞汗便获得了以往历任可汗所不能获得民心，统治根基空前稳固。这使得任何反对者都毫无可能获得成功。

合赞汗即位不久，旭烈兀第三子玉疏木忒之子速该和万夫长巴鲁来因不满他信仰伊斯兰教，起兵反叛。合赞汗委派捏兀鲁思率军平息，处死巴鲁来、速该，并清除与此相关联的蒙古将军秃列克、鲁迷失、扯里克以及宗王也先·帖木儿。

次年2月，成吉思汗兄弟哈撒儿的后代阿儿思兰举叛，叛军规模庞大、实力雄厚。合赞汗以行猎为名，引军征讨，阿儿思兰败死。

不久另一宗王亦里答儿也因谋叛被处死。合赞汗"一月间凡杀宗王五人，叛将三十八人。"[1]

蒙古贵族中反对伊斯兰化的势力被彻底清除。

反伊斯兰化的势力没有了，但身边的伊斯兰大臣们却还希望合赞汗保持从旭烈兀开始的分权制度，并不希望有一个集权于一身的可汗。这对打算进行大改革的合赞汗来说，也是不能容忍的。

一起接一起的大狱在合赞汗的汗廷中上演了。

拜都党附案：合赞汗以曾经依附拜都汗为名，处死大将坤竹克巴勒、扯扯克，并消灭最忠心于拜都的斡亦剌惕部，使斡亦剌惕部万户长塔儿海率领一万八千户游牧民叛走叙利亚。

脱合察儿案：脱合察儿是杀死

① 冯承钧译：《多桑蒙古史》下册，中华书局2004年版，第708页。

乞合都汗的凶手，合赞汗即位后，他虽然宣誓效忠，但其"性多疑而好乱"，势力还很庞大。这么一个杀死先可汗的人，合赞汗自然一百个不放心。于是以此为罪名处死脱合察儿，并剪除其党羽。

捏兀鲁思案：捏兀鲁思是河中地区的行政官，其家族树大根深，曾经多次挑起叛乱。但在合赞汗争位的时候，捏兀鲁思居功至伟，立下汗马功劳。合赞汗即位后，其自恃功高，专横跋扈，为所欲为。合赞汗不露声色，在一次朝会上，突然发难，逮捕处死捏兀鲁思的所有党羽。并立即发兵攻打正在呼罗珊统兵的捏兀鲁思。捏兀鲁思走投无路，被抓获后处死，他的整个家族被斩尽杀绝。

巴勒图案：巴勒图是鲁木地区的统兵官，与其副手速剌迷失为汗国防御南部边陲。但二人统兵多年，军队几乎成为私兵，鲁木也几乎成为独立王国。合赞汗以雷霆手段将二人处死，并挫骨扬灰。

一连串的杀戮，汗国大小贵族毛骨悚然，再也不敢对合赞汗有任何不臣之心。在众多老面孔变成死尸的同时，一个又一个合赞汗的心腹占据了汗国的重要位置。

他的贴身将军木来被任命掌管迪牙别克儿和迪牙剌必阿两州，纳邻负责管理呼罗珊和祃桵答而的财政，他的胞弟合儿班答统管呼罗珊，妹夫忽都鲁沙掌管鲁木和阿儿兰等地。

1297年底，大换血基本完成。

1298年，大学者拉施特被合赞汗任命为宰相，这个日后史学名著《史集》的作者，将成为历经三朝的名相。

他将辅佐合赞汗进行伊儿汗国全面的改革。君臣合作之下，一场大变革的风潮，将要席卷这个被内忧外患所笼罩的国家。

以现代的观点来看，合赞汗的作为是缺乏宽容精神的，是残暴不仁的，但是为了让国家繁荣昌盛，合赞汗是别无选择的。在那个时代，无论皇帝、国王、苏丹还是可汗，要做出一番事业，都要用血腥的手段。

历史的车轮总是要用鲜血来做润滑剂才能滚动，人类需要成长，我们不能苛责古人，就如未来的人不该苛责我们现在一样。

2.大改革

人才是一切行政的基础，无论什么样的政策，都要靠各级官吏一层层地推行下去。既然人的问题都已解决，改革便一路顺风了。

为了令行禁止，加强集权。合赞汗首先改革官制，实行两相制。让两位宰相并存，而职务没有明确的规定，互相牵制，避免宰相弄权架空可汗。

随着大权独揽，涉及各方面的改革诏令从帖必利斯城发出，迅速在全国推行。

国无法不治，民无法不立。改革的前提是要百姓信任政府，而政府让百姓信任的最好方式，不外乎整顿法制，实行法治。

合赞汗改革蒙古习惯法，根据《古兰经》及伊斯兰法重新确定严密的法律以改变伊儿汗国前期伊斯兰法和蒙古札撒两种法制并存、混乱、对立的状况。同时，实行司法独立，禁止军政要员以不正当的理由和途径干扰伊斯兰教法官（哈的）和教长（伊玛目）审理案件，改变地方行政长官与法官共掌司法的局面。

国以民为天，民以食为天。粮食问题关系国家根本，而种粮食的农民便应该得到重点保护。

合赞汗禁止达官贵人的仆从恃强凌弱，欺压农民，规定各州上缴的鹰豹数额和人员，不得以围猎围名侵害庄稼；禁止文武官吏劫掠农民的耕牛和种子；禁止以粮食作牲口饲料，凡夺走农民的东西，一经查明，除归还原物外，轻以责骂，重则棍笞。他还告诫蒙古军将，爱护穆斯林妇孺要如同爱护自己妻儿一般。

农业的生命线是水源，重农就要大力兴修水利灌溉工程。从自然环境来看，伊朗气候干燥，缺乏水力资源，合赞汗先后修筑上合赞渠、下合赞渠、合赞河等灌溉工程，并在大部分州开凿坎儿井，引地下水灌溉。在合赞汗号召下，各将领、贵族纷纷在自己采邑领地内兴修水利。作为宰相的拉施特更是主修以自己名字命名的"拉施特渠"，可灌溉十二个村落。

同时，合赞汗按水利灌溉条件的优劣将土地分为三类，给民垦殖。规定耕种荒废的熟

合赞汗的宴会

田者，第一年政府豁免田租，第二年上缴田租的三分之一，第三年交纳田租的四分之三。而只要农民缴纳法定的租额就可在荒废的私有领地上自由耕作，开垦的荒地可永远转归子孙或可转让他人。自愿迁移到荒芜地区进行开垦的移民可免除捐税。

当然，保护农业仅靠鼓励垦荒发展水利还远远不够，关键是税收不能过重，压榨不能过苛。合赞汗痛下杀手，改革税制，废除那种竭泽而渔，并有利于包税人中饱私囊的包税法。下令所有包税人都不得再进行收税，如果发现，州长官就将被处死，而包税人将被砍掉手臂。

然后，他重新普查全国人口，编制户册以作为新赋税体制下向农民征税的唯一依据。固定税目和税额。在合赞汗的赋税改制法令中，为实行春分、秋分两次征税法。税收由中央直接委派官员到地方各村负责征收。税收人员不得多征，纳税人不得拖延，违者罚打七十棍。

税额由中央派往地方的文官对当地人口、土地和财产进行核实、登记造册，一经确定，不得更改，不得擅自征税。

为了晓谕全国，合赞还将新税法，铭刻在木板、石板、铜片、铁片或石膏板上，放在村落入口处或清真寺、礼拜堂甚至牧民的草地上，张榜公示。

农业发展可使国家稳定，而商业的发展才能使国家富庶。为繁荣商业贸易，合赞汗新建帖必利斯郊区，设置商队客栈、手工工场和集市，以此招徕外国商人。对于本国商人，工商税由以往的百分之十减为百分之五，在胡齐斯坦完全取消商税。而对于外国商人，则对关税的征收实行严格的管理，固定征收关税的地点；实行税官公示法，在要津之地树立石柱，将关税征收人员的姓名和征税项目铭刻在石板上，称之为"公正裁判的石板"。

除减免商税外，合赞汗派遣一万名军士驻守要道，保障商旅安全和商贸活动的顺利进行以及居民生活的正常秩序。同时规定：商旅路过该村或牧地，由该地区居民负责商旅安全。凡结伙同行的商旅如遇强盗，必须同心协力搏斗追击。否则，有责任替同伴偿命和赔偿财物。凡臣民与强盗为伍，一经查明，格杀勿论。同时鼓励臣民举报、认证，有功者授予"答剌罕"（自由自在的人）免征赋役。

国家有了良好的农业，发达的商业，而如果不能防止外敌入侵，这一切都会在瞬间毁于一旦。

军队的建设，也是重中之重。

以前的伊儿汗国军，具有亦军亦牧的民兵制特点，军队基本上无粮饷供给，总是靠战争获得财富。而随着对叙利亚战争的不断失利，伊儿汗国基本上转入防守，这就阻断了军队从战争中取得丰厚战利品的财源，给养出现困难。

合赞汗原本打算军队完全由国家供养，由国库统一发放军粮，但军粮供应的各个环节问题丛生，引起蒙古军官和供粮的包税人、地方官员之间严重对立，无法从根本上解决军队的给养问题。

于是，他干脆彻底改革军制，实行军事采邑封地制。

所谓采邑封地制，就是军队以千户为单位分封土地，受封者战时服骑兵兵役。受封千户者（即千户长）提供一千名骑兵，千户长以抽签的方法把土地再分赐给百户长，百户长依此分给十户长，十户长把土地分成小块份地封给蒙古军户，蒙古军士则役使该份地内的农户进行耕作。

虽然是封地制，但受封者只是名义上的土地所有者，实际上只能获得土地上由国家规定的赋租，受封者不支配和管理土地，直接耕作土地的是农民。受封领地范围内的国有村庄、荒地以及以往属于某主人的荒地，可由军队利用战俘、奴隶耕种，收获物的十分之一归土地所有者，余者属于士兵及其农民。如若农民不愿从事耕作，只要向政府缴纳一定租税后，封建领主不得强迫其耕种土地

这样一来，不但军队的给养可以保证，还使得农民不至于被无端侵害，得以安心发展生产。

为了改革的顺利推行，合赞汗殚精竭虑，"从早到晚他一人独自坐着，亲自处理摆在他面前的每一诏书、敕令"，除了上述各种新政之外，他还建立严格的国库制；整顿拨付供应大帐御膳和酒的经费；整顿拨付给哈敦们和各帐的膳食费；废除雍冗的玺书和牌子；禁止以强迫手段将女奴送入酒馆，由政府赎回放良；鼓励发展科学文化事业，编撰《合赞历法》……

很快，"至那、摩至那、忻都斯坦、突厥斯坦、客失米儿和钦察草原、斡罗思和富浪、密昔儿和叙利亚，在所有情况下，所有的人们考虑到他的威严、治国之才，能力和远见卓识，全都颂扬起他来"。①

这个只有二十多岁的汗王，仅用几年时间，迅速将伊儿汗国从衰乱带向繁荣，也从他开始，蒙古人和波斯人逐渐合流，你中有我我中有你，伊儿汗国也成为伊朗人所承认的"波斯王朝"。

3.繁荣与富强

国计民生就如一棵树苗，而统治

①[波斯]拉施特著，余大钧、周建奇译：《史集》第三卷，商务印书馆1986年版，第359页。

者则如园丁。园丁若是放任不管，树苗依靠自然力，也会成长生存；而如果园丁精心照料，就会苗壮成长。最怕便是横加摧残和拔苗助长的行为。

合赞汗的改革是对伊儿汗国这棵树苗进行了精心的施肥培土，获得丰硕的果实也就在预料之中。

大片的荒地被开垦，粮食产量节节升高，仓廪充实。棉花、柑橘、无花果、椰子、柠檬、椰枣、桃、李、梅、杏、石榴和桑都成为伊儿汗国主要的出口农产品。尤其是葡萄，品种多达百种，远销各地，甚至出口到中国。

有农业的发展作基础，手工业和商业也大为繁盛。

突厥曼州的科格尼、凯萨利亚、塞瓦斯塔等城市出产"世界最优质、最美丽的地毯以及紫红绸缎和其他各种丝绸织品"[1]；大亚美尼亚清冈生产"精细的棉布和其他各种奇异织物"[2]；格鲁吉亚"盛产丝和一种丝与金钱的交织物"[3]；摩苏尔是"所有金丝交织的布"的产地[4]；巴格达"出产一种嵌金线的丝绸和绣花锦缎以及丝绒制品，所有这些产品都绣有飞禽走兽的图案。几乎所有从印度运往欧洲的珍珠宝石，都要在此钻孔"[5]；雅思迪城"商业颇为发达，这里出产一种丝和金线交织的布叫做雅思丁布"[6]；起而曼"所制的一切军用品都十分精良，如马鞍、马勒、踢马刺、剑、弓、箭袋以及这里的人们所使用的各种武器。妇女和青年人善于用丝线及金线从事刺绣，他们用各种不同的颜色与图案，代表飞禽走兽，并配上其他巧妙的设计，这些绣品都被富人用来做帐幔、枕头之类的物品，其精妙程度让人赞赏不已"。[7]

首都帖必利斯城居民以工商为业，"其制作种种金丝织物，方法各别，价高而奇丽"，仅合赞汗廷周围建立的商场，夏季所提供的税额就达三十万第纳尔。

被誉为"商业之城"的忽里模子港口在伊朗南部与印度的商业贸易中占据重要地位，"它的港口是印度各地经营香料、药材、宝石、珍珠、金线织物、象牙和其他许多商品的商人云集之所。他们将这些商品卖给其他商人，由这些人再运销世界各地。所以，该城的商业名闻遐迩"。[8]

---

①梁声智译：《马可·波罗游记》，中国文史出版社1998年版，第24页。
②梁声智译：《马可·波罗游记》，中国文史出版社1998年版，第25页。
③梁声智译：《马可·波罗游记》，中国文史出版社1998年版，第28页。
④梁声智译：《马可·波罗游记》，中国文史出版社1998年版，第29页。
⑤梁声智译：《马可·波罗游记》，中国文史出版社1998年版，第30页。
⑥梁声智译：《马可·波罗游记》，中国文史出版社1998年版，第40页。
⑦梁声智译：《马可·波罗游记》，中国文史出版社1998年版，第41页。
⑧梁声智译：《马可·波罗游记》，中国文史出版社1998年版，第44页。

ORMVS.

© The Hebrew University of Jerusalem & The Jewish National & University Library

忽鲁谟斯港

曾经捉襟见肘的国库迅速被金银堆满，年收入从一千七百万第纳尔迅速增加为二千一百万。乞合都汗当年发行纸币横征暴敛不能解决的财政危机消弭于无形之中。

有了经济基础，文化便自然会繁荣起来。

为尊重知识、学者，合赞汗先后在帖必利斯城修建许多学校、医院、天文台、图书馆、档案馆等文化设施。史载："合赞所建筑者，……礼拜堂一所、学校两所、修道院一所、……病院一所、天文台一所、图书馆一所、档案库一所。"①

为保证教育不受影响，合赞汗还把大量的土地、果园、商店作为教育基金。宰相拉施特在帖必利斯城的拉施特坊建有供四百名学者居住的"学人街"和五十人居住的医生街，并召集一千名学生免费学习。

在这样的环境下，一个又一个文化之星产生了出来，作为宰相的拉施特的史学巨著《史集》自不用说，被誉为"波斯古典文坛最伟大的人物"的诗人萨迪，被歌德盛赞为"是一艘张满风帆劈波斩浪的大船"，而将自

①冯承钧译：《多桑蒙古史》下册，中华书局2004年版，第749页。

大诗人萨迪

哈菲兹的《诗颂集》

己比喻为"不过是在海涛中上下颠簸的小舟"的大诗人哈菲兹以及文学家哈珠·克尔曼尼都产生于合赞汗的时代。

在当时所有的蒙古汗国中，只有合赞汗进行过如此彻底的改革并取得如此辉煌的成就，后世的史学家也不得不承认，"在合赞汗统治下的伊利汗国，堪称蒙古统治的最优秀的典范"①。

4.三征叙利亚

在与诏令、文牍、预算、书简打交道，并使国家不断走上繁荣的合赞汗，并没有忘记自己是旭烈兀的子孙。

他有责任为祖先争回失去的面子，去取得曾祖旭烈兀和祖父阿八哈所没能取得的胜利。

文治可以获得民心，但统治的稳固还要取决于军心。军心是需要胜利来获取的。他必须用战争的胜利来证明自己改革的正确，自己并没有把军队变得孱弱。

虽然已经信仰伊斯兰教，虽然在马木留克王朝的眼中，伊儿汗国已经不是"异教之邦"，但领土问题是不能含糊的。

他还没有忘记自己的叔祖父帖古

①加文·汉布里主编，吴玉贵译：《中亚史纲要》，北京商务印书馆1994年版，第155页。

迭儿汗因为信仰伊斯兰教试图和马木留克王朝和好而遭到被推翻的命运。

所以，他必须夺回叙利亚。

1299年，改革已经初见成效，国库充裕，百姓归心。而此时的马木留克王朝却经历了一系列变乱，从1293年到1299年，将领们内战频繁，苏丹更换如同走马灯。

此消彼长，合赞汗认为时机到了。

是年十月，合赞汗召见伊斯兰教长、律士，征询出兵意见。教长和律士们受到可汗这样的礼遇，哪里还会扫兴，纷纷指出出兵必然胜利，可汗英明。

于是，合赞汗迅速集结起九万骑兵，每个骑兵配备五匹战马，另有五千峰骆驼运送军粮。

合赞汗将这支骑兵分为左中右三路，妹夫忽都鲁沙为统帅，大将木来为先锋，自己率领中军，浩浩荡荡开向叙利亚。

自阿鲁浑汗之后，伊儿汗国军从来没有主动向马木留克王朝开战，被动挨打了十几年，现在终于可以扬眉吐气了。

一路之上，合赞汗下令不得骚扰百姓，凡是用庄稼喂马者处以死刑。原本惊恐不已的叙利亚人惊奇地看着这支与以往大不相同的"蒙古军"，抵抗意志大为丧失。而毫无准备的马木留克王朝没能迅速从埃及本土出兵抵挡，合赞汗的进军极为顺利。

12月，合赞汗的中军抵达叙利亚北部最大的城市阿勒颇，守将不战而逃，随即进兵哈马特城，守将开城投降。

12月23日，大军到达细水，为了清洗征尘，合赞汗下令全军扎营，休息一天。

此时，马木留克军二万人在苏丹纳昔尔的率领下已经进入叙利亚，向着细水急行军而来。可因为战事太顺利，伊儿汗国军疏忽了情报侦察，对于敌军动向并不明了，合赞汗也认为敌人军队如此之少不足为虑。

结果，当合赞汗在自己的大帐中刚刚安顿，茶都没喝上一口，马木留克骑兵便呼啸而来。逼近了他的中军。

合赞汗的中军只有九千人，而左右两翼的主力部队距离中军较远，原本的人数优势成了劣势。无奈之下，合赞汗一面亲率中军拼死抵挡住马木留克军的攻势，一面急令左右两翼部队向自己靠拢，包抄敌军。

上午十一点左右，双方在歆姆司正式接战，伊儿汗国军左右两翼部队按计划赶到战场，眼看合围将要完成，右翼统帅忽都鲁沙击鼓鸣号，大事张扬，马木留克军以为右翼是合赞汗所在的部队，全军不顾一切地向

歆姆司附近的城堡

着右翼猛打猛冲。右翼军的任务是包抄，根本没有立即承受强力打击准备，被一阵猛攻打得晕头转向，顿时溃退下来。

右翼军溃退，不但导致合围的战略意图不能达到，还使得伊儿汗国军全线动摇。从旭烈兀开始，伊儿汗国军屡败于马木留克军，原本就士气不足，现在一翼溃败，军心眼看就要乱了。

在关键时刻，合赞汗亲自提枪上马，身先士卒冲出阵营，组织中路和左翼军队重整阵形压向马木留克军。看到可汗如此英勇，伊儿汗国军的将士们士气高涨，无不奋力向前。

马木留克军人数本就处于劣势，取胜的唯一希望便是击溃敌方一翼导致对方混乱，现在却成了双方的消耗战，战斗持续到下午三点，马木留克军彻底失败，众多将领战死，苏丹纳昔尔率残部退回埃及。

看到苏丹败退，歆姆司守将开城投降，合赞汗乘胜兵临大马士革城下。大马士革的守将知道无法固守，献出一百万第纳尔希望避免祸乱。合赞汗笑纳赎金，下令："除持有省令者外，任何将士都不准进入大马士革城"。

1300年1月，合赞汗发布敕令："本军不许扰害何种阶级人民。不许扰害大马士革城境既叙利亚之地。不许损害居民本身及其家属财产。俾

中国蒙古族系列丛书○之五

雄踞欧亚——蒙古四大汗国

今天的大马士革

商农及其他各业人等得掳居民者，即处死刑。俾知吾人言出法随，决不宽贷。"①

大马士革等地居民见合赞汗施行仁政，便以他的名义进行祈祷，而在伊斯兰教义中，这是臣服的表现。

见叙利亚已经臣服，合赞汗任命多名叙利亚官员管理各地，并命妹夫忽都鲁沙镇守，自己于2月率大军回国。

第一次征战叙利亚获得完胜，合赞汗完成了先辈的遗愿，下一步，他便想整饬军备一举攻入埃及了。

可是，马木留克王朝在叙利亚统治多年，影响根深蒂固，而歆姆司

一战又没能彻底摧毁马木留克军主力，合赞汗的轻易退兵给了马木留克苏丹纳昔尔全面反击的机会。他回到埃及后，立即向富商征集军饷，获资巨万，不多时便重整军容杀了个回马枪。

叙利亚的各地官员原本都是马木留克臣属，对合赞汗远达不到彻底心服，见到纳昔尔卷土重来，便又纷纷倒戈反正，4月，忽都鲁沙率领的叙利亚驻军陷入到四面受敌的境地，无奈撤出叙利亚。

不到一百天，伊儿汗国对叙利亚的统治便结束了。

这个消息让合赞汗大为光火，自

①冯承钧译：《多桑蒙古史》下册，中华书局2004年版，第739页。

己兴王者之师，秋毫无犯，又身先士卒才夺来的土地，竟然如此短的时间便失去，叫他如何咽得下这口气？这回，也不需要向教长和律士咨询，9月16日，他派忽都鲁沙率军三万杀回叙利亚，并命令，取得胜利后，不要停军，直接杀进埃及。

马木留克苏丹纳昔尔闻讯，也亲率三万军队来到大马士革，双方大军对峙，剑拔弩张，一触即发。

可是，老天偏偏不作美，正在双方打算决战的时候，一口气下了四十一天大雨。这时已经是11月，天气寒冷。大雨中的双方士兵都冻得打摆子，伊儿汗国军的军马骆驼成批冻死，骑兵大多数成了步兵。

谁都没法继续打下去了，双方草草收兵，各回各家。合赞汗第二次征讨叙利亚，无果而终。

见军事一时难有进展，合赞汗打算"文服"对手。1301年8月，他派出使者到开罗，向纳昔尔发出"最后通牒"，要他向自己俯首称臣，每年孝敬岁币。

纳昔尔虽然败于合赞汗，但根本不服，见对方竟然提出不平等条约，干脆回敬了一个柳条筐。合赞汗打开一看，原来是打造精良的各种兵器。纳昔尔明白无误的回复：除非彻底打败我，否则我决不会服软。

第三次征伐势不可免，合赞汗隐忍了两年后，1303年3月，再次亲率大军五万直趋叙利亚。

这一回，合赞汗不打算再稳扎稳打，而是决定长驱直入杀进埃及。他明白，无论自己怎么怀柔，只要埃及的马木留克王朝还存在，叙利亚便永远不是自己的。如果能占领埃及，叙利亚成了无根之木，不战可下。

于是，大军进军中，合赞汗四处下发敕令，晓谕叙利亚各地："兹埃及过于猖獗，故兴兵讨其罪。我军假途西利亚（叙利亚）意不在西利亚人，则君辈应知顺逆，纳款请降，勿事抵抗，致取灭亡。"[1]

叙利亚人都不是傻子，反正无论谁赢，不过是换个主子，于是大多数城市都自保"中立"，听任马木留克军和伊儿汗国军决战。

是年4月，双方在苏法尔草原展开阵势。合赞汗这一次没有亲自出阵，派忽都鲁沙统领全军。

这位忽都鲁沙是合赞汗的妹夫，忠贞不贰，但统兵能力却是稀松，歆姆司之战就是因为他差点失败，后来镇守叙利亚又没能完成任务。可合赞汗只看重他的忠诚，仍然委以重任，把大军都交给了他。

忽都鲁沙把军队分为左中右三翼，向马木留克军大举进攻。双方绞

---

①冯承钧译：《多桑蒙古史》下册，中华书局2004年版，第767页。

杀激烈之时，忽都鲁沙看到敌军右翼有不支迹象，便率中路军支援自己左翼，一举击溃马木留克军右翼防线，斩杀敌将十三人，初战告捷。

马木留克苏丹纳昔尔也是久经战阵，虽然局势不利于己，仍然临危不乱，见忽都鲁沙把主力集中于左翼，而右翼空虚，立即指挥全军乘虚而入。忽都鲁沙还没等消化在左翼的胜利，自己的右翼却被击溃。而纳昔尔迅速将军队合拢扩大战果，两面夹击伊儿汗国军。

忽都鲁沙顾此失彼，全军混乱，而他又没有合赞汗挺身而出的勇气，伊儿汗国军抵抗了一阵便全线溃散。被打得几乎全军覆没，仅被俘的士兵就达一万人，战马两万匹，战死者不计其数。

在后方等待消息的合赞汗听说妹夫战败，这才后悔所用非人，但一切都晚矣。无奈之下，只好撤回本土。

第三次征讨叙利亚以惨败告终。

合赞汗不服气，难道自己苦心经营还不如一个内乱频仍的马木留克？

难道自己失去了祖先势如破竹的战力？

回到帖必利斯的合赞汗还想再一次征集部队去和纳昔尔拼命，叙利亚和埃及，他决不愿放弃。

可是，历史是不会给人太多机会的，当给予你机会而你没能把握住，那么，机会就要留给别人了。

5.合赞汗之死

成吉思汗家族的基因似乎排斥长寿，能活到六十岁便是难得。如忽必烈能够享有近八旬的年寿足可看作奇

合赞汗与完者都汗

迹。

旭烈兀这一支更是明显，从旭烈兀开始，没有一代可汗能够活过五十岁。

合赞汗没有如曾祖和祖父那样苦于南征北战，也没有如父亲那样迷恋于食用金丹以求长生，但当他第三次征伐叙利亚回军不久，便迅速病倒了。

第三次征讨叙利亚回国后不久，合赞汗患上了眼疾，身边来自中国的医生为他进行了放血疗法，病情好转。但正好有印度贡献大象，年轻的可汗玩心难抑，乘坐大象在首都巡游，可能是受了风，新放血的他病情加重，以至于不能骑马。

按说，身体状况如此，应该静养。但合赞汗稍事休养，便又前往巴格达视察，路上突降大雪，气温骤降，病情愈发严重，以至于食不下咽。

就在此时，发生了有人奉乞合都汗之子阿剌弗朗密谋篡位的事件。合赞汗在病中立即组织镇压，虽然很快敉平，但病中的操劳必然会让病情继续恶化。

到1304年3月，突感精神大振的合赞汗又恢复了活力，不但四处巡视，还经常"乘马驰甚久"。但这不过是回光返照罢了。在到达哥疾宁时，合赞汗终于彻底躺倒了。

自知不起的合赞汗立即召汗妃、重臣、宗王等到榻前，留下了遗嘱："遵守我之先例，维持人民之安宁……凡已定之税课外，不得更有所征，不得重定新税，不得将已废之税恢复。凡供施舍之款项，宗教基金之收入，以及吾人兴建之慈善机关，皆应保存其用途。"[1]

1304年5月17日，合赞汗去世，年仅三十三岁。在位仅九年，他就留下了一切走上轨道的汗国，留下了众多繁荣的城市，肥沃的农田，畅通的商路，丰富的库藏。虽然对外战争失败，他也无愧为"雄主"的称号。

他的弟弟合儿班达继承汗位，成为伊儿汗国第八位伊儿汗，尊号为"完者都汗"。

五、由治而乱

合赞汗之后，伊儿汗国在完者都汗的统治下，又维持了十二年的安定与繁荣。完者都汗之后，虽然伊儿汗国饱受天灾与内外战争的折磨，但在完者都汗之子不赛因汗以及权臣绰班的努力下，仍能维持统一。可当汗国最后的强者不赛因汗去世后，贵族间的内战全面爆发，一个又一个傀儡伊儿汗被扶持上位，国家四分五裂，最终走向了灭亡。

1.守成之君完者都汗

合赞汗的继承者完者都汗"为人

---

①冯承钧译：《多桑蒙古史》下册，中华书局2004年版，第775页。

苏丹尼牙城

仁厚"[①]，个性不如哥哥坚强，不可能有更多的创建，但维持由合赞汗建立起来的巩固的行政机构还绰绰有余。史学家拉施特仍然被留任为宰相，继续推行合赞汗留下的制度。

在"萧规曹随"中，汗国在持续着繁荣。

有了哥哥留下的基础，完者都汗不用把大量的精力用来整饬积弊，而只要维护好法制便可安心地统治。于是他开始了大张旗鼓的城市建设。

苏丹尼牙城是阿鲁浑汗时期动工建造的工程，后几次停止，合赞汗在位时曾经恢复施工但也没能正式完成。完者都汗秉承父兄志愿，对这座城市进一步完善。完者都汗出资兴建城堡、石塔、医院、学院、清真寺以及宏伟的宫殿，朝臣们以拉施特为主也自己出资扩建建筑群。

1313年，苏丹尼牙建造完成。这是一座融合中国文化因素并彰显出伊斯兰特色的城市。城墙的长度有三万步，是仅次于京都帖必利斯的伊儿汗国第二大城市，至今仍是伊朗著名的文化古城，旅游胜地。

除此之外，完者都汗还出资兴建多座城市，修缮旭烈兀在蔑剌哈建造的天文台，并四处修建清真寺、医

————————————
①冯承钧译：《多桑蒙古史》下册，中华书局2004年版，第851页。

院、学校、药房。完者都汗治下的伊儿汗国，"华丽的建筑艺术特别引人注目，如星期五清真寺、祈祷堂、教堂学校、寺院、旅店以及医院、慈善机构和许多用于宗教和福利事业的建筑物都是令人惊叹的"①。史学家勒内·格鲁塞称他"是一位伟大的建设者。"②

作为合赞汗的继承者，完者都汗也不能释怀叙利亚的失败以及宿敌马木留克王朝。他再次派使者出访欧洲，和教皇克力门五世、法兰西金发菲利普和英王爱德华一世建立

完者都汗

联系，表示希望像他的前辈们那样，与基督教世界的领袖们保持友好关系，并共同对付马木留克王朝。

可是，当年伊儿汗国还是伊斯兰世界敌人的时候尚且不能获得基督教国家的信任，如今已经是"异教徒"关系，哪里还能建立同盟？这次出使，依然毫无结果。

没有盟友，自己也得试试看。1312年完者都汗派遣一支小规模的蒙古军尝试攻掠叙利亚，包围马木留克的边境据点拉希巴堡，城中守军宁死不降。完者都汗最终无功而返。与哥哥的愈挫愈奋不同，完者都汗一次失败后便彻底放弃。从此，蒙古军再也没有越过幼发拉底河，伊儿汗国征服叙利亚和埃及的梦想终成泡影。

完者都汗统治时期，伊儿汗国对外战争极少，但在国内，为了让伊斯兰教进一步发展，加大了对异教徒的

①《蒙古人的世界帝国》，载《蒙古研究参考资料》新编第23、33辑，第109页。
②[法]勒内·格鲁塞著，蓝琪译：《草原帝国》，商务印书馆1998年版，第485页。

迫害。1310年7月1日更是派出王室部队配合库尔德山民们攻陷汗国内最后一个基督徒避难城堡埃尔比勒堡，将在此避难的基督徒全部屠杀。

尽管如此，在完者都汗统治期间，忠实地遵循了合赞汗的遗嘱，没有增加百姓负担，让人民安居乐业，国家富足安定。伊朗史学家评论道："总的说来，完者都是伊朗伊利汗王朝时的一位优秀君王。在他的统治期里，民众生活富足，鲜有横征暴敛情况出现。"[1]

1316年，完者都汗患上了风湿，这种病忌讳食肉，但蒙古人的习惯让完者都汗仍然顿顿酒肉不断，结果导致"肉食积滞"，病卧床榻。这本不是致命的疾病，可偏偏有位庸医，力排众议，给可汗"大进补剂"，终于让完者都汗病入膏肓[2]。

是年12月16日，完者都汗病逝于自己修建的新都苏丹尼牙城，成为新的短命可汗，享寿三十六岁。他的儿子，年仅十二岁的不赛因继承汗位。

幼主登基，两朝宰相拉施特和大将绰班参摄朝政，一个是辅佐两任明君的重臣，一个是手握重兵的勇将。他们的组合看似非常合适。

君主对于身后事的安排总是想尽量完美，可惜，事情如何发展，却不是他所能控制得了的。

2.最后的强者

不赛因汗少年登基，一切国政都委于宰相拉施特。这位已经是两朝宰相的名臣，继续着合赞汗、完者都汗的政策，根本没有看到汗国的政局已经暗流涌动。

拉施特任宰相近二十年，是一位杰出的政治家，合赞汗的改革，完者都汗的守成，很多成就要归功于他。作为学界泰斗，他编纂的《史集》是记述西至英格兰，东至中国的世界历史名著，比欧洲超前五百年。就是以中国的名臣标准衡量他，"三不朽"中他已经具备了"立功""立言"两个。

而在"立德"上，拉施特便不那么完美。因为备受两代可汗宠信，他积累了大量的财富，在首都帖必利斯城，有他自己的封地"拉施特区"。这里有三万所房屋（即三万户家庭）、二十四家商队旅馆、一千五百家商店、浴室、园圃、磨坊、纺织作坊以及造纸厂、一家染制厂、一家造币厂。在哈马丹城，拉施特还拥有包括属于他自己的一千五百所房屋的街区。至于田地、庄园等等更难以计

①[伊朗]阿宝斯·艾克巴尔·奥希梯扬尼，叶奕良译：《伊朗通史》下册，经济日报出版社1997年版，第573页。
②冯承钧译：《多桑蒙古史》下册，中华书局2004年版，第851页。

数。

一位宰相，为政多年，门生故吏遍布朝野，还有这么多财产。同僚的妒忌，可汗的猜忌，便都不可避免。

1318年，仅维持了不到两年的平静，一场政治风暴便席卷了伊儿汗廷，大将绰班联合多名蒙古将军一起控告宰相拉施特曾经密谋下毒杀害完者都汗。

不赛因汗此时也才十四岁，根本不能掌握大权，绰班等人的控告只不过是一场挟持可汗的政变。拉施特在毫无准

拉施特

备下被捕，经过审判，被确定"罪证确凿"。是年7月18日，年已八十二岁的拉施特和自己的幼子一起被腰斩于市。富可敌国的财产被全部充公，众多"拉施特党人"也被罢黜，合赞汗、完者都汗时代众多大臣遭到株连。

拉施特既死，绰班便大权独揽，成为了伊儿汗国实际的统治者。

绰班是一个颇有魄力的人物，虽然和众多权臣一样骄横跋扈，但对于汗廷却也颇为忠心。在他的统治下，

一次又一次的内忧外患被弥平，不赛因汗虽然是傀儡，可汗的宝座倒固若金汤。

1322年，绰班自己的儿子，小亚细亚长官帖木儿塔什掀起叛乱，绰班毫不容情，发兵扑灭。

同年，伊儿汗国和马木留克王朝终于签订和平条约，结束了两国间长期的仇恨、敌视、骚扰和攻伐，双方实现了睦邻友好的关系。

1325年，针对屡屡骚扰伊儿汗国西北边境的金帐汗国，绰班发动远

征，一直打到捷列克河，金帐汗国大为震恐。

1326年，绰班之子胡赛因在加兹尼附近打败了入侵呼罗珊的察合台汗答儿麻失里，把他赶回河中，导致这位可汗一年后便被自己的弟弟推翻。

在绰班的东挡西杀中，时光慢慢流逝，不赛因汗长大了。到1327年，这个一直是傀儡的可汗已经二十三岁了。

二十三岁的青年会不会再安于做傀儡？不会。

而绰班会不会把权力拱手相让？也不会。

君臣之间的争斗于是不可避免。

1327年，不赛因汗趁绰班领兵在呼罗珊，在一些反对绰班专权的将领支持下，宣布收回政权，自己亲政，并下令逮捕绰班。

绰班任权臣近十年，自然不会轻易就范，立即在呼罗珊掀起反旗，可是，失去了中央控制力的他，落魄的凤凰不如鸡，部下们纷纷叛离不听号令。绰班无奈，只好逃难，最后在赫拉特被地方官处死，指头当作信物送到了不赛因汗的宫廷。

绰班之死，标志着完者都汗留下的政治格局彻底消失，汗国如何继续下去，全要看不赛因汗的了。

虽然不赛因汗被后世一些史学家认为"他终身是那些以他名义实施统治而且互相争权夺利的蒙古封建主们的傀儡。"[1]但不能否定的是，在亲政后的八年中，伊儿汗国正是在他的领导下维持了统一。

绰班死后，各地的叛乱与金帐汗国的入侵仍时有发生，年轻的不赛因汗常常率军亲征，他作战英勇，屡屡获胜，颇得将士之心，被上尊号为"八哈都儿汗"，也就是"拔都汗"，意为"英雄可汗"。

但是，种种不祥之兆的接连降临，让伊儿汗国屡屡遭到打击。

1318年前后，汗国北方接连遭受蝗灾、大旱灾，所有植物枯焦，各地粮食颗粒无收，动物大批死亡。底牙儿别克儿、两河流域、库尔德斯坦爆发大饥荒，人们纷纷迁徙他乡。

1320年，苏丹尼牙附近天降大雨雹，雨雪交加，造成普遍水灾，庄稼歉收，房屋倾塌，损失难以计数。

不赛因汗亲政后，肆虐欧亚大陆的黑死病开始进入伊儿汗国，一座又一座城市因为瘟疫成为死域，甚至连巴格达这样的名城都几乎被黑死病所摧毁。

在中国的观念中，灾变总是预示着国家动乱；伊斯兰教教义中，灾变则是真主降于世间的惩罚。无论何种说法，都预示着，伊儿汗国已经走上

---

[1][法]勒内·格鲁塞著，蓝琪译：《草原帝国》，商务印书馆1998年版，第485页。

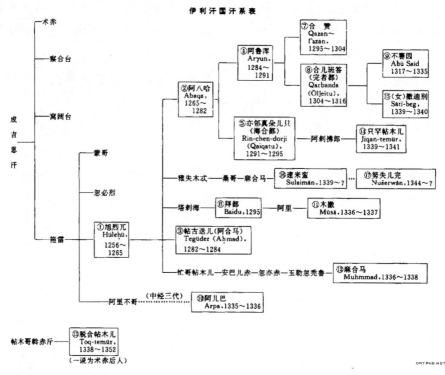

伊利汗国汗系表

伊儿汗国世系

了末路。

不赛因汗艰难的维持着国家，只要他活着，伊儿汗国便还能存在下去。

但是，家族的遗传终于没能例外，1334年8月，金帐汗国月即别汗率军入侵，兵进打耳班，不赛因汗亲率大军前往抵御。可在行军路上，不赛因汗突感暴疾。

虽然不赛因汗在病中指挥大军击退了金帐汗国的入侵，但戎马劳顿也耗尽了他的生命。是年11月30日，旭烈兀子孙中最后的强者，被称为"英雄汗"的不赛因去世，年仅三十岁。

更为糟糕的是，他没有留下子嗣。

该来的一切，终于无可避免地爆发了。

3.大分裂

不赛因汗的死，将维系统一的最后一个结解开了。伊儿汗国陷入到无休止的动乱之中。

因为不赛因汗无子，宰相加秃丁摩柯末与诸将商议，拥立阿里不哥后裔阿儿巴合温为汗。阿里不哥与旭烈兀都是拖雷之子，两支血缘很近，但毕竟从建国开始，伊儿汗便都是由旭烈兀子孙相承。现在旭烈兀子孙还有很多在世，怎么也不该轮到其堂兄弟子孙来称汗。

于是，内战爆发。

先是不赛因汗的老丈人，伊拉克的总督阿里帕的沙拥立拜都汗的孙子木撒为汗，起兵征讨阿儿巴合温汗。于1336年将之击败，阿儿巴合温汗、宰相加秃丁摩柯末等人均被杀害。

紧接着，迪亚巴克儿总督哈只脱海和鲁木总督洒克哈散拥立阿八哈汗的弟弟忙哥·帖木儿的曾孙摩柯末为汗，发兵首都帖必利斯城，与阿里帕的沙会战于阿剌塔黑之地，阿里帕的沙战败被杀，摩柯末汗进入帖必利斯城，宣布自己为合法可汗。

然而，此时已经天下大乱，兵强马壮者都想拥立可汗以令诸侯。摩柯末汗立足未稳，呼罗珊总督塞克阿里便拥立成吉思汗二弟哈撒儿后裔脱花帖木儿为汗，与阿里帕的沙拥立的木撒汗合兵一处，出兵帖必利斯城。摩柯末汗率兵相迎，双方在陪都蔑剌哈展开激战，脱花帖木儿胆小如鼠，见战况不利，竟擅自逃走，木撒汗独自作战，战败而亡。

三个"伊儿汗"会战，深刻地展示了此时伊儿汗国乱到了什么程度。

而这样的混乱，在日后的日子仍持续不断。

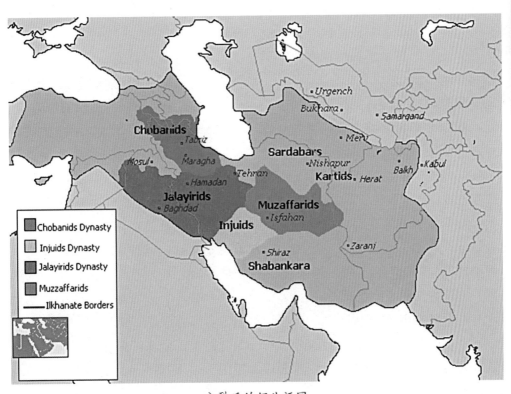

分裂后的伊儿汗国

直到1340年，伊儿汗国彻底分裂。

1340年，原小亚细亚总督哈桑·布朱儿在巴格达宣布独立，建立贾拉尔王朝。据有伊拉克、摩苏尔和迪亚巴克儿。

1342年，原本就处于半独立状态的克尔特人宣布独立，建立克尔特王朝，据有赫拉特和东呼罗珊。

1353年，不赛因汗委任的法尔斯和叶兹德总督穆扎法尔之子穆巴拉勒丁·穆罕默德自称"沙"（即国王），建立了穆扎法尔王朝。据有法尔斯、克尔曼和库尔德斯坦，称臣于马木留克王朝。

同年，由起义农民（也有说土匪头子）建立的赛尔别达尔国家在呼罗珊北部建立。

而原本是汗国最高统治者的伊儿汗，却在帖必利斯城中被绰班的后裔控制在掌中，绰班后裔阿什列甫控制了阿塞拜疆，虽然没有自己称王，但政权也被称为"绰班王朝"。

可毕竟伊儿汗还存在，谁也不能否认这个统治了近百年的王朝还没有终结。

它还有最后一段路要走。

4.无可奈何花落去

在伊儿汗国全面崩溃的同时，与它既是亲戚，又是世仇的金帐汗国却在月即别汗的统治下达到鼎盛。

1340年，月即别汗去世，其子扎尼别即位，面对着扰攘不休的伊儿汗国，扎尼别汗打算继承祖先遗志，拿回一直认为属于自己的东西——阿塞拜疆。

1355年，扎尼别汗亲率大军攻进阿塞拜疆。阿什列甫率军抵抗，但旋即便被击溃，自己也做了俘虏。

金帐汗国军兵临帖必利斯城下，此时在城里王宫中居住的，是阿什列甫拥立的努失儿完汗。他是旭烈兀四子雅失木式的后裔，在绰班家族的控制下是个完全的傀儡。这位可汗既没有军队，也没有勇气。面对着强敌压境，他偷偷地离开了王宫，从此不知所终。

扎尼别汗和他的军队开进了帖必利斯城，将阿什列甫的首级悬挂在清真寺门前，宣布对阿塞拜疆的征服。

而他可能并不知道，后世的史学家也将他进入帖必利斯城定为伊儿汗国灭亡的标志。

金帐汗国从旭烈兀建立伊儿汗国时便与之征战不休，两个兄弟国家谁也不服谁。到最后，伊儿汗国终于彻底失败。旭烈兀汗、阿八哈汗的武功，合赞汗、完者都汗的文治，都如无可奈何的花朵，被雨打风吹而去。

但是，金帐汗国在短短两年后，便因为扎尼别汗被杀也陷入了大动乱，从此中衰。后虽有脱脱迷失汗的锐意中兴，却被帖木儿帝国所打败，无奈地退出强国之列。

在此之前的1346年，最后一任名义上的察合台汗合赞算端汗被将军哈扎罕所杀，汗国正式分裂为东西两部分。从此再未统一，沦为二流国家。

再之前的1336年，察合台汗国属地的撒马尔罕以南，渴石城附近的霍加伊尔加村，一个男孩诞生，这便是日后的"成吉思汗第二"——跛子帖木儿。

这位帖木儿取代西察合台汗国建立了帖木儿帝国，重创金帐汗国，侵扰东察合台汗国。在伊儿汗国废墟上建立的贾拉尔王朝、克尔特王朝、穆札法尔王朝、赛尔别达尔国相继被他所灭亡。伊儿汗国历代可汗梦寐以求的叙利亚也被他纳入版图。三十多年的征服战争，建立了一个首都为撒马尔罕，领土从德里到大马士革，从咸海到波斯湾的大帝国。

然而，以"成吉思汗后裔"自居的帖木儿帝国一世而衰，帖木儿死后，迅速分裂并随之消失于历史长河之中。

代之而起的，是最后的伊斯兰帝国——奥斯曼土耳其。这个横跨欧亚非三洲的帝国生存了六个世纪之久，而其最初地崛起，却是源于伊儿汗国的不赛因汗死后，放松了对小亚细亚的统治。

伊儿汗国，这个蒙古人所统治的波斯帝国无论是生还是死，都是浓墨重彩。

参考文献

1. 余大钧译注：《蒙古秘史》，内蒙古大学出版社2014年版

2. [明]宋濂等撰：《元史》，中华书局2008年版

3. [元]脱脱等撰：《金史》，中华书局1990年版

4. [清]张廷玉等撰：《明史》，中华书局2007年版

5. [波斯]拉施特著，余大钧、周建奇译:《史集》第一、二、三卷，商务印书馆2014年版

6. [清]洪钧：《元史译文证补校注》,河北人民出版社1990年版

7. [波斯]费志尼著，何高济译：《世界征服者史》（上下册），内蒙古人民出版社1980年版

8. [元]李志常著：《长春真人西游记》，河北人民出版社2001年版

9. 余大钧、蔡志纯译:《普兰·迦儿宾行记 鲁布鲁克东方行记》，内蒙古大学出版社2009年版

10. [英]道森著，吕浦译，周良霄注：《出使蒙古论》，中国社会科学出版社1983年版

11. 马金鹏译：《伊本·白图泰游记》，宁夏人民出版社2000年版

12. 《全元文》（全六十册），江苏古籍出版社1999年版

13. 何高济译：《沙哈鲁遣使中国记》，中华书局1981年版

14. [元]袁桷著，杨亮校注：《袁桷集校注》，中华书局2012年版

15. 米尔咱·马黑麻·海答儿著，新疆社会科学院民族研究所译：《中亚蒙兀儿史——拉失德史》，新疆人民出版社1983年版

16. [明]陈诚著，周连宽校注：《西域藩国志》，中华书局2000年版

17. 梁生智译：《马可·波罗游记》，中国文史出版社1998年版

18. [俄]巴托尔德著，张锡彤、张广达译：《蒙古入侵时期的突厥

斯坦》（上下册），上海古籍出版社2011年版

19. [伊朗]阿宝斯·艾克巴尔·奥希梯扬尼著，叶奕良译：《伊朗通史》，经济日报出版社1997年版

20. [瑞典]多桑著，冯承钧译：《多桑蒙古史》（上下册），中华书局2004年版

21. 张星烺编注：《中西交通史料汇编》，中华书局1977年版

22. [德]加文·汉布里主编，吴玉贵译：《中亚史纲要》，北京商务印书馆1994年版

23. [法]勒内·格鲁塞著，蓝琪译：《草原帝国》，商务印书馆1998年版

24. [法]勒内·格鲁塞著，龚钺译：《蒙古帝国史》，商务印书馆1996年版

25. [苏联]格列科夫、雅库博夫斯基著，余大钧译：《金帐汗国兴衰史》，商务印书馆1985年版

26. 陈志强著：《拜占庭帝国史》，商务印书馆2003年版

27. [美]皮特·布鲁克史密斯著，马永波译：《未来的灾难》，海南出版社1999年版

28. [苏联]瓦西里耶夫著，徐滨、许淑明等译：《外贝加尔的哥萨克史纲》，商务印书馆1977年版

29. 刘迎胜著：《察合台汗国史研究》，上海古籍出版社2006年版

30. 魏良弢著：《叶尔羌汗国史纲》，黑龙江教育出版社1998年版

31. 徐良利著：《伊儿汗国史研究》，人民出版社2009年版

32. [英]罗杰·克劳利著，陆大鹏、张聘译：《财富之城》，社会科学文献出版社2015年版

后　记

对于大多数读者来说，蒙古四大汗国是"熟悉的陌生人"。它们的名字或许为人所熟知，而它们的历史，特别是一些细节，却模糊不清。

本书是关于四大汗国的简史，为读者将它们的始终兴衰罗列清楚，尽量做到明白晓畅。

读者在阅读时，会发现本书的四个章节之间，会有一些重复的内容。这并非作者粗心，而是这四大汗国系出同源，立国之初你中有我我中有你，一个汗国所发生的故事，其他汗国也会涉及；为了保持故事的完整性，只好如此安排。

四大汗国历史跨度长，人物众多，故事复杂。作者学力有限，在本书的写作中，除了利用原始史料，还借鉴了很多前辈学者的研究成果，如苏联学者格列科夫、雅库博夫斯基所著的《金帐汗国兴衰史》，我国著名学者刘迎胜的《察合台汗国史研究》，魏良·的《叶尔羌汗国史纲》，徐良利的《伊儿汗国史研究》等。在此，向前辈们表达衷心的敬意和感谢。

当然，即使借鉴前辈的成果，本书也远没有达到尽善尽美的程度。因此，希望方家和广大读者能够予以批评指正，若此，即是对本人最大的鼓励和支持。

2015年7月28日